本书为河南省教育科学规划 2022 年度
——破"五唯"背景下高校人文社会科学
评价体系研究（课题批准号 2022JKZB03）的研究成果。

# 河南省产教融合育人案例研究

田虎伟　孙中婷　马　敏　王　宁　管晨星　著

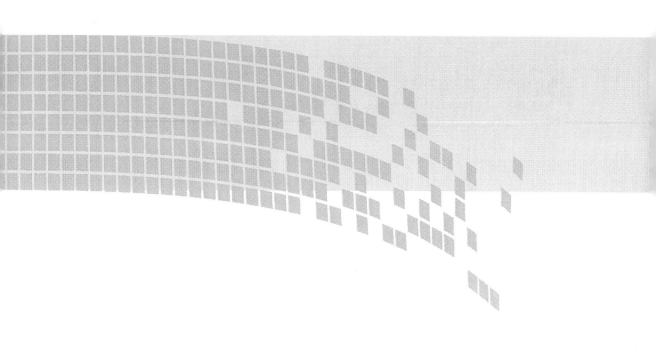

郑州大学出版社

**图书在版编目（CIP）数据**

河南省产教融合育人案例研究／田虎伟等著. -- 郑州：郑州大学出版社，2024.12
ISBN 978-7-5773-0356-7

Ⅰ．①河…　Ⅱ．①田…　Ⅲ．①产学合作－研究－河南
Ⅳ．①G527.61

中国国家版本馆 CIP 数据核字（2024）第 094859 号

河南省产教融合育人案例研究
HENANSHENG CHANJIAORONGHE YUREN ANLI YANJIU

| 策划编辑 | 孙理达 | 封面设计 | 苏永生 |
| 责任编辑 | 张卫明 | 版式设计 | 苏永生 |
| 责任校对 | 陈　思 | 责任监制 | 朱亚君 |

| 出版发行 | 郑州大学出版社 | 地　　址 | 郑州市大学路 40 号（450052） |
| 出 版 人 | 卢纪富 | 网　　址 | http://www.zzup.cn |
| 经　　销 | 全国新华书店 | 发行电话 | 0371-66966070 |
| 印　　刷 | 郑州市今日文教印制有限公司 | | |
| 开　　本 | 787 mm×1 092 mm　1／16 | | |
| 印　　张 | 15.75 | 字　　数 | 314 千字 |
| 版　　次 | 2024 年 12 月第 1 版 | 印　　次 | 2024 年 12 月第 1 次印刷 |

| 书　　号 | ISBN 978-7-5773-0356-7 | 定　　价 | 68.00 元 |

# 作者简介

田虎伟,男,55岁,教授,河南科技大学科学技术发展院副院长兼高等教育研究所所长。先后发表第一作者论文70多篇,其中,CSSCI源刊收录论文16篇、核心期刊论文8篇,多篇论文被《高等学校文科学术文摘》、人大复印资料《管理科学》等转载。出版著作6部。主持完成国家级和省级研究课题8项。主持获得河南省社会科学优秀成果一等奖1项、二等奖1项、三等奖2项,获河南省科技进步奖二等奖1项(第二名)等。为省、市、县等党委政府编制专项规划和决策咨询服务10多次。学术任职有:河南省教育厅人文社会科学研究重点基地——河南科技大学高等教育与区域经济发展研究中心主任、中国系统工程学会教育系统工程专业委员会常务理事、河南省教育质量学会副会长等。

孙中婷,女,28岁,洛阳北方易初摩托车有限公司生产计划员,发表《中等职业教育产教融合现状调查——以河南省洛阳市为样本》学术论文1篇。

马敏,女,33岁,河南省洛阳经济学校学生工作处副主任,工商管理硕士,讲师,发表《音乐欣赏中的审美心理定势》等论文8篇,参加河南省教育厅教改课题2项。

王宁,女,33岁,洛阳市委组织部人才一科副科长,工商管理硕士,被第五届中国·河南招才引智创新发展大会表彰为先进个人。

管晨星,女,25岁,山东荷泽投资发展集团有限公司总经理助理,河南科技大学管理学硕士,发表论文多篇,其中核心期刊论文1篇,参加3项省部级课题。

# 前 言

　　教育与生产劳动相结合是新中国教育方针的重要组成部分,是培养德智体美劳全面发展的人的唯一途径。教育工作是一项涉及党和国家事业全局的重大工作。中国特色社会主义进入新时代以来,我国高度重视职业教育和高等教育领域的校企合作、产教融合。国务院办公厅分别在 2014 年和 2017 年印发了《关于加快发展现代职业教育的决定》《关于深化产教融合的若干意见》,从总体要求、构建教育和产业统筹融合发展格局、强化企业重要主体作用、推进产教融合人才培养改革、促进产教供需双向对接、完善政策支持体系、组织实施等七个方面对深化产教融合、全面提升人力资源质量做出了总体部署,从政策上明晰了政府、企业、高校和行业社会组织在产教融合育人中的权利与义务,构建了政府、企业、学校、行业社会组织协同推进共同育人的工作格局。2022 年新修订的《中华人民共和国职业教育法》把这些要求上升至法律。至此,我国在政策和法律层面上,基本形成了以院校为主导、校企联合招生、联合培养专业技术技能人才的现代学徒制,与以政府引导、企业为主、院校参与培养专业技能人才的企业新型学徒制,实现了专业技能技术人才在职前、职后两个不同阶段的有效衔接,形成了中国特色现代学徒制的完整制度框架,基本解决了自新中国成立以来在专业人才培养和使用问题上谁主导、谁参与等重大问题。

　　正确的政策路线确定之后,贯彻执行就成为关键因素。虽然,目前国内对于以院校为主导的校企合作产教融合、现代学徒制研究较多,但是对企业

1

参与现代学徒制的合作意愿、企业技术技能人才培养状况和以企业为主的企业新型学徒制等研究较少,特别是相关案例研究更少。这种状况不利于准确把握国家校企合作产教融合育人政策的贯彻落实情况、存在问题及障碍,不利于持续推进产教融合育人体制机制改革。为此,本书作者近几年来围绕"校企合作、产教融合育人"这一主题开展了大量的调查研究和案例研究,先后主持完成了河南省洛阳市中等职业教育产教融合现状调查工作、河南省高等教育教学改革重点项目"高水平特色骨干大学产教融合育人机制的研究与实践"研究工作并获得省级一等奖,指导 4 位硕士研究生完成相应专题研究和案例研究,获得了大量的第一手调查资料、案例,最终形成了本书的系统集成成果。

本书的主要特点是以调查研究和案例研究为主,对洛阳市中等职业教育推进产教融合人才培养改革、企业合作意愿、T 企业技能人才管理、洛阳市装备制造业师徒知识转移有效性评价等进行调查和案例分析,获得了大量生动鲜活、深入全面的第一手资料;探明了影响企业参与产教融合的意愿、企业师徒间知识转移有效性的主要因素,构建了企业技能人才胜任力模型、企业师徒间知识转移有效性评价体系等。这对于创建具有中国特色的产教融合育人模式和理论具有资料价值和理论价值。

本书由河南科技大学田虎伟教授统筹谋划设计研究方案,撰写第一章、第二章和第三章,并负责全书的通稿工作。第四章由孙中婷撰写,第五章由马敏撰写,第六章由王宁撰写,第七章由管晨星撰写。

本书读者对象为各级教育行政部门管理人员、研究职业教育和高等教育的师生、各级人力资源与社会保障部门相关人员、规模以上企业高级管理者及人力资源部门管理人员等。

在笔者调查和研究过程中,得到了河南省教育科学规划与评估院副院长王身佩,洛阳市教育局原副局长贾长河、职业与成人教育科程小强,以及中国一拖集团有限公司、中信重工机械股份有限公司、洛阳 LYC 轴承有限公司、洛阳北方易初摩托车有限公司等企业领导和人力资源开发部门工作人员的大力支持和帮助。在此对他们表示衷心的感谢!

感谢本书已标注及由于疏忽而未能标注的参考文献的作者,他们的研究成果为本书提供了研究基础,丰富了研究视角和素材!

感谢郑州大学出版社社科分社副社长孙理达对本书的认可、推荐以及编校工作付出的辛勤劳动!

田虎伟

2023 年 8 月于河南科技大学致远楼

# 目 录

# 第一章
# 绪　论

## 第一节　研究背景与意义

### 一、研究背景

从世界教育历史发展的进程来看,校企合作产教融合育人是生产力发展到一定阶段的必然要求;从世界经济社会发展的大趋势来看,校企合作产教融合育人是发展中国家实现历史性赶超的要求。教育与生产劳动相结合是新中国教育方针的重要组成部分,是培养德智体美劳全面发展的人的唯一途径。当前中国经济社会进入高质量发展阶段,中高级专业技术人才在国民经济运行、产业结构转型和各领域技术创新中发挥着重要作用。职业教育和高等教育领域的校企合作产教融合,是为当前经济社会高质量发展培养数以亿计的高素质劳动者、技术技能人才和研究型人才的基本途径。促进产教融合校企合作,引导企业与职业院校、高等学校共同培养人才,一方面通过供需对接、联合培养等方式,可提高学校人才培养质量;另一方面可使企业优先获取所需要的高素质人才,有利于企业技术创新与产业结构转型升级,促进企业高质量发展[①]。

自新中国成立以来,我国在中高级专业人才培养和使用问题上大体经历了三个阶段:一是在计划经济时代,地方院校主导培养地方专业人才,供地方企事业单位使用;中央部委主办行业院校培养国家行业专业人才,供行业企业使用,政府充当组织者角色。二是在社会主义市场经济初期,大批行业院校转隶地方政府主办,行业企业剥离办学职能,形成大中专院校主责育人,企业主管用人,毕业生与企业双向选择的局面,政府充当协调者角色。三是中国特色社会主义进入新时代以来,明晰了政府、企业、高校和行业社会组织在产教融合育人中的权利与义务,构建了政府、企业、学校、行业社会协同推进共

---

① 宫雪璐.产教融合背景下深化高职院校校企合作的对策研究[J].农村经济与科技,2020(12):431.

同育人的新局面。

2014 年 6 月,为加快发展现代职业教育,国务院印发《关于加快发展现代职业教育的决定》(以下简称《决定》)。该《决定》第一次明确提出了"产教融合""发挥企业重要办学主体作用"等概念,明确提出发展现代职业教育要"坚持以立德树人为根本,以服务发展为宗旨,以促进就业为导向,适应技术进步和生产方式变革以及社会公共服务的需要,深化体制机制改革,统筹发挥好政府和市场的作用,加快现代职业教育体系建设,深化产教融合、校企合作,培养数以亿计的高素质劳动者和技术技能人才"。"到 2020 年,形成适应发展需求、产教深度融合、中职高职衔接、职业教育与普通教育相互沟通,体现终身教育理念,具有中国特色、世界水平的现代职业教育体系"。并对提高人才培养质量,推进人才培养模式创新作出具体部署,"坚持校企合作、工学结合,强化教学、学习、实训相融合的教育教学活动……开展校企联合招生、联合培养的现代学徒制试点,完善支持政策,推进校企一体化育人"[1]。同年 8 月教育部印发《关于开展现代学徒制试点工作的意见》,先后共遴选了三批、562 所现代学徒制试点单位,并于 2018、2019、2020 年分别对三批试点单位进行了验收工作。2015 年 7 月 24 日,人力资源和社会保障部、财政部联合印发了《关于开展企业新型学徒制试点工作的通知》(以下简称《通知》),对以企业为主导开展的学徒制进行了安排。企业新型学徒制强调政府引导、企业为主、院校参与,全面发挥企业主体作用,以培养技能人才为目标,培训大批新招用或转岗等人员的培养制度。这是我国在现代学徒制基础上为适应新时期产业升级需求,而提出的新型职工培训模式。

在 2017 年 12 月发布的《国务院办公厅关于深化产教融合的若干意见》中,从总体要求、构建教育和产业统筹融合发展格局、强化企业重要主体作用、推进产教融合人才培养改革、促进产教供需双向对接、完善政策支持体系、组织实施等七个方面对深化产教融合、全面提升人力资源质量做出了总体部署。从政策上明晰了政府、企业、高校和行业社会组织在产教融合育人中的权利与义务,有利于充分调动企业参与产教融合的积极性和主动性,构建了政府、企业、学校、行业社会协同推进共同育人的工作格局,把校企合作推进到产教融合的高度[2]。2022 年 4 月 20 日,全国人大常委会第三十四次会议表决通过了新修订的《中华人民共和国职业教育法》。该法明确提出国家要发挥企业的重要办学主

---

① 中华人民共和国国务院. 关于加快发展现代职业教育的决定[EB/OL]. http://www. moe. edu. cn/publicfiles/business/htmlfiles/moe/moe_1778/2014-6-17.

② 中华人民共和国国务院办公厅. 关于深化产教融合的若干意见[EB/OL]. http://www.gov.cn/zhengce/content/2017-12-19.

体作用,推动企业深度参与产教融合,鼓励企业举办高质量职业教育;同时要把企业开展校企合作、产教融合的有关情况纳入企业社会责任报告。至此,在我国政策和法律层面上,基本形成了以院校为主导、校企联合招生、联合培养专业技术技能人才的现代学徒制,与以政府引导、企业为主、院校参与培养专业技能人才的企业新型学徒制,实现了专业技能技术人才在职前、职后两个不同阶段的有效衔接,形成了中国特色现代学徒制的完整制度框架,基本解决了自新中国成立以来在专业人才培养和使用问题上谁主导、谁参与的重大问题。

党的二十大报告首次将"实施科教兴国战略,强化现代化建设人才支撑"作为一个整体谋篇布局,明确提出:"教育、科技、人才是全面建设社会主义现代化国家的基础性、战略性支撑。必须坚持科技是第一生产力、人才是第一资源、创新是第一动力,深入实施科教兴国战略、人才强国战略、创新驱动发展战略,开辟发展新领域新赛道,不断塑造发展新动能新优势。"再次强调:"统筹职业教育、高等教育、继续教育协同创新,推进职普融通、产教融合、科教融汇,优化职业教育类型定位。""加强企业主导的产学研深度融合,强化目标导向,提高科技成果转化和产业化水平。"

从认识论的角度看校企合作、产教融合,在概念、活动发起者、组织角色、责任份额、收益大小等方面虽然存在区别,但是这种区别就人才成长过程规律(人才培养和人才使用)来说,不可能是完全两分的,而是人才培养和发挥作用(育人与用人)的连续统一体,因为进入中等职业教育和高等教育阶段,育人和用人的程序是经常交替交互交叉的。因此,如果我们把育人、用人看作一条线段的话,那么学校育人、企业用人则位于这条线段的两个端点,线段的中间点是校企责任均担、利益均分的双主体合作育人共同体。

正确的政策路线确定之后,贯彻执行就成为关键因素。目前国内对于以院校为主导的校企合作产教融合、现代学徒制研究较多,但是对企业参与现代学徒制的合作意愿、企业技术技能人才培养状况和以企业为主的企业新型学徒制等研究较少,特别是相关案例研究更少。企业作为现代学徒制育人主体之一,其合作意愿有哪些特点?企业技术技能人才培养状况有哪些特点?产教融合育人合作成效还存在哪些突出问题?需要做哪些方面的提升改进呢?为此,本书以河南省校企合作产教融合为主线,以院校、企业双元育人主体为核心,依次安排以院校为主导和以企业为主导的校企合作育人调查研究和案例研究两大部分。

(1)在以院校为主导的校企合作育人部分,以洛阳市为例开展中等职业教育推进产教融合人才培养改革调查,把握国家产教融合校企合作政策的落实情况、存在问题及改进提升策略;然后开展河南省高水平特色骨干大学产教融合育人的案例研究,分析河南省高校的校企合作产教融合机制状况及其启示。

（2）在以企业为主导的校企合作育人部分，首先以企业参与校企合作的意愿为研究起点，探究企业合作意愿的基本特征；其次，以制造业企业郑州宇通集团有限公司的职前培养现状调查和中国—拖集团有限公司技能人才供需状况调查为基础，通过案例分析，建构基于胜任力模型的企业技能人才管理策略优化建议；再次，以洛阳四大制造业相关人员调查数据为依据，对洛阳装备制造业的整体师徒知识转移有效性进行模糊综合评价，深入分析企业新型学徒制师徒知识转移有效性状况。

## 二、研究意义

### 1. 实践意义

进入新时代以来，我国政府特别强调要在企业端发力，并逐步建立了推动企业参与校企合作产教融合的新机制和政策体制，也不断优化企业承担相应义务的社会环境[①]。学校合作热情空前高涨，一些企业利用所拥有的技术、资本、设备设施及管理经验等生产要素，积极与院校合作开发人力资源[②]，但仍有一些企业不愿给学校提供实践训练的场地，不愿与高校联合开展科技攻关，出现了校企合作中的"一端热，一端冷"的"壁炉现象"。这种现象不但阻碍了产教融合校企合作的深入推进，也使企业技术技能型人才、研究开发型高级人才短缺现象加剧[③]。因此，准确把握国家产教融合校企合作政策贯彻落实情况及其存在问题及障碍，准确把握不同行业企业合作意愿、企业技术技能型人才培养、使用和流动情况，探讨如何提高产教融合企业合作意愿和合作实效，从而破解"壁炉现象"等，已经成为制约深化校企合作产教融合必须解决的重要问题。本书是作者近几年来围绕"校企合作产教融合育人"这一主题开展调查研究和案例研究的系统集成成果，为上述系列问题的解决提供了第一手调查资料和案例启示，因而具有重要的实践价值。

### 2. 理论意义

案例研究法是创建新理论的重要研究方法之一。案例研究与其他类型的研究方法相比，其优点在于：一是有助于创建出新理论。因为在案例研究过程中，研究者可能会以更开放的心态看待研究中获得的大量材料与数据，以及案例材料与现有文献的矛盾

---

① 霍丽娟.资源依赖理论视角下企业承担职业教育社会责任行为的影响因素分析[J].职业技术教育,2020(1):42.

② 洪凯,周自波,张恕.基于产教融合背景的高职现代学徒制研究:以"农夫山泉"校企联合现代学徒培养为例[J].高等继续教育学报,2019(5):48-49.

③ 肖凤翔,王珩安.权利保障:突破校企合作"壁炉现象"的企业逻辑[J].江苏高教,2020(9):105-110.

等,从而更有可能产生新理论。二是能够以更容易获取的测量工具和更容易证伪的假说来检验理论。三是案例研究结论可能更具有现实有效性。这是由于案例结论直接来自经验证据,因而更有可能是对现实的客观反映①。

本书以案例研究为主,对河南省在推进校企合作产教融合研究过程中,洛阳市中等职业教育推进产教融合人才培养改革、T 企业技能人才管理、洛阳市装备制造业师徒知识转移有效性评价等进行案例分析,获得了大量生动鲜活、深入全面的第一手案例。探明了影响企业参与产教融合合作意愿、企业师徒间知识转移有效性的主要因素,构建了企业技能人才胜任力模型、企业师徒间知识转移有效性评价体系等,这对于创建具有中国特色的产教融合育人模式和理论具有资料价值和理论价值。

# 第二节 国内外相关研究现状

## 一、国外相关研究

校企合作产教融合在国外已有相当长的发展历程,世界各国学术界对校企合作的研究开始得比较早,涵盖的内容也相当广泛,在理论上有着很大的探讨价值,对于企业的成长与发展也都产生了正面的促进意义。

### (一)国外校企合作产教融合研究

1. 校企合作产教融合的内涵

通过阅读有关文献发现,国外并没有明确提出产教融合这一概念,但是国外对企业产业与教育的融合研究却从未停止,在一定意义的理解上,国外对校企合作的研究就是对产教融合的研究②。有国外专家指出,校企合作、产教融合是一种新型的培养人才的方式,通过这种校企双方合作的方式,能够缓解甚至彻底解决教育活动与生产实践活动之间存在的脱节问题,它的特点就是校企联合、双方互动、理论联系实际以及为企业提供服

① Eisenhardt,K. M. Building Theories from Case Study Research,The Academy of Management Review [J]. 1989(04):532-550.

② 施维. 广西高职院校产教融合问题与对策研究:以广西 X 学院为例[D]. 广西:广西师范大学,2019.

务[①]。Harald Knudsen 指出,产教融会受到三个方面的联合影响,分别是院校、企业和政府部门[②]。此外,Jon Whittle 和 John Hutchinson 认为,高等教育与经济社会的发展具有两个关联:一是教育发展趋势与经济社会发展的走向相一致;二是高等教育发展与社会企业生产的相互依赖[③]。所以,校企合作产教融合的内容与实施应从政府部门、学校和企业上加以探讨。

2. 校企合作产教融合的模式

1906 年,美国辛辛那提大学的赫尔曼·施耐德(Herman Schneider)教授最先提出了产学联合教育。校企联合的主要目的,就是要从根本上克服教育与经济社会发展相脱节的现状,进一步培养学生的全面素养、综合创新能力与职业竞争力,有效推动高等院校和企业之间的知识流动和技能转化,真正提升工业科技成果转化率[④],美国也是第一个提出大学、企业联合教学的发达国家,该教学模式也是校企合作的基础雏形[⑤]。在这之后其他国家企业与院校的合作模式也逐渐形成了较为成熟的理论。德国"双元制"是一种由政府部门、公司与学校一起合作的教学模式。该模式主要以公司为基础,大部分时间内学员进入公司进行岗位的实习作业,剩余时间则在高校里学习专业文化基础知识[⑥]。英国主要采取"工读交替"的模式,该模式有两种,一种是"实践-理论-实践",另一种是"理论-实践-理论"[⑦]。澳大利亚的学徒制模式是最有典型代表性的一种形式,其最经典的机制就是由公司和学徒之间先确立雇佣意向,签订相关合同,双方共同选定一个培养组织,在公司、学徒和培养组织三方商议之后确定培训计划,然后再根据制定的计划培养学徒,整个培训过程由公司和机构轮流实施[⑧]。在发达国家产教融合的主要实现途径中,政府发挥了经济扶持和引导的功能,而高校与企业则是校企合作产教融合实现的双主

① Porter M, Kramer M. Creating Shared Value: How to Reinvent Capitalismand Unleash A Waveo fInnovation and Growth[J]. Harvard Business Review,2011(89):62-77.

② Harala Knudsen. Higher Education in a Susatinable Society [M]. Springer Internationnal Publishing,2015:147-175.

③ Jon Whittle,John Hutchinson. Mismatches between Industry Practice and Teaching of Model-Driven Software Development[J]. Models in Software Engineering,2012(71):40-47.

④ Peter Damlund Koudahl. Vocational education and training:dual education and economic crises[J]. Procedia - Social and Behavioral Sciences,2010(9):87-88.

⑤ Christopher Zirkle. A Qualitative Analysis of High School Level Vocational Education in the United States-Three Decades of Positive Change[M]. Springer International Publishing:2017:06-15.

⑥ 汪玲.德国"双元制"职教模式演变历程及欧洲化进程研究[J].职教论坛,2018(12):151-156.

⑦ 樊大跃.再谈英国三明治教育模式的特点及启示[J].深圳职业技术学院学报,2016(5):69-73.

⑧ 郭峰.TAFE:澳大利亚的职业教育特色[J].工会博览,2017(10):28-29

体,在教学改革、教师配置以及费用支持等方面均实现了主体作用①。

### (二)国外现代学徒制相关研究

学徒制(apprenticeship)是当今各个国家知识创新系统中的关键要素之一。目前世界各国学徒制都有广泛的发展,高质量学徒制是西方发达国家劳动力发展计划的重要组成部分。笔者在 Web of Science 用"apprenticeship"和"Apprenticeship Research"搜索共获取 72 篇文章,总结文献发现,国外现代学徒制的研究热点主要聚焦在以下两个方面。

#### 1. 现代学徒制发展现状研究

实习管理在计划过程、组织、执行和控制等方面都存在着不同程度的不足,且这些不足影响着第四次工业革命目标的实现,Sutinko 等学者(2019)通过对职业高中的学习质量的研究,提出可以通过改善 e-mon prakerin 的附加元素进而最大限度地减少实习监控的不足②。Setiawan 等学者(2019)基于用人单位视角下的学徒制比较研究,认为学生与企业双方学徒制执行情况较好,但是基本的网络技能还需要提高③。Wu、Hartless(2019)指出目前美国建筑业面临着技能人才短缺的问题,要解决这一难题应当为大学生提供更多的专业知识发展机会和工作机会④。Butler 等学者(2019)对认知学徒制的历史、基本原则、教育环境中的应用等进行研究,并指出认知学徒制与传统学徒制模式的区别主要在于教育目标⑤。Daniel 等学者(2020)通过深入了解工匠学徒培训面临的挑战以及如何改善,为当前的知识体系做出了贡献⑥。Lee JungJae(2021)提出物联网、人工智能、大数据、区块链等引领第四次工业革命的重大技术正在快速发展,而手工业文化产业却因为缺乏

① Grollmann P, Rauner F. Exploring innovative apprenticeship: Quality and costs[J]. Education Training,2017,6(49):431-446.

② Sutinko. Concept of e-mon prakerin model for internship monitoring in vocational high school[J]. First International Conference on Environmental Geography and Geography Education (ICEGE),2019,243:012119.

③ Setiawan Y,Sumarto S,Sucita T. Comparative Study on the Implementation of Apprenticeship Viewed from the Perspective of Students and Employers[J]. Proceedings of The 5th UPI International Conference on Technical and Vocational Education and Training(ICTVET),2019:175-178.

④ Wu W, Hartless J, Tesei A, et al. Design assessment in virtual and mixed reality environments: Comparison of novices and experts[J]. Journal of Construction Engineering and Management,2019,145(9):04019049.

⑤ Butler B A, Butler C M, Peabody T D. Cognitive apprenticeship in orthopaedic surgery: updating a classic educational model[J]. Journal of surgical education,2019,76(4):931-935.

⑥ Daniel E I,Oshodi O S,Arif M,et al. Strategies for improving construction craftspeople apprenticeship training programme:Evidence from the UK[J]. Journal of Cleaner Production,2020,266:122135.

以工匠为中心的学徒持续培训[1],导致市场萎缩,要挽救手工业市场应当重视学徒工匠精神的培养。

2. 职业学校现代学徒制新模式探索

Bosché(2016)开发了一种新型混合现实(MR)系统,该系统专门用于培训建筑行业工人[2]。Fulk 等学者(2017)提供了一套新的评估教学的方法,将建筑工程专业学生的应用技能和专业技能联系起来[3]。Hidayat 等(2017)指出,高等教育毕业生失业率上升、创业培训计划效果不佳,要解决这一问题必须提高学生在高等教育中利用技术科学创业的积极性,并详细阐述了各阶段的具体内容[4]。Arrieta 等学者(2018)提出"研究学徒"模型的概念,认为研究学徒可以扩大生物医学研究的多样性,有助于消除生物医学科学中的结构性种族主义[5]。Sunyoto 等学者(2018)通过访谈法和问卷调查法对爪哇中部的五所职业学校进行研究,致力于开发一套培养职业学校毕业生成为企业家的学徒制模式[6]。

通过回顾总结这些国外文献可以发现,国外校企合作产教融合理论的发展时期较长,并已建立比较完善的合作模式,模式都具有一定代表性,且国外的校企合作中还率先对政府也提出了相应要求。国外在相关领域的研究,尤其是那些一般性的理论和方法可以为我国校企合作产教融合研究提供一些启示和借鉴,但必须结合中国国情加以创造性转化,不可直接照搬套用。

① Lee J J. Development of Craft Copyright Industry Using Blockchain Technology[C]//2021 21st ACIS International Winter Conference on Software Engineering, Artificial Intelligence, Networking and Parallel/Distributed Computing (SNPD-Winter). IEEE,2021:263-264.

② Bosché F,Abdel-Wahab M,Carozza L. Towards a mixed reality system for construction trade training [J]. Journal of Computing in Civil Engineering,2016,30(2):04015016.

③ Fulk B, Ghahari S, Hastak M. Case study and apprenticeship pedagogy for training construction engineering students[C]//2017 IEEE Frontiers in Education Conference (FIE). IEEE,2017:1-6.

④ Hidayat H. How to Implement Technology Science for Entrepreneurship by Using Product-Based Learning Approach and Participatory Action Learning System in Higher Education [J]. Advanced Science Letters,2017,23(11):10918-10921.

⑤ Arrieta M I,Wells N K,Parker L L,et al. Research apprenticeship and its potential as a distinct model of peer research practice [J]. Progress in community health partnerships:research, education, and action, 2018,12(2):199-214.

⑥ Sunyoto,Widodo J,Samsudi. Development of apprenticeship model for vocational school based on entrepreneurship[C]//AIP Conference Proceedings. AIP Publishing LLC,2018,1941(1):020039.

## 二、国内相关研究

### (一)校企合作产教融合的相关研究

**1. 关于校企合作产教融合的内涵**

我国对校企合作产教融合的基础理论研究与国外相比较起步时间较晚,不过后来由于我国政府对产教融合问题的高度关注,研究者们在该领域也获得了不少成果。于志军(2020)认为,校企合作产教融合是高校与企业之间的联合行为。校企合作和产教融合通常是一起被提及的,在层次上,产教融合可能会高于校企合作,在合作的紧密程度上,二者也可能存在一些差异,但二者的主体都是企业和高校①。刘春生、孔宝根(2015)提出,产教融合就是指企业生产经营活动和高校教学活动上的融合,不仅是人才培养方式上的融合,而且也是人才培养内容上的融合,产教融合与校企合作之间是等同关系,二者在合作教学方面都起到了重要作用。② 贾士伟(2018)指出,产教融合是高职院校为了培养与其办学定位相符的人才所必然要走的一条路径,运用产教融合形成校企合作的全新教育办学管理模式,目的就是希望实现高等院校和企业之间的"共赢"。③

**2. 校企合作作用的研究**

薛金梅(2000)认为,校企合作对培养人才具有提高招聘有效性、降低招聘培养成本、提高员工忠诚度三个方面作用④。邹庆云、李林(2012)在总结了我国校企合作模式的基础上,提出了校企合作具有三方面作用:能够有效地解决企业人才招聘难、流失率高的困境,能够有效促进企业人力资源优化管理⑤。梁子裕(2005)认为,校企合作是企业和学校共同育人的人才培养模式,这种模式的创新有助于企业根据自身需求培育相应的人才,帮助企业完善内部的人才架构,学校也能按照企业的需求进行人才培养,并且在学生未正式进入企业工作之前,学生就能通过学校的培养参与到企业中,了解企业文化,并升华为责任感,为企业在以后的组织管理中起到较为重要的作用,并增强了企业的竞争能

---

① 于志军.基于产教融合理念的 JY 公司校企合作问题与对策研究[D].青岛:青岛大学,2020:3.

② 孔宝根.企业科技指导员制度:深化职业教育产教融合的新路径[J].教育发展研究,2015,35(03):59-64.

③ 贾士伟.论中职学校校企合作的实施[J].中国高新区,2018(10):63-65.

④ 薛金梅,周英智.我国产学研合作模式及相关问题研究[J].山东医科大学学报(社会科学版),2000(02):83-87.

⑤ 邹庆云、李林.产学研结合技术创新的市场机制与联合模式[J].湖南大报,2012(06):36-38.

力①。陈昌智(2018)认为,在国家的教育改革与人才培养模式中加入产教融合,充分抓住人才培养与产业发展之间的主要矛盾,有助于职业院校在当前的就业形势下提升教学质量,提高院校的就业率,鼓励学生进行创业,有利于促进我国经济结构的调整,推动经济社会的转型发展,此外,这对于培育我国的新动能具有较为重要的意义②。

**3.关于校企合作基本模式的研究**

程佳(2021)认为,产教融合是国家明确提出的职业教育发展方向,也是职业教育赖以生存的必经之路。为了保证职业院校在产教融合中能够健康快速发展,真正成为社会主义建设者的培养基地,校企合作办学模式必定要经历反复实践和仔细推敲,探索出校企双赢的具体方案。③

刘美荣(2010)认为,"订单式"人才培养是指用人单位与培养单位签订用人协议的一种应用型人才培养体系。校企双方根据市场和社会的需求制订出相应的人才培养计划,并在技术、师资、办学等方面进行合作。双方签订用人订单,学生毕业后可直接到协议单位就业。④

张贯虹、施红雅(2020)认为,工学交替是指职业院校以就业为导向,遵循以人为本的原则,培养学生适应社会的职业能力,并按照各个专业的个性化差异,组织学生在企业与职业院校两个不同的场所,将不同的学习方式分别运用于实践环境与课堂两个不同的学习环境中,从而能够交替完成理论知识与实践知识的学习过程。⑤

**4.关于校企合作不够的原因分析研究**

蒋洪平等(2019)认为,企业参与校企合作培养人才方面的积极性还不高。大多数的企业只注重眼前的经济效益,根本不制定长期的发展规划,长而久之企业缺乏技术性人才这个竞争力,导致企业在以后的发展过程中被时代所淘汰。更多的企业,为了节省资金,不愿意花大量的精力去培养符合企业自身要求的技术性人才。为了适应企业的发展,又不得不招聘一些立刻能上岗的员工,而这些员工不能符合企业的需求,造成了较高的离职率,无形之中增加了企业招聘和培养人才的成本。⑥

① 梁子裕.谈高等职业教育的"订单式"人才培养[J].黎明职业大学学报,2005(01):58-60.
② 陈昌智.深化产教融合 校企合作亟待解决的问题:在2018中华职业教育社专家委员会会议上的讲话摘编[J].中国职业技术教育,2018(13):5-6.
③ 程佳.高职院校产教融合新模式的实践与探索:以太原旅游职业学院婚庆专业为例[J].职业技术,2021,20(01):39-43.
④ 刘美荣."订单式"人才培养方法的应用[J].长春教育学院学报,2010,26(04):134-135.
⑤ 张贯虹,施红雅.工学交替三阶段人才培养模式的实践研究[J].科技经济导刊,2020,28(31):114,113.
⑥ 蒋洪平,胡永锋.高职院校产教融合协同育人的创新与实践[J].西部素质教育,2019(09):221.

朱新华等(2013)认为,校企合作存在着机制还不够完善等问题,导致了企业在人才培养管理方面出现了较多矛盾。同时由于订单式培养,造成了学生选择就业的机会较少,不利于学生职业的发展,企业也无法建立灵活的外部招聘机制①。

田虎伟等(2020)通过对河南省洛阳市推进中等职业教育产教融合的现实情况进行分析,认为校企合作目前还存在着政府政策供给滞后、政策供给质量不高、中等职业学校办学治理结构不完善和产教融合校企合作制度供给不足等问题。②

### (二)国内现代学徒制研究

王小梅等学者(2020)对2019年全国职教研究的论文发表情况做了调查分析,并发现在我国主要教育类中文核心期刊发表的1992篇高职教育科研论文高频词中,词条“产教融合”“现代学徒制”“校企合作”分别排在第四、五、六位③。可以看出关于学徒制的研究仍是我国教育研究的热点问题,目前我国现代学徒制的热门问题聚焦以下三个方面:

1. 对国外学徒制的制度研究和经验学习

在不断完善职业教育模式的道路上,我国学者对国外制度的学习研究是学徒制重要研究内容之一。彭柯凡(2016)对瑞典的学徒制教育现状进行了研究,指出无论是以院校的学生身份还是以企业学徒身份,学生学习的核心一直是目标、指导和实践这三个方面,并通过对三个层面的分析,指出加强校企合作是我国学徒制度的重点,过程中应根据岗位需求设置课程内容,同时确定课程学习和时间学习的分别目标。④ 王启龙(2017)通过对德国、奥地利、澳大利亚三个国家学徒制补贴政策的梳理,提出补贴政策对激发企业和学徒的培训参与度有重要促进作用。⑤ 余祖光(2020)以政治视角分析发达国家学徒制成功经验,提出我国应当凝聚经济、就业和职业教育三方,以构建具备中国地域特点的现代职教制度。⑥ 李薪茹、李薪宇等学者(2020)通过了解加拿大现代学徒制面临的困境,并

①　朱新华,宿金勇.高等职业教育产学研联合问题及对策[J].河南商业高等专科学校学报,2013(3),120-122.

②　田虎伟,孙中婷.中等职业教育产教融合现状调查:以河南省洛阳市为样本[J].职业技术教育,2020,41(12):57-63.

③　王小梅,周详,李璐等.2019年全国高校高职教育科研论文统计分析:基于18家教育类中文核心期刊的发文统计[J].中国高教研究,2020(12):96-102.

④　彭柯凡.瑞典学徒制的核心要素及其教育启示[J].职教论坛,2016(33):92-96.

⑤　王启龙,石伟平.德、奥、澳三国现代学徒制补贴政策:经验与启示[J].职业技术教育,2017,38(01):66-73.

⑥　余祖光.发达国家技能形成制度的理论与案例分析:基于政治经济学的视角[J].教育与职业,2020(20):14-23.

对其主要应对措施深入研究,借鉴其经验,提出我国应当吸取加拿大学徒制的教训,重视学徒制改革、扩大现代学徒制度途径。[①] 朱鸿翔、张亚萍(2021)通过对西欧国家学徒制中学生身份定位研究,得出应当重视学生合法权益保护,避免纠纷。[②] 李玲玲、许洋等学者(2021)通过研究美国制造业人才培养战略,提出目前美国民众对制造业学徒制度存在偏见,并间接导致学徒制推广受限等问题。[③]

2.我国技能型人才培养模式路径的探索

我国现代学徒制在经历了多年的制度改革后有了明显的改善,但是整体情况仍不尽如人意。如何早日形成一套成熟的、具有中国特色的现代学徒制度,是国内学者的聚焦重点。

(1)关于学徒制的问题和对策研究。吴建设(2014)认为,我国现代学徒制面临的问题解决重点是重构人才培养模式,处理好学徒身份认知问题,协调校企双方的课程安排,兼顾双导师培训的师资队伍,最后还要制定不同标准的考核评价体系。[④] 贾文胜、潘建峰(2017)研究指出,目前我国存在企业与学徒可信承诺制度不完善、学徒权益保障缺失、校企合作成本高等问题。[⑤] 廖礼平(2019)纵观现代学徒制的发展现状,就现存的问题从产学研三方与学生这四个不同的维度,研究现代学徒制所面临的实施困境。[⑥] 毛少华(2021)就目前我国学徒制推广问题进行研究,提出应从政府政策、校企招工一体化模式、校企团队教师考核标准等问题上着手,构建校企双主体培养模式。[⑦]

(2)现代学徒制背景下人才培养模式研究。吴学峰、徐国庆(2017)站在制度分析的视角,关注学徒制的起源、演化与制度设计的共性,也要顾及中国情境下的习俗、惯例与意识形态,对我国职业教育现代学徒制建设路径探索做出贡献。[⑧] 赵志群(2020)就我国

---

① 李薪茹,李薪宇,茹宁.加拿大现代学徒制改革研究:红印章计划的引入[J].高教探索,2020(05):58-65.

② 朱鸿翔,张亚萍.学生还是雇员:欧洲国家的学徒身份界定及启示[J].职业技术教育,2021,42(18):69-73.

③ 李玲玲,许洋,宁斌.美国加强先进制造业人才培养动因及策略[J].比较教育研究,2021,43(01):44-51.

④ 吴建设.高职教育推行现代学徒制亟待解决的五大难题[J].高等教育研究,2014,35(07):41-45.

⑤ 贾文胜,潘建峰,梁宁森.高职院校现代学徒制构建的制度瓶颈及实践探索[J].华东师范大学学报(教育科学版),2017,35(01):47-53+119.

⑥ 廖礼平.现代学徒制人才培养模式现状、问题及对策[J].职教论坛,2019(06):134-139.

⑦ 毛少华.职业院校全面推广中国特色现代学徒制面临的问题与对策[J].成人教育,2021,41(01):65-70.

⑧ 吴学峰,徐国庆.职业教育现代学徒制发展的路径选择:一个制度分析的视角[J].江苏高教,2017(04):94-98.

实行学徒制的必要性做出论证,并提出一套完整的、适合我国国情的学徒制建设路径。①
关于校企异地的产学研合作问题,刘友林、吴南中(2021)提出应当开发远程协同平台、构
建在线学习空间、实施虚实结合的校企双向模式。② 杨嵩(2021)以班杜拉观察学习理论
为研究视角对学徒制知识传播路径的研究,提高了学徒制人才培养的效能。③

(3)关于影响我国现代学徒制发展因素的研究。崔发周(2017)、孙君辉(2018)对影
响现代学徒制运行的外部环境因素和内部因素进行了理论分析并提出对策建议,为完善
学徒制做出了贡献。④ 吕玉曼、徐国庆(2017)认为保证企业中师傅的利益,打造融洽的师
徒关系,是现代学徒制实施过程中提高企业师徒参与积极性的重要举措。⑤ 郝延春
(2018)基于影响现代学徒制师徒双方关系的因素进行研究,提出了比较完整的师徒制度
化的实践路径。⑥ 柴草等学者(2020)关注影响企业参与现代学徒制积极性的因素,对激
发企业主动完成现代学徒制的积极性提出建议。⑦

3. 企业新型学徒制研究

企业新型学徒制是我国基于社会视角提出的学徒制政策,一经提出就贯彻以企业为
本位的理念,与其他校企合作形式形成鲜明的对比。自2015年至今,企业新型学徒制研
究成为学者们关注的热点话题,主要围绕着其发展中出现的问题及改进对策以及企业新
型学徒制实践的实例分析展开。

(1)企业新型学徒制试点方案的问题与对策。马金平(2016)针对制造业试点工作中
存在的人才短缺、人才培养体系缺陷问题提出,要改良投入机制,调动学校积极性与企业
工作同时进行,不断扩大试点范围,健全专业行业协会的功能,使各主体的利益得到保
障。⑧ 宋启平(2018)认为,企业新型学徒制存在政府帮扶机制、监督机制不完善,企业人

① 赵志群.建设现代学徒制的必要性与实现路径[J].人民论坛,2020(09):59-61.

② 刘友林,吴南中.校企异地背景下"远程协同"的现代学徒制理论框架与实践路径[J].教育与
职业,2021(19):34-41.

③ 杨嵩.观察学习理论下学徒默会知识传递路径的质性研究[J].高教探索,2021(08):103-108.

④ 崔发周,张晶晶.影响我国现代学徒制试点效果的因素分析及改进建议[J].教育与职业,2017
(23):5-9.孙君辉,徐坚,齐守泉.现代学徒制中企业参与动力影响因素的实证研究[J].中国职业技术
教育,2018(30):41-48.

⑤ 吕玉曼,徐国庆.现代学徒制中影响师傅带徒积极性的制约因素探析[J].职教论坛,2017(04):
35-38.

⑥ 郝延春.现代学徒制中师徒关系制度化:变迁历程、影响因素及实现路径[J].中国职业技术教
育,2018(31):38-43.

⑦ 柴草,王志明.企业参与现代学徒制的影响因素、缺失成因与对策[J].中国高校科技,2020
(05):83-87.

⑧ 马金平,张敏.我国企业新型学徒制试点方案的不足与改进[J].职业技术教育,2016,37(34):
30-34.

力资源资本投入风险大等问题,强化政府职能,减轻企业压力,建立专门的组织机构,是解决以上问题的工作重点。① 龚添妙(2020)认为,现代学徒制与企业新型学徒制都是学徒制的重大进步,但都处于发展阶段,其中后者存在的主要问题有企业员工参与热情低,企业投入回报率无法保障等问题,可以通过健全评价政策、降低企业参与成本等方式解决。② 王淑娟(2022)就地方政府部门、企业、培训机构在政策执行过程中面临的行动困境进行调查,指出在企业新型学徒制实施过程中,各方主体会基于不同的立场考虑自身利益,面临着不同的困境③,因此综合产学研等各方力量才能有效确保制度实施成效。

(2)企业新型学徒制实践现状的实证分析。高雪利(2018)在河北省甄选了五个代表性城市,对其实施背景、基本情况、取得的成效、存在的问题以及问题的解决对策进行了系统的阐述,指出新型学徒制是企业主导、培训机构辅助的形式进行技能人才培训,强调了企业的主体地位。④ 杨丽(2021)以河南省为例,研究新型学徒制推进工作,提出了企校双方在推行和优化企业新型学徒制的举措。⑤

# 第三节　研究内容与研究方法

## 一、研究对象

本书以新时代河南校企合作、产教融合育人实践状况为研究对象。具体通过调查研究和案例研究,深入调查、剖析河南洛阳市中等职业教育推进产教融合人才培养改革、河南高水平特色骨干大学和制造业企业在深化校企合作产教融合育人实践中的做法、经验与问题,并提出相应的改进建议。

## 二、内容框架

本书以河南省产教校企合作育人为主线,以院校、企业双元育人主体为核心,依次安

① 宋启平.企业新型学徒制试点中存在的问题与对策[J].教育与职业,2018,918(14):25-31.
② 龚添妙,杨虹.企业新型学徒制的内涵特征、发展瓶颈及推进策略[J].教育与职业,2020,974(22):34-39.
③ 王淑娟.企业新型学徒制主要执行主体的行动困境及对策建议[J].教育与职业,2022,1023(23):29-36.
④ 高雪利.企业主导下的新型学徒制改革实践探索:河北省5市首批改革试点实证研究[J].职业技术教育,2018,39(05):22-25.
⑤ 杨丽.企业新型学徒制推进实践研究:基于对河南省推进工作的实例分析[J].职业技术教育,2021,42(17):16-19.

排以院校为主导和以企业为主导的校企合作产教融合调查研究和案例研究,共计七章内容。研究内容框架如下。

第一章　绪论。主要内容包括研究背景与意义、国内外相关研究、研究内容与研究方法。

第二章　中等职业教育推进产教融合人才培养改革调查——以河南省洛阳市为例。主要内容包括洛阳市中等职业教育发展概况、洛阳市中等职业学校推进产教融合人才培养改革情况调查、洛阳市教育行政主管部门推进产教融合人才培养改革情况调查、洛阳市推进中等职业教育产教融合人才培养改革的问题与对策。

第三章　高水平特色骨干大学产教融合育人案例研究。主要内容包括河南科技大学产教融合校企合作育人的实践探索、河南理工大学产教融合校企合作育人的实践探索。

第四章　企业参与校企合作产教融合的意愿研究。主要研究内容包括引论、基本概念与相关理论基础、研究假设与研究设计、实证检验与结果分析、研究结论与对策建议等。

第五章　Y公司员工职前培养管理改进研究。主要包括引论、相关理论概述、Y公司职前培养现状、Y公司职前培养存在的问题及原因分析、Y公司员工职前培养管理改进的对策、小结。

第六章　基于胜任力模型的T企业技能人才管理策略优化研究。主要研究内容包括引论、相关概念与理论基础、T企业技能型人才管理现状、T企业技能型人才管理存在的问题分析、T企业技能型人才管理策略优化建议、T企业技能型人才管理策略优化的保障措施等。

第七章　现代学徒制背景下企业师徒知识转移有效性评价。主要研究内容包括引论、相关概念与理论基础、企业师徒知识转移有效性研究、企业师徒知识转移有效性层次模型构建、案例分析、小结等。

## 三、研究方法

1. 文献研究法

通过查阅中国知网、万方数据库以及Web of Science网站的期刊和学位论文以及相关著作等,系统梳理、分析国内外关于校企合作产教融合、企业合作意愿、企业职前培养、技能型人才培养、现代学徒制和企业知识转移等相关研究成果,明确研究主题、研究问题、研究思路、研究方法,提出对策建议。

2. 案例研究法

案例又称个案、实例等,指人们在生产、生活中所经历的典型的、具有某种意义的事件,案例可以是个体、群体、组织等。案例研究法是提供一个或多个案例的详细解释与分析的研究。案例研究法是经验研究、实证研究,主要回答"为什么"和"怎么样"的问题。案例研究法具有生动鲜活、产生新知和深入全面等特点。本书在对河南省推进校企合作产教融合育人研究过程中,分别以洛阳市中等职业教育推进产教融合人才培养改革、河南科技大学与河南理工大学产教融合育人实践探索、Y 公司员工职前培养管理、T 企业技能人才管理、洛阳市装备制造业师徒知识转移有效性评价等进行案例分析,获得了生动鲜活、深入全面的第一手案例。

3. 问卷调查法

问卷调查法是调查者使用统一设计或自主设计的问卷向被调查者了解情况或征询意见的一种研究方法。该方法旨在通过发放与回收问卷,采集、收集第一手调研数据。本书在对洛阳市中等职业教育推进产教融合人才培养改革、企业的合作意愿情况、Y 公司职前培养现状、T 企业技能型人才管理现状、现代学徒制背景下企业师徒知识转移评价指标的筛选、基于层次分析法的评价指标权重的确定、实证分析企业的师徒知识转移有效性现状等内容开展研究时使用该方法。

4. 访谈法

访谈法是一种研究性交谈,是访谈者与受访者通过交谈方式以收集研究资料的一种方法。访谈法可看作调查研究方法中的一种特殊方法。本书在洛阳市教育行政主管部门推进产教融合人才培养改革情况调查、企业技能型人才管理存在问题分析、企业师徒知识转移有效性评价中对案例校企合作存在的问题等进行分析时使用了该方法,从而尽可能更客观准确地掌握研究对象的现状、问题及其成因,增强了对策建议的准确性、针对性。

5. 专家调查法(德尔菲法)

本书将采用专家调查法,将初期在文献中提取的企业师徒知识转移评价指标,结合理论分析与专家意见,确定出全面的评价指标体系。

6. AHP-模糊综合评价法

本书将运用层次分析法(AHP)计算指标的权重,模糊综合评价法评价样本对象,数据收集均采取问卷调查的方式。

## 四、创新点

1. 研究视角上的创新

与现有大量的产教融合、校企合作研究的院校视角相比,本书同时加入了企业视角,从企业角度分析其产教融合育人的合作意愿、合作现状、存在问题和诉求等,企业作为产教融合育人的重要办学主体地位得到充分尊重,极大地扩展了研究思路、研究内容和解决问题的对策建议。

2. 研究资料创新

目前国内对教师职前培养方面的研究较多,但对企业职前培养、企业在现代学徒制背景下师徒知识转移呈现出的新特点等研究较少。本书通过对 Y 公司职前培养现状的调查研究、T 企业技能型人才管理现状及存在问题案例分析、洛阳市制造业企业开展企业新型学徒制的师徒知识转移问卷调查及其知识转移有效性评价等,积累了大量的第一手调查资料和案例启示,不仅丰富了相关研究资料,而且为相应理论创新提供实践依据。

# 第二章

# 中等职业教育推进产教融合人才培养改革
# 调查——以河南省洛阳市为例①

　　深化产教融合、校企合作，既是当前我国职业教育改革与发展的政策要求，也是职业教育理论关注的热点问题之一。2017 年 12 月国务院发布的《国务院办公厅关于深化产教融合的若干意见》(国办发〔2017〕95 号)，从总体要求、构建教育和产业统筹融合发展格局、强化企业重要主体作用、推进产教融合人才培养改革、促进产教供需双向对接、完善政策支持体系、组织实施等七个方面对深化产教融合、全面提升人力资源质量做出了总体部署。随后 2018 年河南省对表对标国家要求，发布了《河南省人民政府办公厅关于深化产教融合的实施意见》(豫政办〔2018〕47 号)。2019 年 1 月国务院又进一步颁布了《国家职业教育改革实施方案》(国发〔2019〕4 号)，从完善国家职业教育制度体系、构建职业教育国家标准、促进产教融合校企"双元"育人、建设多元办学格局、完善技术技能人才保障政策、加强职业教育办学质量督导评价、做好改革组织实施工作等七大方面，规划了职业教育改革、促进产教融合的具体路线图、时间表、方法措施等。

　　那么，具体到市(地)级政府贯彻落实国家深化产教融合政策精神情况究竟如何？"推进产教融合人才培养改革"在中等职业学校和市级政府层面存在哪些障碍因素及其如何化解？截至目前，相关区域调查成果还很鲜见。为此，本章以河南省洛阳市推进中等职业教育产教融合人才培养为例，采用混合方法研究设计中的互补设计类型(先量化后质性设计，即首先进行问卷调查，然后紧跟开展质性访谈)②，开展调查研究(具体调查由两部分组成：一是对洛阳市中等职业学校推进产教融合人才培养改革情况的问卷调查；二是对洛阳市教育行政主管部门推进产教融合人才培养改革的调查与访谈)，了解情况、总结经验、查找问题、寻求解决问题的对策，以期为该省、市政府决策提供参考，也为其他省、市政府决策提供借鉴，以便更好地促进该区域中等职业教育发展。

---

　　① 田虎伟,孙中婷.中等职业教育产教融合现状调查:以河南省洛阳市为样本[J].职业技术教育,2020,41(12):57-63.

　　② 田虎伟.混合方法研究:美国教育研究中的新范式[J].高等教育研究,2006(11):74-78.

# 第一节　洛阳市中等职业教育发展概况

河南省地处中原,洛阳市是河南省副中心城市,省直辖市,洛阳市中等职业教育在河南省具有较强的竞争力,具有一定的典型性和代表性。

## 一、规模和结构

在 2015 年至 2018 年间,河南省通过撤销、合并、划转等形式,整合一批"弱、小、散"学校,优化中等职业学校布局。在 2018 年 12 月 28 日河南省教育厅、人力资源和社会保障厅公布的《河南省优化中等职业学校布局结果名单》中,洛阳市中等职业学校数量由 46 所(公办 26 所,民办学校 19 所,企业办学 1 所)调减为 29 所,其中,直属省教育厅和河南省供销合作总社管辖的 2 所,隶属人社部门管辖的技工学校 9 所,市教育局管辖学校 18 所(公办学校 12 所、民办学校 6 所)。虽然优化布局调整后洛阳市中职学校数量有所减少,但是调整前洛阳市辖区中职学校数量占到全省 875 所的 5.26%,调整后这一比例上升到 6.95%(全省 417 所),由此可见,洛阳市中等职业教育在河南省还具备较强的竞争力。

由于 2018 年度的统计数据目前还没有公开发布,这里主要采集使用 2016 年、2017 年的在校生数、招生数及普通高中与中职学校招生比例做一比较。由表 2-1 可知,2017 年洛阳市中等职业学校招生数 3.8 万人、在校生数 9 万人,全市普通高中与中职学校招生比例为 1.2∶1。

表2-1　2016、2017 年洛阳市中等职业学校招生、在校生数情况

| 年度 | 在校生数(万人) | 招生数(万人) | 毕业生数(万人) | 普职招生比 |
| --- | --- | --- | --- | --- |
| 2016 | 8.5 | 3.2 | 2.3 | 1.4∶1 |
| 2017 | 9 | 3.8 | 2.5 | 1.2∶1 |

## 二、设施设备

设施设备不断充实完备,办学硬件现代化水平不断提高。洛阳市落实国家关于《中等职业学校设置标准》(教职成〔2010〕12 号)的要求,下大力气加强基础能力建设,提高中等职业学校的办学水平和质量。2017 年,全市中等职业学校占地面积 22.31 万平方

米,生均占地面积 2.48 平方米。

## 三、教师队伍

洛阳市始终坚持把中职教师队伍建设摆在突出位置,教师专业能力逐步增强。2017年,全市中等职业学校教职工数 4500 人,生师比 20∶1,其中"双师型"教师占专任教师比例约为 52%。①

# 第二节　洛阳市中等职业学校推进产教融合人才培养改革情况调查

## 一、调查基本情况

### (一)调查目的

依据国办发〔2017〕95 号文件中针对中等职业学校的工作要求,对照洛阳市辖区内中等职业学校的落实情况,寻找政策条文要求与实际落实之间的差距,寻求解决问题的对策。

### (二)调查工具

依据上述国办发〔2017〕95 号文件中的相关要求,本课题组编制了《洛阳市中等职业学校"推进产教融合人才培养改革"调查问卷》。主要内容包括学校推进产教协同育人情况、加强产教融合师资队伍建设情况、治理结构改革情况、推进产教协同育人的内外部主要障碍和相应案例等五个部分。

### (三)调查对象

委托洛阳市教育局职业教育教研室向辖区教育系统直属中等职业学校的校长、副校长或熟悉学校产教融合的相关科室知情人发放本调查问卷 18 份(每个学校限填 1 份),回收到 13 所学校的 13 份有效问卷(民办学校 3 所,市属及县属公办学校 10 所);另外本课

---

① 洛阳市教育局.洛阳市中等职业教育质量年度报告(2017 年)[EB/OL].[2018-07-06]. https://www.lyjyj.gov.cn.

题组专门组织了 1 所省教育厅直属中等职业学校主管副校长填报了该问卷。因此,本课题共获得 14 份有效问卷,占到了洛阳市辖区中等职业学校总数(不含人社部门管辖的技工学校)的 70%,具有一定的代表性。

## 二、结果与分析

### (一)中等职业学校推进产教协同育人情况

1. 中等职业学校与企业组建校企合作、工学结合联盟、联合或联结情况

14 所被调查学校均与多个企业或企业集团组建了校企合作、工学结合联盟,部分学校还与行业有联合或者与产业园区有联结。

2. 推行现代学徒制和企业新型学徒制情况

有 9 所学校的部分技术性、实践性较强的专业,推行了现代学徒制和企业新型学徒制,占到了调查学校总数 64.29%;5 所学校则没有任何专业推行现代学徒制和企业新型学徒制改革,占到了调查学校总数 35.71%。具体分布情况见表 2-2。

表 2-2　推行现代学徒制和企业新型学徒制的学校与专业

| 学校 | 全面推行现代学徒制和企业新型学徒制的专业名称 |
| --- | --- |
| 学校 1 | 烹饪、形象设计、汽车运用与维修、工业机器人 |
| 学校 2 | 数字媒体应用技术、烹饪、中西面点 |
| 学校 3 | 旅游与酒店管理、客户信息服务、汽车驾驶与维修 |
| 学校 8 | 烹饪专业、计算机、高星级酒店运营与管理 |
| 学校 9 | 艺术设计、表演艺术、软件技术、数控技术、机械制造自动化、汽车检测与维修 |
| 学校 10 | 电子技术、物联网技术应用与维护、工业机器人、增材制造与快速成型(3D 打印)、机械设计与制造、中德机电一体专业 |
| 学校 11 | 城市轨道及运营管理,新能源汽车 |
| 学校 13 | 旅游、烹饪、汽车 |
| 学校 14 | 铁道信号、电气化铁道供电、通信技术 |

由表 2-2 可知,仅有约 64.29% 的学校在部分技术性、实践性较强的专业,全面推行了现代学徒制和企业新型学徒制,还有超过 1/3 的学校没有开展现代学徒制和企业新型学徒制工作。

3. 学校 2018 年度招生专业与企业招工相衔接比例偏低

由表 2-3 可知,2018 年度 13 所学校有 2 个以上专业招生与企业招工相衔接,占到学校当年招生专业的比例为 4% ~ 80%,校均值为 40.18%。

表 2-3　2018 年度学校招生专业与企业招工衔接情况

| 学校 | 与企业招工相衔接的招生专业名称 | 占到学校当年招生专业的比例 |
|---|---|---|
| 学校 1 | 城市轨道交通运营与管理、国际邮轮乘务管理 | 23% |
| 学校 2 | 烹饪专业、数字媒体应用技术 | 50% |
| 学校 3 | 音乐(学前教育方向)、旅游服务与管理、会计电算化、汽车运用与维修、电子技术应用、计算机应用 | 67% |
| 学校 4 | 客户信息服务、电子商务、装潢与艺术设计、汽车美容与装潢、机电机器人 | 78% |
| 学校 5 | 计算机平面设计、电子商务、焊接技术应用、美发与形象设计、影像与影视技术、学前教育、汽车运用与维护 | 77% |
| 学校 6 | 空中乘务、美容美妆 | 12.5% |
| 学校 8 | 物联网(智能家居方向)、酒店管理、烹饪 | 33.33% |
| 学校 9 | 机械制造自动化(智能制造方向)、数控技术、表演艺术、旅游管理、网络营销 | 27.7% |
| 学校 10 | 电子技术应用、电子商务、客户信息服务 | 15% |
| 学校 11 | 电梯保养与维护 | 4% |
| 学校 12 | 机械加工技术、电子电器、汽车运用与维修、学前教育 | 35% |
| 学校 13 | 旅游、烹饪、幼师、汽车维修 | 80% |
| 学校 14 | 铁道信号、电气化铁道供电、通信技术、电子商务 | 60% |
| 校均值 | | 40.18%(含学校 7) |

注:2018 年度学校 7 没有任何专业招生与企业招工相衔接。

4. 学校 2018 年度订单式培养招生人数比例偏低

由表 2-4 可知,2018 年度中等职业学校订单式培养招生总人数为 4471 人,校均 319 人;订单式培养招生数占到学校当年招生人数的比例为 0 ~ 82.4%,校均值为 34.5%。

表2-4 2018年度学校订单式培养招生人数情况

| 学校 | 订单式培养招生人数（人） | 占到学校当年招生专业的比例 |
|---|---|---|
| 学校1 | 164 | 23% |
| 学校2 | 190 | 60% |
| 学校3 | 193 | 25% |
| 学校4 | 432 | 82.4% |
| 学校5 | 541 | 70% |
| 学校6 | 150 | 12.5% |
| 学校7 | 176 | 31.2% |
| 学校8 | 80 | 10% |
| 学校9 | 1400 | 43.2% |
| 学校10 | 0 | 0 |
| 学校11 | 150 | 25% |
| 学校12 | 245 | 21% |
| 学校13 | 300 | 60% |
| 学校14 | 450 | 20% |
| 校均值 | 319 | 34.5% |

5.学校与企业签订校企育人"双重主体"、学生学徒"双重身份",学校、企业和学生三方权利义务关系明晰的合作协议情况

由表2-5可知,只有64.29%的学校部分专业与企业签订了校企育人"双重主体"、学生学徒"双重身份"三方合作协议,还有35.71%的学校没有此类三方协议书。

表2-5 2018年度学校、企业和学生签订现代学徒制合作协议的专业分布情况

| 学校 | 签约专业→企业 |
|---|---|
| 学校1 | 城市轨道交通运营与管理、国际邮轮乘务管理→新加坡远东国际海运有限公司 |
| 学校2 | 数字媒体应用技术、烹饪专业→洛阳华阳大酒店、洛阳友谊宾馆、苏州泛太平洋酒店、郑州铁路局洛阳客运段等 |

续表2-5

| 学校 | 签约专业→企业 |
|---|---|
| 学校3 | 建筑专业→重庆荣昌建筑安装工程二公司宜阳分公司;电子电器应用与维修、计算机→浙江和睿半导体科技有限公司、浙江创奇电气有限公司;学前教育→宜阳县实验幼儿园;酒店管理、财务、电子商务→温州汤臣一品酒店管理有限公司、温州市溢香厅国际宴会服务有限公司、温州君顶华悦酒店管理有限公司、温州奥林匹克假日大酒店有限公司;汽修、电子、计算机→泉峰汽车精密技术股份有限公司 |
| 学校5 | 摄影与化妆→郑州九派摄影服务有限公司;计算机平面设计、电子商务→郑州美课锐捷教育科技有限公司 |
| 学校9 | 中餐烹饪→洛阳安德莉亚食品有限公司;数控技术→洛阳云峰机械设备有限公司 |
| 学校10 | 电子技术应用→河南卓锋电子科技有限公司;电子商务→洛阳新职信息科技有限公司、中州农商网;增材制造与快速成型(3D打印)→河南筑诚电子科技有限公司;旅游服务与管理→洛阳新职酒店管理有限公司 |
| 学校11 | 城市轨道及运营管理、新能源汽车→江苏瀚海教育集团 |
| 学校13 | 旅游→钼都利豪国际饭店、牡丹城宾馆、上海安亭花园别墅酒店、上海新元素西餐厅;烹饪→上海新元素西餐厅、上海贝拉吉奥餐饮有限公司、上海游香食乐餐饮有限公司、北京艾丝碧西食品有限公司;幼师→洛阳一拖幼教集团 |
| 学校14 | 铁道信号、电气化铁道供电、通信技术→中国铁道建筑工程总公司电化局集团公司第一工程公司 |

注:学校4、学校6、学校7、学校8、学校12等5所学校没有与任何专业与企业签订校企育人"双重主体"、学生学徒"双重身份",学校、企业和学生三方权利义务关系明晰的合作协议。

6.学校专业实践性教学课时不少于总课时的50%情况

由表2-6可知,14所中等职业学校均有多个专业的专业实践性教学课时不少于总课时的50%,占学校专业总数的比例为20%~100%,校均值为61.3%。

表2-6 学校专业实践性教学课时不少于50%情况表

| 学校 | 实践性教学课时不少于50%的专业 | 占到学校专业的比例 |
|---|---|---|
| 学校1 | 所有专业实践性课时均占总课时的70% | 100% |
| 学校2 | 烹饪、数字媒体应用技术 | 50% |
| 学校3 | 财务、旅游与酒店管理、汽车应用与维修、电子电器应用与维修、客户信息服务、学前教育 | 70% |

续表2-6

| 学校 | 实践性教学课时不少于50%的专业 | 占到学校专业的比例 |
| --- | --- | --- |
| 学校4 | 客户信息服务、电子商务、装潢与艺术设计、汽车美容与装潢、机电机器人 | 66.7% |
| 学校5 | 计算机平面设计、电子商务、焊接技术应用、美发与形象设计、影像与影视技术、学前教育、汽车运用与维护等 | 63.6% |
| 学校6 | 汽车运用与维修、空中乘务、美容美妆 | 20% |
| 学校7 | 焊接技术应用、汽车组装与维修、影像与影视技术、舞蹈影视技术 | 57% |
| 学校8 | 计算机、烹饪、高星级酒店运营与管理 | 80% |
| 学校9 | 表演艺术、电子商务、数控技术、汽车检测与维修、中餐烹饪、美容美发、电气自动化技术、音乐、航空服务、工业机器人、机械制造自动化、新能源汽车技术、无人机技术、电子竞技与管理、人力资源管理 | 60% |
| 学校10 | 计算机应用、电子技术应用、机械制造、数控技术、电子商务、市场营销、客户信息服务、旅游服务与管理、智能物联网等学校目前持续招生的所有专业 | 100% |
| 学校11 | 美容美体、中西餐 | 20% |
| 学校12 | 机械加工技术、电子电器、汽车运用与维修、学前教育、电子商务、市场营销等 | 41% |
| 学校13 | 旅游、烹饪 | 40% |
| 学校14 | 铁道信号、电气化铁道供电、通信技术 | 90% |
| 校均值 | | 61.3% |

## （二）学校加强产教融合师资队伍建设情况

1.来自企业的技术和管理人才专任教师及承担课程教师人数偏少

由表2-7可知,14所中等职业学校有来自企业的技术和管理人才专任教师167人,校均值为11.9人;14所中等职业学校合计有166人来自企业,担任了一门课程或课程一部分的教学任务,校均值为8.3人。

表2-7　学校有企业经历的专任教师和兼任课程教师情况表

| 学校 | 来自企业技术及管理人才担任专任教师数(人) | 企业人员兼任了一门课程或课程一部分教学任务的教师数(人) | 学校 | 来自企业技术及管理人才担任专任教师数(人) | 企业人员兼任了一门课程或课程一部分教学任务的教师数(人) |
|---|---|---|---|---|---|
| 学校1 | 5 | 3 | 学校8 | 0 | 10 |
| 学校2 | 6 | 8 | 学校9 | 70 | 44 |
| 学校3 | 8 | 9 | 学校10 | 15 | 9 |
| 学校4 | 0 | 9 | 学校11 | 10 | 10 |
| 学校5 | 6 | 6 | 学校12 | 5 | 18 |
| 学校6 | 11 | 11 | 学校13 | 10 | 8 |
| 学校7 | 6 | 6 | 学校14 | 15 | 15 |
| | | | 校均值 | 12 | 8.3 |

2.学校在选拔新教师时对企业工作经历的要求情况

8所学校在选拔新教师时对有企业工作经历或者有企业经历者优先提出明确要求,3所学校没有要求,3所学校选择了"其他"。

3.学校对新教师入职后"先实践、后上岗"的制度要求情况

7所学校对新教师入职后有"先实践、后上岗"的制度要求,5所没有要求,2所学校选择了"其他"。

4.教师专业技术职务(职称)评聘优先情况

在教师专业技术职务(职称)评聘办法中对有企业工作经历或者企业经历者优先的情况,还属于少数学校的行为。5所学校在教师专业技术职务(职称)评聘办法中对有企业工作经历或者有企业经历者优先要求,8所学校没有要求,1所学校选择了"其他"。

5.校外兼职教师及兼职报酬的管理制度情况

有10所学校制定有校外兼职教师及兼职报酬的管理文件或者是其他文件中包含有此类内容,2所学校没有相关制度,2所学校选择了"其他"。

6.学校自主聘请兼职教师的数量情况

14所中等职业学校中,有11所学校(除学校8、学校9、学校13外)自主聘请兼职教师207人,校均15.38人。

7.学校与大中型企业合作建设有"双师型"教师培养培训基地情况

由表2-8可知,有8所学校与大中型企业合作建设有数量不等的"双师型"教师培养培训基地。

表2-8　大中型企业合作建设有"双师型"教师培养培训基地

| 学校 | 大中型企业合作建设有"双师型"教师培养培训基地 |
| --- | --- |
| 学校1 | 河南奇瑞汽车有限公司,北京企友联进科技有限公司(与宜兴东方智能汽车装备有限公司联合创办) |
| 学校2 | 郑州裕达国贸酒店有限公司、洛阳真不同餐饮有限公司 |
| 学校4 | 洛阳拾泉科技有限公司、洛阳古城机械厂、洛阳卡瑞机械有限公司、杭州九段科技有限公司、苏州思烨广告、杭州铭赫科技有限公司、杭州润迅等 |
| 学校9 | 中软国际、河南正伟汽车服务有限公司 |
| 学校10 | 新大陆集团、河南筑诚电子科技有限公司、河南卓锋电子科技有限公司、中州农商网、洛阳新职信息科技有限公司、郑州希尔信息技术有限公司、河南美成通讯技术有限公司、上海澄美信息服务有限公司 |
| 学校12 | 洛阳君山制药有限公司、伊水湾大酒店、洛阳丰瑞氟业有限公司 |
| 学校13 | 洛阳钼都利豪国际饭店、洛阳牡丹城宾馆、洛阳中青旅、洛阳好时光旅行社、洛阳天天旅行社 |
| 学校14 | 中国铁道建筑工程总公司电化局集团公司第一工程公司 |

注:学校3、学校5、学校6、学校7、学校8、学校11等6所学校没有与大中型企业合作建设"双师型"教师培养培训基地。

8.学校支持在职教师定期到企业实践锻炼的制度情况

11所学校有明文支持在职教师定期到企业实践锻炼的制度,2所学校没有建立此类制度,1所学校选择了"其他"。

9.学校对专业课教师"每两年专业实践的时间累计不少于两个月"的要求情况

7所学校对专业课教师有明确要求,5所学校没有明确要求,2所学校选择了"其他"。

（三）学校治理结构改革情况

1.学校理事会建立情况

5所公办学校,2所民办学校成立了由行业企业、科研院所、社会组织等参与的学校理事会,7 所学校没有此组织。

2.学校组建跨学科、跨专业的教学和科研组织情况

8 所学校组建有跨学科、跨专业的教学和科研组织,5 所学校没有此类组织,1 所学校选择了"其他"。

### (四)学校推进产教协同育人的内外部主要障碍

1.内部主要障碍

有 9 所学校把"实验实训场地严重不足""实验实训经费不足"作为推进产教协同育人的内部主要障碍,其他依次有 2 所学校认为是"教师积极性不高",1 所学校认为是"学校对产教协同育人重视不够",1 所学校认为是"学生积极性不高",还有 4 所学校选择了"其他"。

2.外部主要障碍

有 9 所学校把"企业等社会用人单位对参与产教协同育人的积极性不高"作为学校推进产教协同育人的外部主要障碍,有 8 所学校把"政府的产教协同育人政策不完善、不配套""政府对产教协同育人资金投入不足"作为外部主要障碍,3 所学校选择了"家长对产教协同育人不认同",2 所学校选择了"社会人士对产教协同育人不认同",2 所学校选择"其他"。

# 第三节 洛阳市教育行政主管部门推进产教融合人才培养改革情况调查

2018 年 3 月 8 日上午,笔者使用自制的《推进产教融合人才培养改革调查问卷(市教育局)》,对在洛阳市教育局职业与成人教育科多年主要从事职业教育管理工作的 3 位工作人员进行问卷调查的基础上,同日下午有针对性地对××工作人员进行了电话访谈。

## 一、问卷调查

### (一)基本情况

1.调查目的

了解洛阳市教育行政主管部门对国办发〔2017〕95 号有关职业教育政策的理解和落实情况,寻找政策要求与实际落实之间的差距,并探讨落实中的主要障碍及其解决对策。

2.调查问卷构成

调查问卷是根据国办发〔2017〕95号文件中针对地方教育行政主管部门的工作要求编制而成。主要内容包括将工匠精神培育融入基础教育情况、推进产教协同育人情况、加强产教融合师资队伍建设情况、创新教育培训服务供给政策情况和对本市中等职业学校推进产教协同育人的内外部主要障碍等四大部分构成。

（二）调查结果与分析

1.将工匠精神培育融入基础教育情况

（1）洛阳市教育局出台"将动手实践内容纳入中小学相关课程和学生综合素质评价。加强学校劳动教育,开展生产实践体验,支持学校聘请劳动模范和高技能人才兼职授课"的专题文件。

（2）洛阳市教育局已经组织开展"大国工匠进校园"活动。

（3）洛阳市教育局在相关文件中已经有"鼓励有条件的普通中学开设职业类选修课程,鼓励职业学校实训基地向普通中学开放"的要求。

（4）洛阳市教育局在相关文件中已经有"鼓励在大型企业、产业园区周边试点建设普职融通的综合高中"的要求。

2.推进产教协同育人情况

（1）洛阳市教育局在相关文件中有明确的"坚持职业教育校企合作、工学结合的办学制度,推进职业学校和企业联盟、与行业联合、同园区联结"表述。

（2）目前洛阳市有校企双制、工学一体的技工教育学校9所。

3.加强产教融合师资队伍建设情况

（1）洛阳市在中等职业学校新教师选拔时对"企业工作经历或者有企业经历者优先"没有明确要求。

（2）洛阳市在中等职业学校教师专业技术职务评审中对"企业工作经历或者有企业经历者优先"没有明确要求。

（3）洛阳市允许市属职业学校依法依规自主聘请兼职教师并确定教师报酬。

4.创新教育培训服务供给政策情况

（1）洛阳市鼓励教育培训机构、行业企业联合开发优质教育资源,大力支持"互联网+教育培训"发展。支持有条件的社会组织整合校企资源,开发立体化、可选择的产业技术课程和职业培训包。

（2）洛阳市允许和鼓励中职学校向行业企业和社会培训机构购买创新创业、前沿技术课程和教学服务。

5.洛阳市中等职业学校推进产教协同育人的主要障碍

主要障碍不在学校内部,而是政府的产教协同育人政策不完善、不配套。

## 二、访谈

### (一)访谈对象、时间及方式

对象:洛阳市教育局职业与成人教育科××工作人员。时间:2019 年 3 月 8 日下午。方式:电话访谈,录音。

### (二)访谈实录

访谈者:××老师,您好!在本次问卷调查中,在"您认为贵市中等职业学校推进产教协同育人的内部主要障碍有哪些?(①学校对产教协同育人重视不够;②学校内部管理体制不顺畅;③实验实训场地严重不足;④实验实训经费不足;⑤教师积极性不高;⑥学生积极性不高;⑦其他")),您选择了"⑦其他",您本身作为政府职能部门人员,是出于怎样的考虑?

××老师:产教融合是民办中等职业学校的生命线,基本上民办中职学校每个专业都是依据社会和企业需求开设的,几乎每个专业与企业都有对接,实施了联合培养。但是公立学校就不一样了。制约公立中等职业学校产教融合的主要障碍(不在学校内部),主要在于政府的产教协同育人政策不完善、不配套,即外部运行机制不完善、不配套。例如,产教融合、引企入校,需要学校把门面房和校舍出租给企业,但是教育局有明确的文件要求,不能把门面房和校舍出租给企业。这样就不可能把企业引进校内。

### (三)访谈者的思考

(1)关于××老师所说的"产教融合、引企入校,需要学校把门面房和校舍出租给企业,但是市教育局有明确的文件要求,不能把门面房和校舍出租给企业"问题。笔者认为,在国办发〔2017〕95 号文件中规定如下:"(二十五)落实财税用地等政策……企业投资或与政府合作建设职业学校、高等学校的建设用地,按科教用地管理,符合《划拨用地目录》的,可通过划拨方式供地,鼓励企业自愿以出让、租赁方式取得土地。"[1]在豫政办〔2018〕47 号中也有类似表述。在国发〔2019〕4 号中明确提出:"(十)推动校企全面加强

---

[1] 国务院办公厅.关于深化产教融合的若干意见[EB/OL].[2017-12-19]http://www.gov.cn.

深度合作。职业院校应当根据自身特点和人才培养需要,主动与具备条件的企业在人才培养、技术创新、就业创业、社会服务、文化传承等方面开展合作。学校积极为企业提供所需的课程、师资等资源,企业应当依法履行实施职业教育的义务,利用资本、技术、知识、设施、设备和管理等要素参与校企合作,促进人力资源开发。"[①]

也就是说,在上述文件中,均没有明确限制"企业自愿以出让、租赁方式取得的土地"。那么,按照两个文件中的逻辑推理,如果职业学校有闲置土地的话,完全可以自愿出让、租赁给企业用于产教融合校企合作育人项目。就该市当前职业学校引企入校面临的现实困境来讲,如果说职业学校的土地都可以出让、出租给企业的话,那么门面房是可以出让、出租给企业用于校企合作。这说明,是该市教育行政部门原有的内部管理制度束缚了职业学校引企入校行为。在新时代产教融合背景下,教育行政部门更应站在职业教育与普通教育是两种不同类型教育的高度上,主动作为,在涉及中等职业教育产教融合、校企合作等问题上应区别对待,坚决、及时地废止一些制约职业学校引企入校的制度,给产教融合、校企合作松绑。

(2)关于××老师所说的职业学校教职工加班不能发放加班费问题。在国发〔2019〕4号中明确提出:"校企合作中,学校可从中获得智力、专利、教育、劳务等报酬,具体分配由学校按规定自行处理。"[②]那么,如果确需加班而产生的加班费,这应属于各单位内部制度管理范畴,本身不是问题。问题在于如何合规发放。如果制度健全、程序得当就不属于"滥发"范畴。一般而言,公立学校等事业单位工作人员的工资由岗位工资+薪级工资+省(市、县)基础绩效+保留补贴+绩效工资等构成,前4项一般称为国家基本工资,保持相对稳定。绩效工资除了各地根据各自财力状况确定一个基本发放范围和标准外,给予各单位较大的自主权,即各单位可以根据各级各类特别是专业技术岗位人员工作特点、工作量多少、贡献大小等,确定相应的绩效工资具体数额,体现效率优先、多劳多得、兼顾公平原则,以鼓励员工工作的积极性;但要形成具体成文的绩效工作分配办法或制度,经过所在单位教职工代表会议通过等程序,依法依规发放。如果按照这样做的话,并不违反"六项禁令"精神。至于说个别单位领导为保住"乌纱帽",不敢发放加班费之说,这属于个别单位领导的不作为表现。

---

① 国务院. 关于印发国家职业教育改革实施方案的通知[EB/OL]. [2019-02-13]. http://www.gov.cn.

② 同上.

# 第四节  洛阳市推进中等职业教育产教融合人才培养改革的问题与对策

由上述调查和访谈可知,洛阳市及其辖区内的中等职业学校在贯彻落实国办发〔2017〕95 号文件中的"推进产教融合人才培养改革"政策时存在下列问题,需要及时采取有效措施加以解决。

## 一、存在问题

### (一)政策供给滞后

2017 年 12 月 19 日国务院办公厅发布了国办发〔2017〕95 号文件;2018 年 8 月 13 日,河南省人民政府办公厅发布了豫政办〔2018〕47 号文件;2019 年 1 月 24 日,国务院颁布了国发〔2019〕4 号文件。这些构成了国家深化产教融合、推进职业教育改革的政策"组合拳"。

由上述调查可知,截至 2019 年 3 月,距离国务院办公厅和河南省人民政府办公厅颁发的深化产教融合实施意见,已经过去了 1 年有余和半年以上,然而《洛阳市人民政府关于深化产教融合的实施意见》还处于教育部门牵头的草案论证阶段,更不用说《洛阳市职业教育改革实施方案》还没有提上相关职能部门的工作日程,贯彻落实上级政策工作明显滞后,加快产教融合制度供给工作进程,尽早释放上级政策红利,是摆在洛阳市政策决策者们面前的首要问题。

### (二)政策供给质量不高

洛阳市目前在中等职业学校新教师选拔和教师专业技术职务评审中对"企业工作经历或者有企业经历者优先"均没有明确要求。学校在引企入校、校企合作过程中,甚至面临着政府部门明文要求"不能把学校门面房和校舍出租给企业"的制度障碍。不同历史时期形成的发展改革、教育、人力资源社会保障、科技、国土资源、财政、税务、工商、人民银行等政府职能部门以及总工会等群团组织的一系列规章制度,虽然某些政策在当时具有一定的合理性,但是目前已经在不同程度上成为制约中等职业教育产教融合工作的外部制度障碍。这反映出了一些地方政府及其职能部门相关人员管理理念相对滞后,接受新思想、新理念速度慢,本位主义思想较为严重,政策理论水平和工作效率不高等问

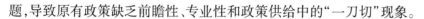

题,导致原有政策缺乏前瞻性、专业性和政策供给中的"一刀切"现象。

如果要深化产教融合、推进中等职业教育人才培养改革工作,必然要涉及上述政府职能部门和单位一系列规章制度的"废、改、立",涉及对参与产教融合的企业和学校的减税让利,必然会增加某些职能部门的工作量,消减其既得利益和减少地方政府的财政收入等,这些都会不同程度消解地方政府及其职能部门相关人员执行上级政策的积极性、主动性等。因此,需要省、市政府坚定贯彻上级政策的决心和信心,统筹协调,强力推进,结合本地实际,尽快保质保量地完成深化产教融合政策制定工作,真正释放上级政策红利,是洛阳市政策决策者们面临的又一重要问题。

### (三)一些中等职业学校办学治理结构不完善

14所中等职业学校中,成立由行业企业、科研院所、社会组织等参与的学校理事会的学校仅有7所,占总数的50%,其中公办学校仅占45.45%。坚持职业教育校企合作、工学结合的办学制度,离不开职业学校和企业联盟、与行业联合、同园区联结,而联盟、联合、联结客观上需要成立一个领导机构,并明晰其工作职责与运行机制,这就是中等职业学校理事会及其相应制度。目前洛阳市多数公办中等职业学校治理结构的这一缺陷,势必导致合作行业企业等没有机会参与学校专业设置论证、人才培养方案制订、专业招生规模确定等重大问题决策,在一定程度上影响了行业、企业等参与产教融合工作、校企合作的积极性,必然出现多数校企合作停留在"顶岗实习就业"层面上,出现学校"一头热"、企业参与度不高等现象。

### (四)中等职业学校产教融合、校企合作的制度供给不足

多数中等职业学校在新入职教师和专业技术职务评聘时对"企业经历"没有明确要求,导致"双师型"教师"先天不足"和"后天失补";一些中等职业学校领导层和管理层对绩效工资理解不到位而不能、不敢发放合理的加班费,必然影响教职工参与指导校企合作教学实验、生产实习的积极性;一些公办中等职业学校推进产教融合、校企合作的积极性不高,方法措施不到位,必然导致多数学校校企合作、订单式培养的专业及人数偏少,推行现代学徒制改革的专业覆盖面小、学生占比偏低且合作协议书签订难等问题。这些现象和问题的存在,反映出的深层次问题是:一些公办中等职业学校管理理念滞后、领导力不足,势必导致产教融合、校企合作的制度供给不足等问题。

## 二、对策

### (一)洛阳市政府应加强统筹协调,尽快弥补政策供给滞后短板,切实提高产教融合和职业教育改革政策供给质量

洛阳市政府要树立产教融合是新时代促进地方经济社会协调发展的重要举措的意识,坚决贯彻国家深化产教融合意见和职业教育改革方案精神,加强统筹协调,切实将产教融合融入经济转型升级各环节,贯穿人才开发全过程,促进教育链、人才链与产业链、创新链有机衔接,尽快形成政府、企业、学校、行业、社会协同推进的工作格局。为此,市级政府应尽快督促发展改革、教育、人力资源和社会保障、财政、工业和信息化、国有资产、审计、纪检监察等政府职能部门,加强协同联动,并牵头建立起相应工作协调机制,结合本地实际,加快推进本市关于深化产教融合的实施意见文件制定工作进程,并尽快颁布实施,同时省、市级政府应着手研究制定《职业教育改革实施方案》;亦可两个文件合二为一,直接研究制定《洛阳市人民政府关于深化产教融合、职业教育改革实施方案》,由市政府一并尽快发布实施,以有效回应中职教育产教融合工作各方利益关切,调动校企合作各参与方的积极性、主动性和创造性。

### (二)一些中等职业学校应尽快完善办学治理结构,提升治理体系现代化水平

上述国办发〔2017〕95 号、国发〔2019〕4 号等文件对推动校企双方全面加强深度合作提出了明确要求。公办中等职业学校应尽快成立由企业、行业协会、产业园区、校方代表、学生代表、校友等社会各方参与的学校理事会,制定理事会章程,明确各方职责,并建立常态化的运行机制,切实发挥学校理事会沟通校内外的职能,激发企业、行业等社会各方参与产教融合、职业教育改革的积极性。

### (三)中等职业学校应尽快完善产教融合、校企合作制度体系,提升治理能力现代化水平

公办中等职业学校应尽快完善校企合作、工学结合办学制度体系。中等职业学校应坚持职业教育校企合作、工学结合的办学制度,畅通、改进与企业、行业、园区沟通的渠道、方式方法,在技术性、实践性较强的专业,全面推行现代学徒制和企业新型学徒制,形成学校招生与企业招工相衔接、校企育人"双重主体"、学生学徒"双重身份"、学校企业

学生三方权利义务关系明晰、实践性教学课时不少于总课时的50%的技能型人才培养制度体系。

公办中等职业学校应尽快落实"双师型"教师培养制度。应贯彻落实国发〔2019〕4号文件中"职业院校、应用型本科高校相关专业教师原则上从具有3年以上企业工作经历并具有高职以上学历的人员中公开招聘的"规定,解决"双师型"教师先天不足的问题。有条件的中职学校可率先执行"有企业经历"的专任教师优先评聘高一级专业技术职务。

公办中等职业学校应尽快建立与产教融合、工学结合相适应的薪酬制度。国发〔2019〕4号文件明确提出了"职业院校通过校企合作、技术服务、社会培训、自办企业等所得收入,可按一定比例作为绩效工资来源""完善企业经营管理和技术人员与学校领导、骨干教师相互兼职兼薪制度"[1]。公办中等职业学校应充分发挥绩效工资的激励作用,合理确定各级各类人员的工作量标准和绩效工资标准,敢于把付出多、贡献大的教职工劳动工作量纳入绩效工资范畴,激发各级各类人员参与产教融合的积极性等。

### (四)市级党委、政府加强宣传引导,移风易俗,营造全社会支持职业教育发展的良好氛围

各级党委、政府,应充分利用报纸、电视台、网络以及各种网络媒体,大力宣传国家、省、市发展职业教育的方针、政策;宣传职业教育与普通教育是两种不同教育类型,具有同等重要地位;宣传国家建设既需要从事高深学术研究的科学家、高级工程师,更需要大批"大国工匠",既需要能够引领国家和区域各项事业发展的政治家、社会活动家、企业家、艺术家,更需要在基层一线工作岗位上踏实肯干新型职业农民、技能型工人、商业工作者、社会工作者等,转变"学而优则仕"的陈腐观念,营造职业无贵贱、行行出状元、人人能出彩的新时代新风尚,形成"崇尚一技之长,不唯学历凭能力"的社会氛围。

---

[1]　国务院.关于印发国家职业教育改革实施方案的通知[EB/OL].[2019-02-13].http://www.gov.cn.

# 第三章
## 高水平特色骨干大学产教融合育人案例研究

对办学历史比较悠久、曾经隶属于国家部委、后划转至所在地方省级人民政府管理的本科院校(以下简称"行业型本科院校")该如何定位、应采取何种发展策略,一直是高等教育发展政策理论研究的盲区,也是困扰这些院校管理者的最大难题。行业型本科院校在国家本科教育层次中,总体办学水平上处于中上位置,一些学科处于国家行业领先水平,且办学规模较大,因此,在2015年后河南省对这类院校又称特色骨干大学,并于2020年授予河南农业大学、河南师范大学、河南科技大学、河南理工大学、河南工业大学、河南财经政法大学、华北水利水电大学、河南中医药大学、郑州轻工业大学共9所高校为河南省特色骨干大学建设高校,决定给予专项支持。河南科技大学、河南理工大学是河南省属的典型行业本科院校、特色骨干大学。本章在系统梳理其发展历史沿革、办学定位、发展举措的基础上,重点对其新时代深化产教融合育人机制的典型做法进行剖析、总结,为其他同类高校深化产教融合育人机制改革提供启发。

## 第一节 河南科技大学产教融合校企合作育人的实践探索①

### 一、河南科技大学发展简历

#### (一)与共和国一起成长的办学历史(1952—2001)

河南科技大学是由洛阳工学院、洛阳医学高等专科学校、洛阳农业高等专科学校合并组建而来。洛阳工学院是一所典型的行业本科院校,其前身是始建于1952年的北京拖拉机工业学校,1953年迁至天津,与天津汽车工业学校合并成立天津拖拉机制造学校。"一五"期间,为满足国家建设洛阳新兴工业基地的人才和技术需求,天津拖拉机制造学

---

① 田虎伟.行业型本科院校转型发展的实践探索:以河南科技大学为例[J].郑州师范教育,2021,10(03):92-96.

校的拖拉机制造和农业机器制造两个专业于 1956 年迁至洛阳,更名为洛阳拖拉机制造学校。

1958 年 8 月 30 日,河南省人民委员会发布《关于下达"河南省 1958 年新建高等学校规划"的通知》(豫教字第 23 号文),决定在洛阳拖拉机制造学校的基础上创办洛阳工学院,系科专业设置的参考意见为设立机械、化工、冶金、动力 4 个专业。1960 年 6 月,中共河南省委批复,将洛阳工学院改建为洛阳农业机械学院,设立农机和拖拉机专业,并确定学校为河南省重点高等学校,由农机部和河南省双重领导。1963 年 9 月,农机部下文批准招生规模 2000 人,设置机制、铸造、热处理、拖拉机、农机、内燃机等 6 个专业。至 1966 年,在校本科生 1152 人,教职工 581 人。

"文化大革命"期间学校遭受了严重破坏,校园变成了武斗的战场,许多骨干教师和干部被揪斗,教职工队伍受到严重摧残;学校曾两次搬到农村(一次接受"再教育",一次搞"战备疏散");校舍被占用,仪器设备和图书资料遭到重大损坏和丢失;1966—1971 年中断招生 6 年,只在 1972—1976 年学校招收了 5 届"大学普通班",创建了内燃机专业和锻压工艺及设备专业(简称锻压),开办了轴承进修班,为国家培养了 1700 多名人才。

进入改革开放新时期,学校得到恢复和发展,办学定位也由政府主导转变为"政府指导+学校自主"。20 世纪 80 年代前期,学校确定了推进改革和努力争取硕士学位点的主体思路。1986 年,经国务院学位委员会批准,机械学等 5 个学科获得硕士学位授予权。之后在 20 世纪 90 年代,学校正式提出了长期发展目标,即具有较大规模、较高教学科研水平、具有三级学位授予权和本校办学特色、能主动适应机电行业人才需要并在中原地区有重大影响的多科性工业大学。在办学实践中,学校合理确立长、中、近期目标,在扩大规模、调整结构、提高教学质量、提升科研能力和学术水平、提高办学效益等方面均取得了很大进展。为主动适应社会发展的需要,学校将拓宽专业框架作为重点工作,提出了"保机、强电,扩展经贸,外语,筹建土建、化工和洛阳人文地理研究机构"的整体构想并付诸实施,相继建立了电气工程系(1982 年)、工商学院(1994 年)、外语系(1994 年)、建筑工程系(1997 年)、化学工程系(1997 年)和河洛文化研究所(1995 年)。到 1998 年,学校设置的本科专业(含方向)达到 35 个,共有 10 个硕士学位授权点,研究生在校规模接近 150 人,全日制在校学生总数超过 5000 人,形成了以弧形锥齿轮设计制造、内燃机节油与降污、耐磨材料和新型材料、车辆人机工程和模拟技术、农机具设计制造等为代表的科研方向,学校由单一的机械学院拓展成以机为主,涵盖工、经、法、文等 4 个学科门类,在机械行业和中原地区有重要影响的多科性高等工科院校。

1998 年 8 月,国家将部委所属的包括洛阳工学院在内的在豫 31 所学校划归河南省管理,实行中央与地方共建、以省管理为主的新体制。在高等教育管理体制发生重大变革的形势下,学校的服务方向发生了重大变化。学校及时调整了发展定位和服务方向,着力提升服务区域经济社会发展能力:一是以学科建设为龙头,以教学工作为中心,积极开展科学研究;二是利用产学研合作优势,培养理论基础宽、实践能力强、综合素质高的复合型、应用型人才;三是立足河南,面向全国,把洛阳工学院办成有特色的河南省骨干大学。从这一年开始,学校陆续增设了数学与应用数学、测控技术与仪器、食品科学与工程、生物医学工程等14个本科专业,其中新建的生物医学工程、无机非金属材料等成为当时河南省的仅有专业;旅游管理、日语、农业机械化及其自动化本科专业紧密结合区域经济社会发展实际,具有广阔的发展前景;机械设计制造及其自动化、材料成型及控制工程、热能与动力工程3个国家管理的专业以较强的特色、较高的水平面向全国,机械设计制造及其自动化中的轴承设计与制造专业方向为全国唯一。为适应河南社会经济发展的需要,学校于1999年成立了职业教育学院,适量招收机电工程、模具、计算机及应用等6个河南急需专业的新高等职业教育专科学生。至2001年底,全部在校本、专科学生超过1万人(其中本科9607人)。

### (二)进入新世纪后河南科技大学的组建和快速发展(2002—2015)

2002年3月21日,教育部发布《关于同意洛阳工学院、洛阳医学高等专科学校、洛阳农业高等专科学校合并组建河南科技大学的通知》(教发函〔2002〕74号),同意洛阳工学院、洛阳医学高等专科学校、洛阳农业高等专科学校合并组建河南科技大学,同时撤销原三所学校的建制。按照教育部的要求,新成立的河南科技大学为多科性本科学校,以本科教育为主,同时承担研究生培养的任务;由河南省领导和管理,实行省、市(洛阳市)共建的办学体制;全日制在校生规模暂定为2万人。

2002年8月,河南省人民政府发文《河南省人民政府批转省教育厅关于组建河南科技大学实施意见》(豫政〔2002〕35号),提出以创建高水平大学为目标,以提高教育质量和办学效益为核心,按照"实质合并,平稳过渡,改革创新,促进发展"的原则,积极稳妥地推进合并组建工作,逐步把学校办成理、工、医、农、经、管等学科门类齐全、理工学科优势突出的多科性大学。

经过几年的融合和积极探索,2006年12月,经河南科技大学教代会讨论通过了《河南科技大学发展战略规划》《河南科技大学学科建设与师资队伍建设规划》《河南科技大学校园建设规划》和《河南科技大学"十一五"规划》等4个发展规划,提出学校发展的总体目标是:调动一切积极因素,以人为本,科学发展。到21世纪中叶,把学校建设成为工科优势突出,文理农医特色明显,学科结构合理,人才培养、科学研究和社会服务体系完备,国内先进、省内一流的教学研究型综合性大学。其近期目标(2006-2010年)是:构建综合性大学框架,形成三级学位办学的教学研究型大学格局,实现省内一流的目标。中长期目标(2011—2020年)是:依据国家和河南省中长期科技和教育发展规划,把学校建成优势突出、特色明显、主要学科专业达到国内先进水平的教学研究型综合大学。

为实现既定的发展目标,学校一方面重视顶层设计,编制了学校中长期及"十一五""十二五"发展规划,明确了学校在学科规划与建设、人才培养、科学研究与社会服务、师资队伍建设、基础设施建设、校园文化建设、体制和机制建设、党建与思想政治工作等8个方面发展的主要任务,为学校转型发展指明了方向。另一方面,注重抓重点工作,突破制约学校发展瓶颈。2006年后,学校新一届领导班子统一共识,坚持以人才培养为中心,以博士学位授权单位建设和开元校区建设为重点,汇聚校内外资源,集中精力夯实学科发展基础和新校区基础设施。实施行政工作任期目标责任制,强力推进学校发展规划和重点工作落实。2009年,学校获批博士学位授予立项建设单位。2013年,学校正式获批成为博士学位授予单位,拥有机械工程等3个博士学位授权一级学科,拥有了本硕博三级学位办学体系;硕士学位授权一级学科由"十一五"末期的23个增加到28个。有28个河南省一级重点学科、152个河南省二级重点学科,获批1个一级学科河南省特色学科A类支持计划。

经过学校上下的共同努力,人才培养水平持续提升。学校本科专业由"十一五"末期的75个增至"十二五"末期的93个,全日制在校生由35 740人增至38 013人。获国家教学成果二等奖1项,新增国家级质量工程项目14个,获得国家级实验教学示范中心1个。获"全国高校思想政治理论课教学科研团队择优支持计划"1项。科技创新工作也获得重大突破,主持获批国家级研究平台,荣获国家科技进步奖二等奖,新增河南省协同创新中心和重点实验室等省级研究平台39个。新增获批主持国家重大重点项目5项、国家自然科学及社会科学基金308项,获国家授权发明专利和实用新型专利数连续5年居河南省高校榜首。师资队伍建设成绩斐然,新增"中原学者"1人,专任教师由1783人增加到2132人,高级专业技术职务教师由713人增加到1012人,具有博士学位的教师1073人。有国家级教学团队及教育部创新团队发展计划4个,省级科技创新及教学团队19个。

## (三)开启高水平综合性大学建设新征程(2016—2022)

2016年6月,河南科技大学党委印发《河南科技大学"十三五"事业发展规划》,进一步明确"建设具有自身特色的高水平综合性大学"的奋斗目标,使学校发展进入了一个新阶段。科学编制的学校"十三五"事业发展规划明确了学校"十三五"时期发展的指导思想、发展思路、主要指标,确定了10项主要任务与行动规划(简称"十大工程"),绘就了学校"十三五"时期的发展蓝图,成为学校开展各项工作的基本依据。为深化学校分配制度改革、激发办学活力,学校进一步完善校内绩效津贴分配办法,建立与岗位设置、聘用制度相适应的绩效工资制度和科学的绩效津贴体系、激励和考核机制,进一步扩大了二级单位的管理权限,充分调动各类人员特别是广大教师的积极性和创造性,增强了办学活力。

"十三五"以来,学校发展取得了前所未有的成就。先后入选国家省部共建高校、中西部高校基础能力建设工程支持高校、全国深化创新创业教育改革示范高校、国家级专业技术人员继续教育基地、教育部首批高等学校科技成果转化和技术转移基地高校、国家知识产权试点示范高校、河南省特色骨干大学、河南省"双一流"创建高校、河南省重点建设的高水平综合性大学之一。

截至 2022 年,学校已经发展成为占地总面积 4100 亩,校舍建筑面积 159 万平方米,全日制普通本科生、研究生、留学生 4.2 万人的巨型、高水平综合性大学。学校主要发展成就如下:

(1)学科建设再上新台阶。学科覆盖理、工、农、医、文等 11 大学科门类,拥有 7 个博士学位一级学科授权点,1 个博士专业学位授权点,41 个硕士学位一级学科授权点,24 个硕士专业学位授权点。工程学、材料科学、临床医学、农业科学、植物与动物学、化学等 6 个学科进入 ESI 全球前 1%。材料科学与工程、机械工程两个学科入选河南省"双一流"创建学科。3 个学科成为国家国防特色学科,3 个学科入选河南省特色骨干学科(群),并拥有 28 个省级重点学科。拥有 7 个国家级平台、74 个省部级平台、2 个省软科学研究基地、2 个省高校人文社科重点研究基地和 1 个省重点马克思主义学院。有国家级科技创新团队 1 个,省级科技创新团队 20 个。

(2)专业建设层次显著提升。设有 98 个本科专业,拥有国家级一流本科专业建设点 21 个,省级一流本科专业建设点 30 个,省级优秀基层教学组织 33 个,国家级卓越人才培养试点专业 14 个,14 个专业通过中国工程教育专业认证或专业评估。有国家级教学团队 2 个,省级教学团队 7 个。

(3)师资队伍结构更加优化。师资队伍实现"双千"目标,拥有教授、副教授等高级专业技术人员 1200 多人,具有博士学位的教师 1350 多人,其中双聘院士、"百千万人才工程"国家级人选、教育部创新团队发展计划带头人、中原学者科学家工作室首席科学家、中原学者、中原名师、省特聘教授、省学术技术带头人等 100 余人。有 11 所附属医院,8 所教学医院。其中,第一附属医院是首批全国百佳医院、国家"疑难重症诊治能力提升工程建设单位"。

(4)人才培养硕果累累。学校确立了"厚基础、宽口径、重实践、求创新、强素质"的人才培养理念,大力开展创新创业教育实践活动,在中国国际"互联网+"大学生创新创业大赛、"挑战杯"大学生课外学术科技作品竞赛、"挑战杯"全国大学生创业计划大赛等国家级科技创新竞赛中均获得优异成绩,近5年获得国家级奖项49项,其中在第四届中国国际"互联网+"大学生创新创业大赛中获得金奖1项、银奖2项、铜奖3项,总成绩位列全国高校第17名,学校荣获全国"青年红色筑梦之旅先进集体奖";在"挑战杯"全国大学生课外学术科技作品竞赛中,连续八届荣获"全国高校优秀组织奖"。在中国高等教育学会公布的全国高校大学生学科竞赛排行榜中保持在第60~80位。学校先后为国家和社会培养输送35万余名高级专门人才,被全国轴承行业确定为人才培养和技术依托的仅有高校,被誉为轴承行业的"黄埔军校"。

(5)科学研究成就斐然。学校获得国家三大奖、"何梁何利基金科学与技术奖"、"第二届全国创新争先奖"等4项,获得省部级一等奖27项,在《柳叶刀》、*Nature*子刊等国际顶级期刊上发表高水平论文400多篇;承担国家重大专项、国家重点研发计划等项目70多项,主持国家自科、社科基金项目400多项。学校依托重型装备、农业机械、轴承、齿轮、金属材料、汽车与新能源、农业、医疗等方面形成的学科、科技、人才优势,助力"高铁轴承""国家重大工程装备""智能农机装备"等"大国重器"的研发,不断提升产学研合作的能力和水平。

(6)学校是教育部首批认定有条件接收外国留学生的高校,与俄、美、英、法、澳等国家200余所高水平大学和科研机构开展合作与交流,招收来自23个国家的学历本科留学生、研究生留学生200多人。

(7)综合办学实力进入全国百强。在艾瑞深校友会网2020中国大学综合实力排行榜首次进入全国100强,位列全国第98位。

## 二、河南科技大学转型发展的经验与启示

从洛阳工学院开始,到合并组建河南科技大学,经70年的艰苦创业,学校由建校之初的规模小、学科专业单一、培养本科层次应用型人才、面向国家农机行业的机械学院,发展成为今天拥有4万余名在校生、11大学科门类、立足河南、面向全国,具有本硕博三级学位授予权,培养应用研究型高级专门人才的巨型综合性大学,这是新中国建设巨大成就的一个缩影,也是新中国高等学校发展的一个成功个案。

在1950—1980年的计划经济时代,学校办学定位及其发展完全由政府主导和决定。改革开放后的恢复与发展时期,学校办学定位逐渐向"政府指导+学校自主"转变。20世纪80年代前期,学校确定了学习上海交通大学、推进改革和努力争取硕士学位点发展目

标和思路;1991年学校第二届教职工代表大会正式提出了学校发展的长期目标,促进了学校快速恢复和发展。1998年以后,国家将学校由部委所属划归河南省管理,实行中央与地方共建、以省管理为主的管理体制,学校及时调整发展定位和服务面向,立足河南、面向全国,着力提升服务区域经济社会发展能力。河南科技大学合并组建初期,学校又回归到政府主导办学定位,主要面向本省经济和社会发展需要,创建理、工、医、农、经、管等学科门类齐全、理工学科优势突出的高水平多科性大学。在多学科发展时期,学校走向了"政府指导+学校自主"发展时期,在2006年12月印发的《河南科技大学发展战略规划》中,明确了学校发展的类型定位是教学研究型大学,学科定位是综合性大学。2016年以来,为顺应国家"放管服"体制改革需要,学校自主发展意识显著增强,通过制定《河南科技大学"十三五"事业发展规划》等,进一步明确并完善了办学定位体系,人才培养类型为培养"应用研究型高级专门人才",发展目标为"建设具有自身特色的高水平综合性大学",开启了高水平综合性大学建设的新征程,办学模式迈入"政府宏观指导下的学校自主办学"新阶段。

总结起来,学校在发展过程中积累的基本经验有以下几个方面:

### (一)审时度势,确定符合学校实际的发展目标

20世纪80年代初期,学校经认真研究,确定了学习上海交通大学、推进改革和努力争取硕士学位点的主体思路后,在1986年一举获批机械学、机械制造、农机、金属材料及热处理和铸造学科5个学科硕士学位授予权,实现了由本科层次人才培养迈向本科和硕士两级人才培养的跨越。学校在1991年正式提出创建"具有较大规模、有较高教学科研水平、有三级学位授予权、有自己办学特色、能主动适应机电行业人才需要,并在中原地区有重大影响的多科性工业大学"的长期发展目标后,在扩大规模,调整结构,提高教学质量、科研能力和学术水平等方面,均取得了很大进展。

在管理体制转变时期,学校通过1998年至2000年的三次教学工作会议研讨,形成"立足河南,面向全国,把洛阳工学院办成有特色的河南省骨干大学"的办学目标,克服了因管理体制转变而带来的不利因素,促进了学校发展。

2006年,经学校"教代会"讨论通过了《河南科技大学发展战略规划》和《河南科技大学"十一五"规划》等4个发展规划和2012年发布的《河南科技大学"十二五"发展规划》等,明确了学校在学科规划与建设、人才培养、科学研究与社会服务等8个方面的发展目标,为学校获批博士学位授权单位打下了坚实基础。

## (二)主动适应区域经济社会发展需要,及时调整专业结构

学校在 1980 年时仍是一所学科单一的机械学院,但为了主动适应国家社会发展的需要,学校在 1981—1998 年陆续设置了工业电气自动化、会计学等专业。1998—2006 年陆续增设了化学工程与工艺、日语、旅游管理等本科专业。自 2006 年以来,学校在持续强化工科专业优势的前提下,新增了生物科学、护理学、法学、体育教育等专业,适应了区域经济社会发展需要,促进了学校多学科协调发展和高水平综合性大学的生成。

## (三)依托行业企业支持,积极发展研究生教育

学校在 1983 年获得机械制造、金属材料及热处理硕士研究生招生资格,1984 年、1985 年分别与洛阳轴承研究所、洛阳矿山机械研究院达成协议,联合招收培养硕士学位研究生。1986 年获批 5 个学科硕士学位授予权,招收计划内研究生 13 名,其中与洛阳矿山机械研究院联合招生 2 名。1987 年,学校利用计划招生指标 23 名和 20% 计划外委托培养研究生指标 5 名,与洛阳轴承研究所、洛阳矿山机械研究院联合招收计划生 4 名,实际招收研究生 30 名。1994 年招收 34 名(含自筹经费 4 名),1995 年招收 45 名(含自筹经费 13 名),1996 年招收 54 名(含自筹经费 20 名),研究生在校生规模接近 150 人,至 1997 年年底学院具有 10 个硕士学位授权点。计划外委托培养和自筹经费研究生均来自企业,最后又回归企业,为企业服务①。

## (四)为行业发展服务,大力开展科学技术研究及成果转化工作

长期以来,学校依托行业支持,为行业发展服务,成就了学校"以科研促进教学、服务社会"优良传统和产学研合作办学特色。

1960 年,学校成立科学技术协会和科技科,提出了"一主二辅三结合"(即以教学为主,科研、生产为辅,教学、科研、生产三结合)的工作方针。1972—1978 年,学校部分教师和科技人员利用开门办学的时机,厂校结合进行科学研究并开发了一些产品。20 世纪 80 年代初,学校横向科研工作围绕"四技"(技术开发、技术转让、技术咨询、技术服务)开始起步,至 1988 年进入迅速发展时期,每年平均在研项目达 50 项以上,入院经费达 100 多万元。在 1987—2001 年,学校共签订横向合同 700 多项,累积入院经费 6060 余万元。

"十二五"期间,学校为中国一拖集团有限公司开发的动力换挡电液驱动协同控制技

① 河南科技大学史编纂委员会.河南科技大学史(1952-2012):上卷[M].郑州:河南科学技术出版社,2015:215-216.

术,在 5 个系列大马力拖拉机上应用,实现年销售收入 30 亿元。学校与郑州宇通集团有限公司合作研发的"多动力分配、多模式切换、多能源管理策略"应用于宇通新能源客车,整车经济性达到国际领先水平,研究成果"节能与新能源客车关键技术研发及产业化"获得 2015 年国家科技进步奖二等奖;与中信重工合作,攻克大型铸锻件成形关键和核心工艺,产品应用于秦山核电站、澳大利亚铁矿,三年新增产值 45 亿元,获 2016 年国家科技进步奖二等奖。

"十三五"期间,学校横向合同经费 1.32 亿元,创造经济效益近百亿元。与轴研所、洛阳 LYC 轴承有限公司合作,设计开发的高性能轴承应用于动车、高铁,以及多种型号航空发动机;与郑州宇通集团有限公司合作主持的 2018 年国家重点研发计划项目"混合动力系统先进设计理论研究及整车控制技术开发",获批经费 2825 万元。2019 年学校实现专利成果转化 203 项,签订产学研项目合同 319 项,合同金额 4000 余万元。[①]

## 三、河南科技大学深化产教融合育人机制实践的新进展

### (一)理顺了高水平特色骨干大学职能部门职责,构建职责分明、协同有力的产教融合育人组织体系

2020 年 8 月颁布实施了《河南科技大学对外合作协议暂行管理办法》。其中规定,学校凡涉及本科生人才培养、研究生人才培养、人才交流合作、科学研究与技术服务、成果转化、继续教育、文化建设等两个以上主要合作领域,关乎学校中长期发展战略目标实现的重要综合事项,均由学校发展规划处牵头,相关职能部门配合;凡是仅仅涉及其中 1 个合作领域的单一事项,则根据事项内容,分别由学校科技、社科、人事、教务、校办产业处等职能部门牵头负责,并明确了战略合作协议的流程管理等事项。

自管理办法实施以来,在 2020—2021 年,河南科技大学由发展规划处牵头签订《河南科技大学与中铝洛阳铜加工有限公司校企合作框架协议》(2020 年 8 月)、《河南科技大学与晋煤天庆煤化工有限公司校企合作框架协议》(2020 年 9 月)、《河南科技大学与洛阳城市发展投资集团有限公司战略合作框架协议》(2020 年 9 月)、《河南科技大学与黄河科技集团创新有限公司共建"鲲鹏产业学院"校企合作协议》(2020 年 9 月)、《河南科技大学与新开普电子股份有限公司战略合作协议》(2020 年 9 月)等对外战略合作协议 8 项,其中,2020 年 5 项,2021 年 3 项。

---

① 田虎伟.行业型本科院校转型发展的实践探索:以河南科技大学为例[J].郑州师范教育,2021,10(03):92-96.

新成立了河南省高校知识产权运营管理中心（河南科技大学），负责学校知识产权运营管理、知识产权转移与转化等工作。成立河南科技大学赋予科研人员职务科技成果所有权或长期使用权改革领导小组，强化校企合作育人组织体系建设。

### （二）深入推进课堂教学和书院制改革，完善了课堂内外人才培养机制

（1）深入推进课堂教学改革，提高课堂教学质量。发布《河南科技大学本科课堂教学改革实施意见》（河科大教〔2021〕12号），以学生为中心，深入推进课堂教学改革，增加课程的高阶性、创新性和挑战度，推动教学内容的创新和教学手段与方法的变革，提升学生自主学习和独立学习的能力，促进本科教学水平的不断提高。发布《河南科技大学一流专业建设质量标准》（河科大教〔2021〕5号）、《河南科技大学关于聘任陈昆明等132名同志校外实习兼职教师的通知》（河科大教〔2019〕30号），加强一流专业建设，遴选校外实习兼职教师，促进校内校外联合培养。

（2）开展书院制改革，提高课外培养质量。2020年学校成立丽正书院、河洛书院，制订课外培养实施方案，发布《河南科技大学书院制试点实施方案》（河科大党发〔2020〕16号）、《河南科技大学丽正书院课外培养实施方案》（丽正〔2020〕01号），以全面提升大学生综合素质和能力培养为目标，设置思想道德模块、社会适应模块、思想表达模块、创新思维模块和领导策划模块五大培养项目或活动模块，培养综合素质高、专业能力强的现代社会所需要的高层次应用研究型人才。

### （三）深化科研管理及人事制度改革，完善了产教融合协同育人制度体系

（1）深化科研管理制度改革，完善了产教融合和科研反哺教学的新体系。修订实施新的《河南科技大学横向经费管理办法（2021年修订）》（河科大科〔2021〕4号），降低横向经费中学校与学院管理费提成比例（由7%降至4%），显著提高绩效费支出比例（"绩效费支出额不得高于到账经费的80%"），简化经费报销流程（取消经费预算，学校科研管理部门负责人不再签字即可报销）。研究制定《河南科技大学科技成果转化管理办法》《河南科技大学章程》《河南科技大学专利分割确权管理办法》《关于成立河南科技大学预防和处理科研失信行为工作领导小组的通知》《河南省赋予科研人员职务科技成果所有权或长期使用权改革试点单位工作方案》等，促进科研成果转化，促进校企合作。提高在研科研经费额度在研究生导师评审和分配导师中的权重，压缩研究生教育中理论学时数量（1年内必须完成），其余时间到企事业单位顶岗实习，围绕企业应用技术难题作为毕业论文选题，开展合作科研攻关，明确企业学校"双导师制"，完善科研反哺教学机制。

（2）深化职称评聘制度改革，夯实产教融合校企合作人力资源支撑体系。修订发布

了《河南科技大学教师(实验人员)中、高级专业技术职务任职资格申报、推荐和评审条件》(河科大人〔2020〕19号),副教授、教授职称评审分为教学为主型、教学科研型、科研开发服务为主型三大类,把"主持承担的横向科研项目入校经费累计80万元以上,且参与完成1项省部级以上科研项目(省部级限前3名),或现行国家(前8名)或行业标准(前5名)的主要起草人……或撰写(限前2名)的决策咨询研究报告被省辖市党委、政府或省级党委、政府部门采纳并推广应用1项,产生显著的社会经济效益,且参与完成1项省部级以上科研项目(省部级限前3名)"作为申报副教授的业绩条件之一。根据《河南科技大学专业技术岗位聘用条件》(河科大人〔2021〕34号),新增横向经费到款额在各级各类专业技术岗位晋升中条款数量(把"100万元≤经费到款<300万元的单个横向科研项目第1名"作为晋升三级教授条件之一等),激励广大教师积极服务区域经济社会建设。

(3)鼓励中层领导人员回归专业技术岗位,增强学院对外产教融合合作交流力量配置。为深化学校中层干部队伍建设,鼓励中层领导人员回归专业技术岗位,学校利用2020年中层领导干部换届契机,发布实施了《河南科技大学专职组织员管理办法(试行)》(河科大党发〔2020〕4号)、《河南科技大学中层领导人员学术恢复期实施办法(试行)》(河科大党发〔2020〕5号)、《河南科技大学专职组织员、学术恢复期中层领导人员工作经费管理暂行规定》(河科大财〔2020〕4号),中层领导人员回归专业技术岗位,增加教师队伍中的管理经验元素,增强了学院对外产教融合合作交流力量配置,优化了师资队伍结构。

### (四)完善高水平"双师型"教师队伍管理机制,为深化产教融合育人提供人才支撑

学校持续深化产教融合,建机制、搭平台,全方位推进"引企入教",改革创新应用型人才培养模式,校企协同育人不断深化。

(1)建立体制机制,为产教融合、校企协同育人营造良好环境。体制机制改革能够有效激发有关各方深化产教融合的动力和活力。转型高校坚持开放办学,主动融入地方、服务行业,推进建立学校、地方、行业、企业等多方参与的合作办学、合作治理机制,可以有效促进学校整合有关各方人力、资金、项目、平台等资源,有效激发有关各方产教融合动力和活力。河南科技大学不断完善管理体制和内部治理、管理机制,制定《河南科技大学关于深化创新创业教育改革的实施意见》《河南科技大学大学生创新创业导师管理办法》《河南科技大学专业技术人员离岗创业管理办法》《河南科技大学校内绩效津贴分配实施方案》等制度,从教育教学改革、双师双能型师资队伍建设等方面深化产教融合,贯

彻落实教师离岗创业制度,努力构建与应用型大学建设相适应的体制机制,为产教融合创新人才培养模式提供引导、支持,营造良好环境。

（2）共建育人平台,为产教融合、校企协同育人提供有力支撑。校企协同育人平台是转型高校深化产教融合的重要载体。协同育人平台建设要取得实质性成效,需要各转型高校明确建设思路,找准突破口,平台建设还要具有一定的规模和合理的类型结构。学校在搭建校企协同育人平台工作中,注重统筹规划,按照"依靠政府引导,牵手行业龙头企业,联合高水平研究型大学和科研机构,与企事业单位、政府部门开展合作,以行业学院建设为抓手,政产学研协同推进"的建设思路,上下协同,与多家政府机构、企事业单位签订合作共建协议,鼓励企业员工到学校进行学习和深造。学校对企业选派的员工进行继续教育和相关知识培训,包括:为企业培养工程硕士、培训技术人员,每年安排专家教授到企业做科技讲座。双方积极支持管理与技术人员相互兼职、挂职。学校通过完善兼职教师报酬制度,聘请企业符合条件的高级技术人员担任本科生、硕士生及博士生校外导师,同时支持学校教授、博士参与企业技术研发活动。企业根据内部研发需要,遴选河科大师资人员共同组建研发团队,承担课题研发任务。团队承担任务期间,企业参照内部研发人员补贴的形式,为参与研发的河科大人员按月发放研发补贴,学校参与课题研发人员接受企业的监督与考核。

学校与中信重工机械股份有限公司、中国一拖集团有限公司、洛阳 LYC 轴承有限公司、河南天海电器有限公司等单位合作,共建校外实习基地 453 个。在校外实习基地建设过程中,学校努力打造多层次、多类别的校外实习基地平台体系。在层次上,力求在双方合作的广度、深度、高度上取得成效,促进双方合作关系更加稳定、更加持久。已经形成满足 100 个本科专业及研究生专业实践教学需求的实习基地网络布局,有效地保证了专业人才培养工作的顺利开展。学校坚持学科专业一体化建设,依托共建平台导入行业企业发展需求、引进创新创业项目、共建"双师双能"队伍、构建生产实训场景,为应用型人才培养提供了强有力的支撑。

（3）全面"引企入教",推进行业企业参与人才培养全过程。教育教学改革是转型高校最核心的改革。提升应用型高校建设内涵,必须使人才培养紧密对接行业企业发展需要,人才培养标准对接职业标准,教学过程对接生产过程。学校要求各专业人才培养方案修订工作不仅要进行充分的行业企业调研,行业企业专家参与课程建设。各二级学院积极探索推进,邀请行业企业专家共同研讨专业课程群建设,围绕学生的专业能力培养,构建了特色课程群;与合作企业组建联合授课团队,共同制订授课计划,企业提供真实案例及相关课程资源;开展工学交替的校企联合授课等。行业企业专家参与人才培养评价。在专业技能课程考核、毕业论文（设计）答辩中邀请行业企业专家担任评委。校企共建教学团队,努力打造校企一体、专兼职结合的双师双能型教学团队,推进实践教学环节双导师制,校外行业导师参与校内各专业实践教学环节,学校聘任466名行业企业技术专家、创业成功者、企业家、风险投资人、工程技术人员等担任创新创业授课教师或实践教学指导老师。形成服务于产教融合的高水平"双师型"教师队伍。

# 第二节　河南理工大学产教融合校企合作育人的实践探索

河南理工大学在产教融合育人机制的建设中以人才培养为核心,有效对接社会需求,同时紧密结合社会经济社会发展的现实需求和发展趋势。

1. 构建学校产教融合管理、协调和服务的组织体系

通过改革,构建起了由学校理事会为产教融合育人最高决策机构,学校发展规划与学科建设处统筹负责学校战略合作,学校科研、人事、教务、研究生、科技处等分别为学校科技合作、人才、本科人才培养、研究生人才培养、科技成果转化等领域合作单项牵头部门的组织体系。

2. 健全产教融合制度体系

大力推进政产学研合作。学校立足学科优势,瞄准行业前沿,积极开展校政、校企(行业)合作,为人才培养提供有力支撑。先后与哈密行署、焦作市、濮阳市、鹤壁市等政府在联合办学、科学研究、成果转化、学生就业创业等方面开展合作。目前,已与宇通客车股份有限公司、中国一拖集团有限公司等310余家企事业单位签订合作协议,建立实践教学基地,与河南能源集团、中国平煤神马能源化工集团等60余家企业建立了卓越工程师校外培养实践教学基地。同时,学校电工电子实验中心与台湾固纬电子有限公司合作共建了GW智能实验室,在创新人才培养、基础理论研究以及应用技术开发等方面进行积极探索。

为拓展毕业生就业渠道,学校制定了走出去、引进来的就业方针,近三年陆续同连云港市、宿迁市、金华市等人才市场管理部门签订毕业生就业合作协议书;积极吸引昆山市人力资源市场、合肥市人才服务中心、有色金属行业毕业生就业高校联盟、跨区域(秋季)高校毕业生巡回招聘活动等中大型双选会每年来校招聘,参加企业有中铁航空港建设集团有限公司、奇瑞汽车股份有限公司、国家电网有限公司等800余个,提供就业岗位20 000余个,达成意向15 000余个。

3. 不断探索与兄弟院校合作

学校积极探索与省内外高校在人才培养、协同创新、就业创业、信息共享等方面的交流合作。如与中国矿业大学煤炭高效安全开发协同创新中心合作,每年选派4~6名优

秀本科生进入该中心学习,重点在采矿工程、安全工程、矿物加工工程等领域联合培养卓越工程师人才。目前,学校派往该中心联合培养的学生已达20名。

学校大力推进与政府、企事业单位、兄弟院校之间在人才培养、实践教学、创新创业、师资队伍建设及科技成果转化等方面的资源共建活动,取得了一定的成效。例如牵头成立煤炭安全生产和中原经济区煤层(页岩)气等两个河南省协同创新中心;与鹤壁市政府共建河南理工大学鹤壁工程技术学院,与平煤神马集团共建平煤工程技术学院,重点在人才培养和师资队伍建设方面进行教学资源的共建;先后与河南能源集团、晋城煤业集团、大同煤矿集团等大型煤炭企业签订战略合作协议,在实践基地建设、人才培养、科学研究与成果转化、创新平台建设、学生就业等方面开展全方位合作;与国家教育行政学院共建在线学习平台,选派教师到中国人民大学、北京交通大学等知名高校培训进修或挂职锻炼,提升了师资队伍水平。

4.推进特色骨干学科建设

河南理工大学安全科学与工程学科长期服务于国家安全生产,服务于煤炭行业的健康和可持续发展,在瓦斯地质理论与应用、煤层气(瓦斯)抽采和瓦斯灾害防治、安全系统科学与应急管理、地质灾害防治、环境修复与生态重建等方面具有显著的优势。2020年以来,学校拟通过特色骨干学科建设,在安全生产、煤炭工业安全、绿色发展和生态保护方面,针对存在问题和亟须解决的技术难题,加强基础理论研究,突破核心关键技术,产生一批具有独创性和高技术含量的重大科技成果,助力国家安全发展、中部崛起、黄河流域生态保护和高质量发展。

5.推动专业内涵建设

河南理工大学深化专业综合改革,积极搭建人才培养的"四梁八柱"。一方面,人才培养方案的制(修)订工作紧密地将企业市场需求与学校人才培养结合起来。同时以技术力量雄厚、科研条件好的中平能化、许继集团等大中型企业为依托,实行"3+1"培养模式,即前3年学生主要在学校进行专业学习,后1年主要在联合培养企业进行工程实践和毕业设计等。将企业生产过程中的技术问题作为课程实践、科技创新实践、生产实践、社会实践、毕业(论文)设计等各个环节的内容,同时邀请企业高级技术人员来校为本科生授课,指导学生实习、毕业设计(论文),组织考核评价、开展教学研究。教学时间、地点可根据需要进行调整,便于企业人员授课,配合企业生产过程安排学生实习实训,从而推动学生教育与科技生产相结合,提高学生的实践创新能力。另一方面,专业结构进一步优化。按照"控规模、调结构、强特色、提质量"的总体要求,坚持存量调整、增量优化、余量消减,深化本科专业供给侧结构性改革,积极构建结构合理、特色鲜明、协调发展的专业结构体系。"十三五"时期,学校新增9个本科专业,调整和撤销4个本科专业,现有81

个本科专业,学科专业结构得到进一步优化。

6. 探索搭建综合工程实践教学平台

河南理工大学坚持以提升学生实践创新能力为核心,整合、调配现有实验教学资源,规划建设全校性的、功能集约、开放共享、运作高效的智能制造实训(一、二期)、现代制造业经营管理、一览人力资源管理等公共实践教学平台,实践育人平台建设得到进一步加强。河南理工大学在百余年的办学历程中,积极响应煤矿经济转型对创新型人才的时代需求和中原经济建设,近几年,先后同焦作、鹤壁、濮阳、孟州等市政府和河南能源集团、中平能化集团、大同煤矿集团有限公司、潞安煤矿集团有限公司、临沂矿业集团等知名企业以及中煤科工集团重庆研究院有限公司等科研机构签订战略合作协议,从组织管理协同、学生培养协同、教师队伍协同、资源共享协同等方面入手,在区域特色教育、文化品牌、人才培养、科技研发、师资队伍建设、专业建设与课程开发等方面深入对接,搭建政产学研合作平台,建立协同创新的准入方式与标准、校内外技术人员的选聘与交流、学生联合培养与学分互换以及资源整合与成果共享等新机制和新制度,不断推进人才培养与社会和行业需求间的协同发展。目前,学校建成320余个校外学生实习基地,主要承担学生的认识实习、课程实习、生产实习、综合实习、特殊专业专项实习、毕业实习等教学任务。特别是以"卓越工程师教育培养计划"实施为契机,与河南能源集团、中国平煤神马能源化工集团、沁水蓝焰煤层气公司、云台山世界地质公园、大同煤矿集团合作建设了5个国家级大学生校外实践教育基地,高层次实践教学平台建设实现新突破。河南理工大学电气学院加强与企业合作,与中平能化集团、河南能源集团及晋城煤业集团签订合作协议,与郑州光力科技股份有限公司、焦作华飞电器有限公司等多家企业建设大学生创业实践基地。学校还探索建设了功能集约、开放共享的智能制造实训中心、智能采矿与装备实验中心、智能地下工程实验中心和经济管理实验中心4个公共实践教学平台。基于智能制造技术发展现状,学校整合工程训练中心、电工电子实验中心两个国家级实验教学示范中心资源,构建多学科交叉融合的智能制造实训中心,满足智能制造概论、3D打印技术、工业机器人技术等课程的实验教学需要。通过这些实践教学平台,学校细化校企常态化对接举措,逐步建立校企优势互补、互利共赢的合作机制。

7. 显著提高学生实践能力和创新创业能力

2017年以来,学校获批教育部产学合作协同育人项目216项,获批数量位于河南高校前三名,实现了教育链、人才链与产业链、创新链的有机衔接。在创新创业教育改革方面,获批国家级大学生创新创业训练计划项目160项,省级大创项目118项。在中国国际"互联网+"大学生创新创业大赛中,获得国家级奖7项、省级奖110项。2020年,学校获得国家级银奖1项、铜奖3项、省级奖58项,学校获批省级深化创新创业教育改革示范高校,获奖层次及数量均取得了历史性突破。在社会实践方面,共计组织 11 500 余学生集中进行团队社会实践,组织 50 000 余学生按"就近就便"原则返乡进行个人实践或分散实践,学校社会实践活动受到《中国科学报》《中国青年报》《中国矿业报》等主流媒体的广泛关注和多次宣传报道,学校先后被评为"全国社会实践优秀组织单位"和"河南省社会实践优秀组织单位";31 支实践团队荣获团中央、团省委和中国青年报授予的优秀实践团队、优秀实践成果奖、全国大学生百强暑期实践团荣誉称号;10 名指导教师荣获团中央和团省委优秀指导教师荣誉称号,6 名学生荣获团中央优秀通讯员、"真情实感志愿者""下乡情怀好日记作者"荣誉称号,新增实践基地 36 个。

# 第四章

# 企业参与校企合作产教融合的意愿研究[①]

当前中国经济正在向高质量发展阶段转变,产业结构急需优化升级,之前经济发展中的人口优势已逐渐消失,如今能够保证经济良好平稳发展的关键与动力是人才优势,因此将人口优势转变为人才优势是当前需要解决的问题。校企合作产教融合就在此背景下应运而生,它是高等教育与企业产业之间所建立起来的互利共赢、共同开发的相对稳定的合作交流关系,是培育专业人才和推动社会经济发展的重要手段。然而目前我国校企合作产教融合存在一个普遍的问题是企业参与合作的意愿并不强烈,这种现象已经制约了校企合作产教融合的纵深推进。因此,寻找影响企业参与校企合作产教融合意愿的因素就显得十分必要。

本章运用定性与定量相结合的研究方法,基于相关理论对企业参与校企合作产教融合的意愿进行理论分析,探寻到了可能影响企业合作意愿的一些潜在因素,将这些因素分为了三大类共十一个,并对这些因素做出基本假设,初步构建出了理论模型。在此基础上,选取了302家样本企业收集调研数据,将企业参与合作的意愿作为因变量,采用二元Logistic回归模型进行了实证研究。实证结果显示:①在企业个体特征方面,员工规模、注册资金、主营业务类型正向显著影响企业的合作意愿,即:员工规模越大的企业,参与合作的意愿就越强烈;注册资金越高的企业,参与合作的意愿越强烈;高新技术行业参与合作的意愿大于传统型行业。②在企业对校企合作产教融合的认知特征方面,企业对校企合作产教融合降低招聘成本的认知、企业对校企合作产教融合提升员工综合素质的认知正向显著影响企业的合作意愿。企业对合作降低招聘成本的认知越好,企业参与合作的意愿就越高;企业对合作提升员工综合素质的认知越好,参与合作的意愿越高。③在外部环境制约方面,企业对相关制度规范的满意程度正向显著影响企业参与校企合作产教融合的意愿。企业对相关制度规范满意度越高,就越愿意参与合作。

根据实证结果,本章提出了以下对策建议:大型企业要积极承担社会责任主动合作;院校和政府的工作重点应放在合作意愿比较强烈的企业,将他们的意愿转变为实际行

---

① 孙中婷.企业参与校企合作产教融合的意愿研究[D].河南科技大学,2023:1-62.

动;在吸引大型企业加入的同时,院校和政府也要注意引导小型企业参与合作;示范性企业和政府要加强对传统型产业企业的宣传力度;合作院校要切实提升合作实效降低企业招聘成本;充分发挥校企合作在提升企业员工综合素质方面的重要作用;国家要健全法律法规,行业组织要积极发挥桥梁作用。

# 第一节　引　论

## 一、研究背景与意义

### (一)研究背景

从世界经济社会发展的大趋势来看,校企合作、产教融合是发展中国家实现历史性赶超的要求;从历史发展的进程来看,校企合作、产教融合是生产力发展到一定阶段的必然要求。随着当前中国经济进入高质量发展阶段,高级专业技术人才在国民经济运行、产业结构转型和各领域技术创新中发挥着重要的作用。校企合作产教融合是为当前经济发展培育更高层次人力资源的重要途径。促进产教融合校企合作,引导企业参与高校人才培养,可以使企业优先获取所需要的高素质人才,有利于企业技术创新与产业结构转型升级,有利于企业高质量发展[①]。

2014年,我国在《关于加快发展现代职业教育的决定》文件中第一次明确提出了产教融合的概念,该决定指出,要推进校企合作、产教融合。2017年,我国出台的《关于深化产教融合发展的若干意见》提出了开展校企合作、产教融合需要企业在人才培养中发挥出主体效用。2022年4月20日,全国人大常委会第三十四次会议表决通过了新修订的《中华人民共和国职业教育法》。该法中提出国家要发挥企业的重要办学主体作用,推动企业深度参与产教融合,鼓励企业举办高质量职业教育;同时企业开展校企合作、产教融合的有关情况要纳入企业社会责任报告当中。

进入新时代以来,我国政府特别强调要在企业端发力,并逐步建立了推动企业参与校企合作、产教融合的新机制和政策体制,也不断优化企业承担相应义务的社会环境。企业也应当积极与院校合作,合理利用技术、资本、设备设施以及知识和管理等生产要素开发人力资源。另一方面,经济发展转型,产业结构急需升级也使企业面临着新的挑

---

① 宫雪璐.产教融合背景下深化高职院校校企合作的对策研究[J].农村经济与科技,2020,(12):431.

战,企业为了获取发展资源,需要进行跨界发展以在新的产业链中追求合作共赢,以不断适应组织生产方式的变化。但是在实际的校企合作、产教融合运行中,学校主动争取与企业进行合作的机会,在合作中学校表现得较为积极主动,期望通过与企业联合将学校的理论知识得以运用到实际当中;作为合作另一方的企业方面则表现出了不太积极的一面,甚至是拒绝与院校合作,不愿给学校提供实践训练的场地或不愿与高校联合开展有关科研工作。[1] 校企合作中的这种"一端热,一端冷"的现象被称为"壁炉现象"。这种现象会阻碍校企合作、产教融合的推进,致使企业无法顺利地选拔高级人才。[2] 因此,准确把握企业合作意愿,探讨如何提高企业合作意愿,从而破解"壁炉现象"成为校企合作产教融合能否顺利开展的前提和关键。

## (二)研究目的

在当前形势下,对企业参与校企合作、产教融合意愿的研究已经不再是初始阶段对校企合作的概念普及以及在宣传阶段以获取意见为目标的研究,而是在校企合作、产教融合已经出现明显问题并急需解决的情况下,对解决路径与方法进行探讨为目的的研究。企业作为校企合作产教融合的主体之一,选择参与合作的目的是追求利益,这是企业的使命和原则。由此可见,要想解决校企合作、产教融合发展中所存在的问题,终究还是需要从企业的角度出发,从企业的利益方面进行考虑。如果能够明确地认识到企业对参与校企合作、产教融合的意愿,并明确它们对校企合作、产教融合的认知与理解,以及对自身具备的内部条件和外部环境条件等方面的具体认识,就可能探寻到企业产教融合中的问题所在,进而对企业产教融合发展中存在的一些不足进行有针对性的完善,最终让它发挥作用以推动产业经济的发展。

目前,学者们对企业参与校企合作、产教融合意愿的相关研究还不够系统、深入,尤其是对企业主体性的强调还不够。在任何时候都需要清楚地认识到企业不仅仅是校企合作、产教融合的主体,它更是国家经济生活中的主体。产教融合、校企合作的一切相关政策与改革措施的出发点都应该考虑企业的利益。本章着重强调企业的主体性,重点关注企业的合作意愿,通过理论分析建立出理论模型,并进行实证检验,探寻影响企业合作意愿的因素。唯有以这些影响企业意愿的因素作为出发点,才能更好地研究企业在产教

---

① 洪凯,周自波,张恕.基于产教融合背景的高职现代学徒制研究:以"农夫山泉"校企联合现代学徒培养为例[J].高等继续教育学报,2019(5):48-49.

② 肖凤翔,王珩安.权利保障:突破校企合作"壁炉现象"的企业逻辑[J].江苏高教,2020(9):105-110.甘宜涛,雷庆.企业社会责任理论视角下的校企合作"壁炉现象"[J].中国高教研究,2017(10):50.

融合发展中可能面临的问题,才能为产教融合发展以及国家产业结构升级贡献力量。

### (三)研究意义

#### 1. 理论意义

当前,对产教融合、校企合作的理论研究主要涉及双方合作模式、合作内容、政府政策和未来发展道路等方面,这些研究从各个角度为产教融合、校企合作的发展提供借鉴。相比之下,对企业自身的合作意愿相关研究还不是很多。企业参与校企合作、产教融合意愿的影响因素,其实往往包含产教融合、校企合作是否能够长期稳定发展,它是真正发挥产教融合这一效用的关键要素。本章以企业为调查对象,通过实证研究总结和归纳影响企业合作意愿的因素,并根据实证研究结果提出有针对性的对策建议,对这些影响企业合作意愿的因素进行理论论证有助于为产教融合校企合作的长远发展提供理论参考,丰富产教融合校企合作理论的内容。

#### 2. 实际意义

提高企业参与合作的意愿,积极推动校企合作建设,可以使学生将理论和实际相结合,在学习阶段就可以掌握工作经验,这样就大大提高了学生的职业竞争力,缓解学生就业困难的问题。而合作企业又可以直接招聘与岗位对口的优秀人才,从而降低了在招聘环节中所耗费的资金和人力。同时,还可以推动科学技术、教育文化发展,从而增强合作企业活力,也可以实现学生、企业、学校共赢的目的,为企业的发展创新提供了一个契机。这对于提升中国职业教育质量、促进产业转型升级、推动国民经济蓬勃发展有着重要现实意义。

## 二、企业参与校企合作产教融合的意愿相关研究文献综述

### (一)国外文献综述

国外研究者对企业在校企合作、产教融合意愿方面的有关研究成果大多是通过实证分析的方式,确定了校企合作对企业与高等学校的正面影响与效果,并剖析了企业与高等学校联合的主要类型与制约因素,另外部分研究者还采用数学模型对影响企业参与校企合作的因素进行探究。Manuel Ferna'ndez-Esquinas, Elena Espinosa-de-losMonteros (2009)调研了 737 家公司和 765 所大学科研小组,根据调研的历史数据发现结构性因

素、战略因素、情境因素等多种因素会影响企业合作意愿①。Terry James(2009)主要采用随机抽样技术来获取数据,并经过对 115 家加拿大公司的调查分析,发现了影响企业资助高校科研工作的主要原因大致有:开展科研所需要的时间、资金投入、人才、科技和市场、经济社会发展水平等②。Alan Hughes(2010)认为,不同规模、不同行业的公司与高校的合作程度有所不同,往往是大企业、高科技企业更愿意与高校建立伙伴关系③。

### (二)国内文献综述

面对企业参与产教融合校企合作意愿方面的问题我国学者也进行了相关探索。王奕俊(2012)认为,在校企合作、产教融合发展过程中出现了企业没有参与动力的问题,究其原因就是政府缺乏关注企业的根本利益诉求,而行业升级优化、企业劳动力成本的上升、职业技能培养质量以及企业投入校企合作的成本等各种因素也会影响企业的参与动力。同时他还提出在必要时给予企业一定的支持政策,来引导企业积极地与院校合作,在加入合作的过程中要做到双方利益共享,从而建立院校与企业之间相互促进和融合的发展格局;并使企业在学生的培养过程中成为主导;通过建立行业技术培训中心,实现资源集约共享;研究出台激励政策措施,加强政府对企业的政策扶持力度,从而增强企业的合作意愿④。赵晏鹤(2020)指出,在产教融合中要充分考虑公司的利润方面,我们要意识到大学教育和企业合作的特殊性,需要在企业合作过程当中提炼其整体发展内涵,完善自身价值。作为企业一方也要增强与院校合作的主观意愿,要提高对产教融合校企合作方面的认识,要把眼光放到长远利益上,充分认识到企业与院校的深度合作对其自身未来发展壮大有着举足轻重的影响,不仅有利于提高企业员工的素质,也有利于增强企业的内部实力。⑤

多数研究者通过调查,指出企业与院校之间没有明确合作意向的主要因素有这几个方面:一是因为企业和合作学校之间在选定的科研题目等方面以及双方有关人员信息沟

① Ramos-Vielba, Ferna'ndez-Esquinas, Espinosa-de-los-Monteros. Measuring university - industry collaboration in a regional system[J]. Scientometrics. 2009(12):30.

② Terry James. A Study to Improve Innovation for Small Business and Research Funding Colleges[D]. University of Phoenix. 2009:100-101.

③ Alan. Hughes. Never mind the quality feel the width: University - industry links and government financial support for innovation in small high-technology businesses in the UK and the USA[J]. The Journal of Technology Transfer. 2010(1):66-91.

④ 王奕俊,陈越捷.经济发展方式转型背景下产学合作的重新定位[J].中国职业技术教育,2012(6):59-62.

⑤ 赵晏鹤.产教融合背景下校企合作长效机制构建研究[J].辽宁高职学报,2020,22(8):21-25.

通、科研成果发布等方面都存在制约;二是因为双方对于专利的归属问题,往往形成了有效合作的阻碍;三是因为合作院校与企业之间的市场定位与价值导向不同,这也将限制双方的合作交流。学者李娅莉(2018)指出,在校企合作过程中,企业资源被占用,院校实习生管理难度较大,学生实习强度控制也出现了问题,同时学校与企业双方对于学生实习管理制度和责任判定及处理等方面也缺乏一个统一的规范,双方之间缺少有效信息沟通和互动,再加上社会监管不力等因素,使得校企合作难以达到有效性、稳定性。另外,部分学者也指出,校企合作中缺少有效的信息交流平台,协作制度并不完善,企业的投资权益也无法得到根本保证,而高校教学计划与企业的用工规划也无法进行妥善配合。校企合作的有关规章制度并不健全,也是影响校企合作的最大阻碍。[1] 杨卫国、王京(2016)则指出,企业不愿意与院校合作主要在于地方政府缺少对企业参与校企合作的有效政策引导,在工学融合、校企合作方面也缺乏有效指导与约束机制,从而造成了企业在校企合作实际开展过程中无据可依。[2]

在提高企业合作意愿的政策措施方面,张福周(2017)认为,政府可以出台有关企业税收政策、经营费用补偿、财政拨款等方面的优惠政策,来维护企业权益,并调动企业参加校企合作的内生力量;确定院校与企业双方分别所享有的权利与所承担的义务;通过将其一部分费用并入当地财务来支持合作的项目。[3] 叶继强(2015)指出,在政策方面,校企合作的具体实施细则可通过出台新政策来明确,设立专业管理机构管理实施校企合作项目;在高校与企业层面,应设置管理沟通机制和相应的规章,制度要确保规范到位,防止形式主义;在资金保障方面,国家对教育的支持要逐渐加大,利用法律等优惠政策引导社会各界和公司对职业教育领域开展捐赠。[4] 李衔(2015)指出,要做好舆情疏导,积极宣传职业平等、劳动至上的价值观;注意增强院校服务能力,使人才培养符合企业用人需要,科研成果获得公司青睐;强化对学生技术与创新能力的训练;在专业建设方面,要与当地经济发展需要相适应。[5] 朱镇生(2016)指出,政府要组织建立校企合作教育教学的质量监测与评估系统,系统的主要内容应由行业企业、科研院所以及教育教学主管部门共同协商,构建校企联合利益共同体。[6]

① 李娅莉.高职院校在校企合作中障碍及对策[J].农村经济与科技,2018,29(24):266-268.
② 杨卫国,王京.高职院校校企合作实践探索[J].教育与职业,2016(18):37-39.
③ 张福周.高职教育校企合作中企业参与的现状、困境及对策研究[J].创新科技,2017(9):54-56.
④ 叶继强.高等职业教育校企合作保障机制研究[J].教育与职业,2015(10):30-32.
⑤ 李衔.高职院校企合作新机制的构建与实现[J].高等农业教育,2015(12):92-95.
⑥ 朱镇生.政府推进深化高职院校校企合作的策略探讨[J].教育评论,2016(1):82-85.

### （三）文献述评

通过回顾总结这些国外文献可以发现,国外校企合作、产教融合理论的发展时间较长,并已建立比较完善的合作模式,模式都具有一定代表性,且国外的校企合作中还率先对政府也提出了相应要求。国外在相关领域的研究,尤其是那些一般性的理论和方法可以为我国校企合作产教融合研究提供一些借鉴,但是,国外学者的研究是以其经济社会发展为基础的,他们的实践基础与我国的经济发展的条件还有一些出入,因此对其相关理论的借鉴应有所选择,不能直接照搬引用。

我国的校企合作、产教融合研究起步比较晚,虽然经过多年的发展已取得了一些成果,但同时还存在一些问题和不足。从科研方法上看,通过各种资源,收集调查数据,利用计量统计工具,对企业参与校企合作的主要影响因素展开实证研究。研究过程中大多都使用了较流行的经济和管理学理论与工具,从不同的研究视角,深入探索其影响因素,丰富了相应的理论与研究成果。但是,目前的研究成果还可以更进一步地完善。通过理论抽象演绎所得到的影响因素还必须用实证研究加以检验;而利用数量模型对影响因素进行的实证研究,有些是通过经验直接得出,有些是直接借鉴相关文献资料,缺少理论的论证,因此需要加强对影响因素的理论论证。从研究主体上看,研究者对校企合作、产教融合的研究大多以院校为主体,以企业为主体的研究则较为稀少。

## 三、研究内容与研究方法

### （一）研究内容

本章研究内容分为五节。

第一节　引论。主要是对选题背景和意义、研究方法以及目前国内外对该问题的研究状况等方面加以介绍,为后文的研究做出解释与说明。

第二节　基本概念与相关理论基础。该节是整篇文章的理论根基,分析了校企合作产教融合以及合作意愿等概念的内涵,对有关企业合作意愿方面的相关理论基础进行了阐述,主要包括:企业成本收益理论、技术创新理论、企业形象理论、计划行为理论、社会资本理论。基于这些理论分析影响企业合作意愿的影响因素。

第三节　研究假设与研究设计。对理论分析探寻到的影响企业参与产教融合校企合作意愿的因素进行归纳总结,建立理论模型并提出研究假设。研究设计主要涵盖问卷设计、数据来源、相关计量模型的选择以及对研究变量的定义等方面。

第四节 实证检验与结果分析。该节体现了实证研究中的定量研究部分,利用相关的统计软件对调查问卷收集到的数据进行分析和检验。

第五节 研究结论与对策建议。该节是研究的最后结论,同时也是对本研究价值的直接反映。通过分析第四节中的实证结果,得出结论,并根据结论提出相关建议。

## (二)研究方法

### 1.问卷调查法

该方法是指通过发放与回收问卷的方式收集第一手调研数据。本章在对企业的合作意愿进行实证分析时使用该方法。

### 2.描述统计分析法

根据问卷调查的回收数据,分析被调查企业参与校企合作产教融合的意愿,以及其特征状况。

### 3.定性与定量相结合的研究方法

本章的主要特点是理论与实际相结合。先对有关理论进行借鉴与诠释,探寻与企业合作意愿有关的若干规律性内容,从而找到一些潜在的可能影响因素,这就叫作定性分析。在这之后把得到的潜在因素纳入问卷的实际调研问题中,通过实地调查,收集相关数据开展实证分析,最后在量上测定出各种因素对企业参与产教融合校企合作意愿的影响程度和影响方向,这便是定量分析。定性分析和定量分析相结合,使最后的结果不仅有理论支撑还有数据统计分析的支持,所以更具有说服力。在此基础上,可以进一步地对研究的问题提出更好的建议。

## (三)技术路线图

如图4-1所示。

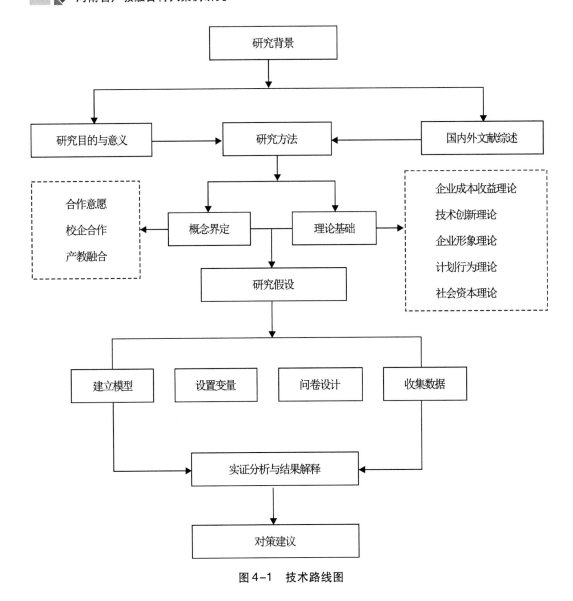

图4-1 技术路线图

## 四、创新之处

### (一)研究视角上的创新

与以往的产教融合、校企合作研究中的院校视角相反,本章把视角放在了企业这个主体上,以企业的角度去分析问题。这集中显示在本章探索出的潜在影响因素中,企业主体认知方面的因素会比之前的研究相对而言更多一些,而那些外在的因素会更少一些。企业作为市场经济中的主体,他们对某些事物的认识通常会更符合实际情况。这个研究角度能够更好地从企业自身的认识出发,去探讨校企合作发展中的问题所在。

（二）研究方式上的创新

以往对于企业参与校企合作意愿的探讨中有些缺乏实证的检验;有些缺乏具体的理论探讨;还有些虽然在实证研究中引用了有关理论作为理论基础,但是在文中却没有反映理论与实证研究之间的关系。而本章首先是对潜在的影响因素展开理论分析与论证,随后又将理论论证的结果融入实证研究当中,使两种分析方法相结合,得出的研究结果既有理论依据又有数据支持,研究的架构也就显得更加合理。

# 第二节　基本概念与相关理论基础

所有的研究都无法离开基本概念,一切研究都必须从概念的定义着手展开。所以,在本研究开始时,有必要对本章所包含的重点名词概念加以定义与阐述,以便明确本文的主要研究范围与重点,使每个环节都能基于基本概念展开,并与研究主题保持统一。理论基础则是研究观点的内在依据,任何具体的研究成果都必须有相应的理论基础作为支撑,否则所得出的结论就是无根之木。为了从理论上探讨企业产教融合、校企合作意愿,本章共借鉴了企业收益成本理论等五种理论作为理论基础。

## 一、基本概念

（一）意愿

意愿是行为产生过程中所经历的必然阶段,是在行为产生效果之前人们所做的选择,它属于一种心理学行为。意愿既是对未来某一行为情况产生的预测与估计,也是对人们发生某种特定行为活动主观概率的预测与估计。主要体现为:人们在采取某种活动意向之时,为了完全认识客观事物的基本性质和客观规律,对有关这种事物的相关活动进行思想准备的状态。[①]

作为多种行为意愿中的一种,合作意愿是指与他人或团体为了达到某种目的而在某

① 蔡新宇,高书丽.中国与俄语区国家教育合作意愿研究[J].国家教育行政学院学报,2020(2):79-87.

些方面开展协作的主观概率及其可能性估计。[①] 合作意愿应是个人或团体组织进行合作的意向和在未来进一步维持合作伙伴关系的倾向。从实质上来说,合作意愿是指比较稳定的意识取向、行动方向,其中主体所显示出的同他人或团体组织协作的意向,是在一定合作愿望和条件支配下而形成的。[②] 本章所定义的合作意愿主要是指企业愿意与院校在产教融合方面合作的估计,既包含了企业在合作前的意愿,也包括企业与院校合作过程中和在双方合作完成以后通过综合评价进一步合作的意愿。

### (二)校企合作

校企合作就是企业和学校之间的联合关系,它体现着企业和院校双方的联合行动。二者均以达到共享收益、协同发展为目标,并利用组织的结构化设置、制度化设计等,进一步强化双方内部的信息共享与交流,进而提升技术资源使用效率和效能。[③] 校企合作是将校内学习与校外实习经历相结合的一种特殊教育形式,使培养的人才通过在具体岗位上获取专业技能以确定职业方向,增强职业信心。它既是学校与企业、行业和社会服务部门等机构之间的交流协作,又是教育部门与社会行业组织之间,在相关理论知识、专业技能方面开展教育与培训的协作。[④] 综合而言,校企合作是指学校与企业在共享收益的基础上,围绕二者的共同发展目标,通过充分调动各方的资源优势,在人才培养、技术研发、社会服务乃至文化交流等领域进行的广泛合作,其目的是实现教育和经济发展紧密结合的共赢局面。

(1)校企合作,是理论与实践的统一。从教育与生产的关系来看,生产活动是最基本的实践活动。教育为产品生产培训技能人员,为生产提供服务。因此,生产第一,教育第二。企业对人力资源的需求是教育发展的重要源泉,生产发展是教育发展的基本动力。归根结底,教育的发展水平深受企业生产发展水平的影响与制约。此外,教育对生产也起着重要的促进作用。中国经济发展水平之所以较高,与中国劳动力数量优势和多年普及九年义务教育形成的质量优势密切相关。正是由于教育和生产之间的这种密切关系,校企合作成为进一步提高当今社会经济发展水平的必然要求。

(2)校企合作也是新型工业化对企业提出的新要求。新型工业化最明显的一个特征便是企业不但要具备生产制造的功能,同时也必须承担教育和研发的功能和责任。特别

---

① 吴强.政府介入、伙伴关系与企业参与校企合作意愿关系研究[J].职业技术教育,2015(25):44.

② 邵颖红,朱塑源,韦方.PPP模式中民营企业合作意愿的影响研究:基于机会主义感知和合作风险感知的链式中介模型[J].管理工程学报,2021,35(6):140-149.

③ 荆伟.校企合作的内涵和模式分析[J].管理观察,2012(26):53.

④ 红杰.浅议校企合作的内涵与模式[J].中国信息化,2013(10):278.

是发展相对强劲的大中型企业,这些企业集科研开发、教学推广、规模化制造于一体,更加反映出教育和生产趋向融合的新态势,而这种新态势则对校企合作的蓬勃发展有着巨大的促进意义。在新型工业化下,科技性质的劳动技术不断普及,使得企业越来越依赖于职业技术人才。所以,校企合作就顺理成章地成为一种社会发展的必然趋势。随着校企合作的深入发展,生产型学校和学习型企业会如雨后春笋般地涌现出来。

### (三)产教融合

"产"在产教融合中是指产业,"教"在产教融合中是指教育,二者分别隶属不同的部门,但是它们的内在核心却存在着一种供需关系。[①] 从广义的角度来讲,产业泛指的是当前国民经济中的所有行业;从狭义的角度而言,产业一般指的是工业部门。而教育行业则是社会经济部门中的一个重要部分,它同时也可作为一种产业。

从字面含义进行分析,产教融合就是产业与教育行业之间的合作与融合。产业的诞生是由于社会分工的出现,它是社会分工和社会生产力逐步发展壮大的必然产物。按照国际上比较普遍的划分方式,第一产业是指农业,第二产业是指工业,第三产业是指服务业。[②] 由此划分方式可以看出,产业的概念比较广泛,它要想达到对社会产生作用的目的则必须借助一定的组织形式来实现,而企业正是它所需要的组织形式。产业的实施主体和主要运行载体就是企业,作为社会经济的基本单位,企业对产业的运行和发展起着至关重要的作用。一方面,产业的发展离不开企业的参与。另一方面,企业的自身因素也对产业有着重要的影响。因此,在研究校企合作的过程中,人们不能只关注院校这一个主体,企业也同样需要引起人们的重视。探明企业的内外部要素及其发展环境,对产教融合与社会经济的发展大有裨益。[③]

产教融合中的"产"的范围从企业拓展为产业、企业,"教"的主体范围也从学校拓展为学校以及科研机构,主体范围进一步扩大,认知内涵进一步丰富。产教融合中的融合更加突显出时代特征,当今科学技术发展的最主要特点就是融合发展。信息化和工业化的互相融合、城乡之间的融合以及区域融合都反映出这一特点。"融合"反映的是各主体之间的关系比起以往更为紧密,总的来说,是互相融合形成一体的关系,体现出产业与教育水乳交融、互为因果的逻辑必然。[④] 产教融合同时还传递出了两种新理念:一是在合作

---

① 陈樱.产教融合的内涵与实现途径[J].环球市场,2020(5):213.

② 王元颖.制度创新与中国产业结构优化[D].桂林:广西师范大学,2002:5.

③ 高鲁光.初析影响产教融合的企业自身因素[J].三门峡职业技术学院学报,2020(1):125.

④ 刘杨.创设设计技能竞赛加强产教融合的教学实践研究[J].艺术科技,2018,31(8):247.

的主体方面,企业在人才培养的功能定位上不应再继续保持一种配合地位[1],而应该与学校保持着平等的合作关系,双方共同担当起培育人才的责任;二是在合作的层次方面,无论是一个具体的企业还是某个行业,它们要合作的内容将不只是培养技能人才,而是要扩展到产业价值链的各个环节中,是两种资源之间的全面集成整合与一体化合作[2],是利益和发展的共同体。

### (四)校企合作与产教融合的关系

校企合作是产教融合的前提与基础,是产教融合的实施路径和发展根基。[3] 产教融合是一个结构合理、主体众多、方式新颖的系统工程,是国家提出的一项重大战略措施。推进产教融合,就是为了实现校企的深层次合作,促使院校与企业以培养技能人才、相互融合、一体发展为核心,进行深度合作,从而使合作质量得到全面提升。校企合作是产教融合的主要方式、重要形式和载体。产教融合是通过校企深度合作实现的,使企业积极主动地有效参与技能人才培养和成长的各个环节,把企业或者产业的理念、技术和文化带入教学活动与教学过程,推动应用型、技能型人才培养事业的质变与飞跃。产教融合下的校企合作要拓展深度与广度,就必须借助和依靠企业、行业、政府和社会的力量。各主体之间地位平等、职能明确、分工协作,从顶层设计、政府扶持到社会资源整合、主体融合、一体发展,全面深化校企合作,从而实现产教融合。

## 二、理论基础

### (一)企业成本收益理论

#### 1.基本内涵

美国学者 Nicholas Kaldor 和 John Hicks 在汲取前人经验与认识的基础上,创立了企业成本收益理论。该理论指出公司的最终目标是寻求利润的最大化,所以,公司管理人员做出的决策往往有以下特性:其一是自利性,公司对收益的追求有着高度的自利性,即衡量自身利益,因为这种自利性,所以提高利润成为公司不懈的追求;其二是选择性,在面临不同的决策时可能会出现多种组合供其选择的情况,管理者们总是偏好能够降低生

① 杨晓婷,张宝生,姜红梅.产教融合背景下高校创新创业教育的发展现状和路径探索[J].黑龙江教师发展学院学报,2021,40(8):7-9.
② 王丹中.基点·形态·本质:产教融合的内涵分析[J].职教论坛,2014(35):79-82.
③ 王志勇,王芊千.浅析产教融合与校企合作的依存关系[J].科学与财富,2021,13(20):280-281.

产成本的组合,同时,某个组合生产成本的提高又会驱使管理人员偏向另一个组合。① 在其他条件不变的前提下,公司领导者们总是会采取可以降低成本的策略。管理者必须选择好生产成本与所得收益之间的平衡点,即以最少的成本获得最大的利益,使企业收益能够最大化。

2.基于成本收益理论对企业合作意愿影响的分析

企业成本收益关系到校企合作、产教融合对企业的吸引力,决定着企业是否愿意参与校企合作、产教融合,是企业参与合作的动力所在。企业成本的最大组成部分就是人力成本。对外,企业不惜以重金通过猎头等方式寻找高级人才;对内,企业每年要投入大量资金对内部人员进行专业培训,以提升员工的专业知识水平和综合素养。目前一个高新技术企业,从人员招聘到员工能够独立工作,为企业带来价值,一般要耗费巨大的时间、精力与培训经费,这对所有企业来说都是一项相当大的成本投入。② 而产教融合、校企合作正是解决企业用人成本问题的最佳方案,根据企业的特殊要求,联合培养出符合企业需要的高技能人才。同时,公司参与校企合作还可以带来巨大收益。根据收益时间划分,可以区分为短期收益与长期收益。③ 可以给企业提供的短期收益主要包括:优秀的技术人才团队,他们能够协助企业破解生产技术难题、实施组织结构的创新等;学校还会免费为公司提供校内场所、设施设备、在职员工技术的培训,以及因接收实习学员所带来的新思想、新风气,团队的活力和士气的提高与凝聚;等等。公司的长期收益包括实习学员留任企业并由此为其节省的相关费用,比如新员工招聘费、新员工的岗前培训费等。

企业的发展离不开强大的人才队伍支持,唯有确保企业的人才充足稳定,才能更有效地促进企业核心竞争力的形成,才能使企业在激烈的市场经济竞争中更快地占据优势。企业在开展人力资源工作的过程中,不但要确保人才招募的效率与质量,而且要注重管理和控制人才招募流程中消耗的成本,以更好地降低企业的人力成本开支,为企业绩效的提升带来更大的保障。但是,在现实情况中,企业在招聘员工的过程中,由于企业规模和企业影响力等因素的制约,部分企业难以招到合适的员工,需要花费较多的人才招募成本,这不但导致了公司的资源浪费,而且还使得公司的运营成本过高,对公司利润

---

① 穆达.公司盈余管理方法选择研究:基于成本收益理论的视角[J].财会通讯,2016(30):3-7,68.

② 朱鸿翔.企业参与校企合作的成本收益探析[J].北京工业职业技术学院学报,2019(2):105.

③ 李鹏,石伟平,朱德全.人性、理性与行动:职业教育学习评价效用的制度分析[J].中国职业技术教育,2019(1):35-39.

的赚取以及企业的长期稳健经营产生了一定的负面影响。[1] 在人力资源招聘过程中,除了有直接成本费用产生以外,尚有大量的间接成本费用产生,若能对间接成本加以有效控制,则可以减少整个招聘环节的成本。校企合作、产教融合可以帮助企业减少间接招聘成本。首先,校企合作、产教融合作为企业稳定的招聘渠道,可以增加人才的稳定性,减少因大规模的网上招聘导致的人才稳定性不足等问题;其次,在校企合作、产教融合中,院校有针对性地对企业输送专业人才,能更好地确保人员与岗位的匹配度;最后,通过与院校合作,还可以对企业员工进行定期的培训,节省企业的员工培训费用以及时间成本。因此,在校企合作、产教融合中企业招聘成本的降低,以及获得优秀的人力资源和提升员工综合素质所带来的其他收益会提高企业的合作意愿。由此可见,企业对校企合作、产教融合降低招聘成本的认知以及对获得优秀人力资源的认知、提升员工综合素质的认知可能是其参与合作的影响因素。

## (二)技术创新理论

### 1.基本内涵

技术创新理论是由约瑟夫·熊彼特教授首次明确提出的,后来人们又在此基础上进行了长期深入研究使理论得以逐步完善。该理论指出,企业在自身发展上依靠技术创新逐步形成以创新为主要目标的健康良性循环发展模式,能使企业立足于激烈的市场竞争并获取品牌优势,进而增强企业的实力。[2] 企业技术创新是企业以对技术商业潜力的正确理解为前提开展新技术构思,利用新技术研发新工艺、新装置、新商品,提供新服务,使企业能率先顺利进行商业化的完整流程。在企业创新的整体流程中,包括重新组合各生产制造条件和要素,重构生产经营系统。企业进行科技层面的技术创新有助于抓住潜在的盈利机遇,进行生产要素的重新整合,形成一个效能更高、生产成本更低廉的生产制造系统[3],以获取全新的半成品和原材料供应来源,推出不同于市场现有的新产品、新工艺与新服务,从而优先开发占领新市场,最终实现更多的利益[4]。技术创新中蕴含着人的思维、人的价值观等人性的力量,因此,在技能创新与技术变革的驱动下,往往会促使企业

① 尹一平.中小企业人力资源招聘成本控制要点解析[J].知识经济,2021,575(13):86-87.
② 邓志虹.校企合作与技术创新研究—基于珠三角地区实证分析[J].职业技术教育,2016,37(25):34-39.
③ 陆倩倩.关于技术创新研究的综述[J].世纪桥,2019(1):87-88.
④ 刘武.北京化工研究院转制后的市场营销研究[D].对外经济贸易大学,2001:6.

扩大对高层次人才和技术型人员的需求。①

2.基于技术创新理论对企业合作意愿影响的分析

企业创新不但关系着我国经济创新的发展水平,还关乎企业本身的可持续发展。企业科技创新能力的衡量主要取决于企业的科研能力、研发产出的实力以及实现持续创新的能力。② 企业唯有持续地开展技术创新研究活动,才能不断产出科技研发成果,彰显公司的品牌价值。通过校企合作产教融合,可以对传统行业产业进行技术改造,推动企业逐步形成技术创新主体,从而更好地吸收和消化先进科学技术,进一步促进企业高新技术产业化的进程,尤其是许多企业在积极引进海外先进科技的基础上,与科研机构、高校密切结合,能够走出革新、提升、引进、吸收的发展路线,加速科研技术向生产环节转化,从而探索出科学技术与生产经营密切融合的高效途径,促进企业生产技术进步,使企业新产品、新技术的开发有明显的进展。③

企业希望通过核心技术占领市场,需要自主开发新产品,但是研发能力的提升需要企业招聘具备相应技术的开发人员。研发活动的形成,是以产品专利、科研论文等所代表的新知识和新技术领域的创新能力为基础的。核心技术除了需要研发能力之外,还需要大批资源的投入,包括大量资金、仪器、设备等资源,除此之外,研究经费也是进行创新活动的重要保障。技术创新中的另一问题就是高新技术产业的创新,企业如果要想腾飞,那么高新技术便是其双翼。④ 高新技术产业中创新的核心是人,因此"以人为本"是企业赖以生存与发展壮大的基础。⑤ 现实情况证明,企业的技术创新不仅需要有高素质的技术研发人员,而且大量技能型人员在技术创新和创新型国家建设中也同样具有重大作用。因此,在高等院校科研力量雄厚、研究较为成熟的大背景下,企业与之进行合作,符合其根本利益。通过参与校企合作、产教融合,院校为企业培育大量技能人才,并且建立技能人才实验基地,重点院校还会建立一批专门培养技术创新能力的实验室。这样企业就可以招纳吸收合作院校培养出来的科研人才以各种形式投入企业的研究开发工作当中,以提高企业技术创新的能力,并且还能够共享院校所拥有的科研资源。

经过以上分析,从企业对技术创新的需求层面来看,企业对校企合作、产教融合促进

① 明娟,卢小玲.技术创新加剧了企业技能短缺吗?[J].北京交通大学学报(社会科学版),2021,20(1):76-86.

② 董登珍,杨倩,龚明.中国省级区域工业创新能力的评价与分析[J].武汉理工大学学报(社会科学版),2017(3):52.

③ 罗冰雁.校企合作技术创新存在的问题与发展[J].科学咨询,2011(9):2-3.

④ 王胜兰,魏凤,牟乾辉.企业技术创新能力评价新方法的研究[J].运筹与管理,2021,30(6):198-204.

⑤ 魏萍.论人力资源规划对企业发展的影响[J].中国民商,2021,(2):276-277.

技术创新的认知可能是影响其合作意愿的因素。

## (三)企业形象理论

### 1.基本内涵

Dowling(2001)表示,企业形象是社会大众对企业态度的综合,或者说是人们对一个企业的经营理念、性质、特性和行动等认识的累积结果。[①] 企业形象是一个公司在大众眼中产生的总体印象,而且可以由此与消费者之间产生密切的联系,从而影响到企业的发展。[②] 企业形象在本质上取决于企业产品质量或服务的品质以及在社会上广泛的信誉度、认可度。在当前社会市场经济条件下,企业开始更加注意自身的整体形象,通过逐步完善企业管理制度,优化发展战略,增强业务能力,使企业能向各界展示自己的优势,为社会各界树立良好形象。一个有着高度社会责任心的企业,会树立一个将自身发展与社会发展相统一起来的核心价值理念,从而在社会公众当中树立优秀的企业形象,以增加其在市场中的满意度。[③]

### 2.基于企业形象理论对企业合作意愿影响的分析

企业形象作为组织文化的外在体现[④],反映着企业的价值取向。随着企业生产经营活动的开展,商品的流通,企业时刻都在辐射其文化形象。企业不能忽视自身的文化建设,而企业的文化建设也必须对企业形象进行合理策划。因为企业形象也是其品牌形象,它影响着企业的生存,是衡量企业能否持续发展的一种重要因素。例如,一度濒临破产的鸿星尔克,向灾区捐款5000万元,这种有责任、有担当的行为吸引了大量国人的目光,纷纷为该企业点赞,之后鸿星尔克的销售业绩呈直线上升,其正面的企业形象使该企业转危为安。因此,形象的好坏关乎着企业的效益,它是企业竞争力的主要来源。人们也总是借助企业的形象来辨别与评判企业,它是利益相关者对企业的总体印象与评价,也是企业的表现及特征在他们心中的映射。鉴于此,企业若要在激烈的市场竞争中取胜,就必须全面塑造自己的企业形象。[⑤]

企业积极参与校企合作、产教融合,帮助院校提高人才培养质量是企业义不容辞的

---

① Dowling G Creating Corporate Reputation:Identity image and performance[M]. NY:Oxford University Press Inc,2001:166.

② Seong hyunseon, Seo daegyo. A Study on the influence of Corporate Social Responsibility(CSR) on corporate image and performance[J]. Journal of the Korea Service Management Society,2010,11(2):25-47.

③ 卢伟,朱良杰.企业的社会责任与企业制造形象的未来[J].商场现代化,2009(7):47-48.

④ 林荣.谈汽运企业形象与社会责任[J].交通企业管理,2007,22(12):70-71.

⑤ 龙永平.论企业文化建设[J].现代企业文化,2021(14):8-9.

社会责任,同时也是企业塑造良好社会形象的重大契机。企业因为积极履行教育责任而在人们心里建立起了良好的企业形象,这将增强企业的市场竞争力,从长远看将促进产品和服务的推广与宣传,帮助企业提高认知度,这是一个良性循环的步骤。

综上所述,企业出于对企业形象方面的考虑可能会对其合作意愿产生影响。

### (四)计划行为理论

#### 1.基本内涵

计划行为理论最初是由 Icek Ajzen 所创立的,该理论主要阐述了态度、主体规范、知觉行为及其有效控制是如何一同作用于人的活动意向,并进而影响其实际活动形成的过程[①]。

计划行为理论体系中的主要观点有:第一,非个人意志绝对控制的行为不但受行为意向的影响,而且还受行为者个人的能力、时间和资源等现实条件的制约[②];第二,正确的知觉行为控制可以直接预测行为发生的可能性[③];第三,行为态度、主观规范和知觉行为控制能决定行为意向,且与行为意向呈正相关关系;第四,行为态度、主观规范和知觉行为控制虽然在概念上能加以区分,但有时它们也可能具有共同的信念基点,所以它们之间既相互独立又彼此关联[④]。

#### 2.基于计划行为理论对企业合作意愿影响的分析

依据计划行为理论可以得知,影响个体行为意向的三个主要因素是主观规范、行为态度和知觉行为控制。本章主要是借鉴该理论中主观规范这一要素对影响企业参与校企合作、产教融合意愿的潜在因素进行分析。

主观规范是指个体在具体实施某一项社会活动中,所能感受到的外界压力对其个人行为产生的影响和制约。[⑤] 当个体对于某行为的主观规范倾向于积极的一面时,个体的行为愿望会变得更加强烈。主观规范一般分为三类:示范性规范、群体规范和政府规

---

①　李梦婷.计划行为理论在我国学校体育工作中的应用研究[J].体育时空,2017(21):80.

②　魏佳佳.基于计划行为理论的大学生课堂使用手机行为理论阐释[J].行政事业资产与财务,2020(6):123-124.

③　隋幸华.教育政策执行偏差的主体因素及对策分析:计划行为理论视角[J].广西社会科学,2018(12):222-226.

④　闫岩.计划行为理论的产生、发展和评述[J].国际新闻界,2014,36(7):113-129.

⑤　陈丽君,曾雯珍.计划行为理论下企业参与职业教育办学动力提升研究[J].职业技术教育,2021,42(7):43-48.

范[1]。中国的集体主义文化从古代就开始盛行,不管是一个大家族或是整个行业群体,群体中的每个人都或许能够受到群体内其他人的影响与约束。因为个人的归属感在人群中通常都显得很强烈,所以个人会遵循群体中其他人的意见或者追随其他人的行为。而人们如果做出了与人群中其他大多数人观点不相同的选择,那就可能会引起群体的排斥,而这种排斥就会产生一个群体性的压力,这时候在人群中的个人通常也会做出妥协,跟随群体多数人的选择,这就是群体规范。总体来说,就企业参与产教融合这一行为而言,所涉及的群体规范主要表现在企业是否决定参与产教融合的行为中所承受到的社会压力。另外,政府的行为以及来自政府的压力也会影响到个体的选择,这就是政府规范。政府会对企业的行为产生巨大的影响,一般而言,企业对政府的信任程度会比较高,政府由于宣传所带来的压力可能会形成企业无法拒绝的主观规范。示范性规范是指已经参与产教融合的企业所获得的正面影响对其他企业起到的示范作用。如果某企业参与了产教融合并从中获取了很大收益,政府对其加以宣传推广,这种示范效果就会对其他企业参与合作形成示范性的规范。

综上所述,可以把同行企业加入合作的数量程度、政府宣传力度作为影响企业参与校企合作、产教融合意愿的两个重要因素。

### (五)社会资本理论

#### 1.基本内涵

资本这一概念在重商主义时期首次出现。经济学家普遍主张,资本是可以进行再生产的劳动所积聚出来的价值,而马克思则主张资本是可以实现价值增殖的价值,它是劳动的一种异化。[2] 首先对社会资本理论进行解释的是布迪厄(Bourdieu),他指出社会资本产生于社会组织和社会网络当中,它具有一种潜在性的功能,即能够为拥有它的主体带来某方面的收益,这种功能对外可以表现为一种社会关系[3]。社会资本区别于传统的资本,它是一种全新的资本,社会网络中的主体能够通过社会资本获取资源与利益,而信任、规范以及网络是社会资本的三个要素,共同构成了社会资本的核心特征。[4]

#### 2.基于社会资本理论对企业合作意愿影响的分析

社会资本从狭义角度来看是指个人之间的联系;从广义角度来看是指信任、规范和

① 郭锦墉,肖剑,汪兴东.主观规范、网络外部性与农户农产品电商采纳行为意向[J].农林经济管理学报,2019,18(4):453-461.
② 马克思,恩格斯.马克思恩格斯选集:第四卷[M].北京:人民出版社,2012:358-375.
③ 曹永辉.社会资本理论及其发展脉络[J].中国流通经济,2013,27(6):62-67.
④ 夏少昂,周晓虹.微信卷入度与社会资本[J].江海学刊,2020(2):121-128.

网络三个要素。[①] 这些要素使社会组织内部产生合作,从而使行动效率提升。本章主要是利用社会资本广义角度中的制度规范这一要素进行企业合作意愿的分析。

制度规范是指外界因素对个体的引导与制约作用,它一般分为正式和非正式两种形式。正式的制度主要是指以国家正式发布的法定文件为依据的制度性规范,比如法律和法规等。非正式的制度主要包括社会舆论、文化习俗和道德规范等约束机制。在国家层面上,法律法规制度是正式制度的代表形式;在社会层面上,正式制度则是泛指各类组织机构的章程。组织章程不仅会对组织结构和决策过程做出规定,还会对组织中成员享有的权利与应尽的义务做出规定。在校企合作、产教融合中社会层面的组织主要是行业组织。企业对制度规范的满意度可能直接影响企业的合作意愿,这在正式与非正式制度中都可以得到证明。从正式制度规范这一角度来看,若缺少校企合作、产教融合的有关法规,而各地方也没有配套的规章制度,这将会使双方合作运行不规范,企业的权益得不到保护,从而降低企业的合作意愿。如果相关制度规定都很完善,那么这些正式的制度规范会保护企业利益,避免那些不利于企业行为的发生,使合作顺利进行,减少企业因一些不必要的担忧所产生的成本,从而推动双方之间的合作。从非正式制度规范这一角度来看,一旦个别地区的相关舆论导向发生问题,思想道德水准开始滑坡,极可能造成对方因片面追求利益最大化而产生的一系列不良行为,使合作各方相互缺乏信任,最终导致合作关系破裂。总而言之,正式制度规范和非正式制度规范共同维系着整个经济市场的道德风气,约束着各方的不良行为,也影响着企业对合作院校的信任。

综上所述,本章将企业对当地制度规范的满意度作为影响企业参与校企合作、产教融合意愿的重要影响因素。

## 第三节　研究假设与研究设计

### 一、研究假设

#### (一)影响因素的来源

在上一节中,通过对五个理论的分析,初步总结出以下八个潜在因素会对企业参与校企合作、产教融合的意愿产生影响,主要包括:企业对合作降低招聘成本的认知、企业

---

① 徐忠麟.社会资本理论视域下我国环境监管的困境与出路[J].安徽大学学报(哲学社会科学版),2017,41(6):120-129.

对合作可以获得优秀人力资源的认知、企业对合作提升员工综合素质的认知、企业对合作促进技术创新的认知、企业对合作提升企业形象与社会影响力的认知、同行企业加入合作的数量程度、政府宣传力度以及企业对当地的制度规范满意度。除此以外,本章还添加了几个常见的企业个体特征,作为影响企业合作意愿的潜在因素,以避免遗漏关键的影响因素。影响因素总体归纳情况如表4-1所示。

表4-1 企业参与校企合作产教融合意愿影响因素

| 理论分析得出的影响因素 | 其他一些常见因素 |
| --- | --- |
| 企业对合作降低招聘成本的认知 | 企业注册资金 |
| 企业对合作获取优秀人力资源的认知 | 企业员工规模 |
| 企业对合作提升员工综合素质的认知 | 主营业务类型 |
| 企业对合作促进技术创新的认知 | |
| 企业对合作提升企业形象与社会影响力的认知 | |
| 同行企业参与合作的数量程度 | |
| 政府宣传力度 | |
| 企业对当地的制度规范满意度 | |

## (二)理论模型的构建

上述影响因素可以分为三大类,包括企业个体特征、企业对校企合作产教融合认知情况以及外部环境制约三大类。由于企业个体特征主要体现的是企业自身的基本状况,这在一般调查研究中都是不能缺少的因素,但并没有专业的理论对其加以阐述,往往是对其加以经验分析。所以,本章中这一特征所涉及的各因素都是作为最常见的其他因素补充进来的。企业个体特征往往体现了企业的自我提升需求,而企业对校企合作产教融合的认知情况则体现了企业对校企合作产教融合满足需求能力的客观评价。环境制约情况主要表现的是企业面临的外界环境对企业所产生的影响,进而会影响企业的合作行为。

企业个体特征包括企业注册资金、企业员工规模和主营业务类型三个因素;企业对校企合作产教融合的认知情况包括企业对合作降低招聘成本的认知、企业对合作获取优秀人力资源的认知、企业对合作提升企业员工综合素质的认知、企业对合作促进技术创新的认知、企业对合作提升企业形象与社会影响力的认知这五个因素;环境制约情况包括同行企业参与合作的数量程度、政府宣传力度、企业对当地的制度规范满意度这三个因素。

笔者认为,以上三类十一种因素会对企业参与校企合作产教融合的意愿产生影响,基于此,提出了本章的理论模型,如图4-2所示。

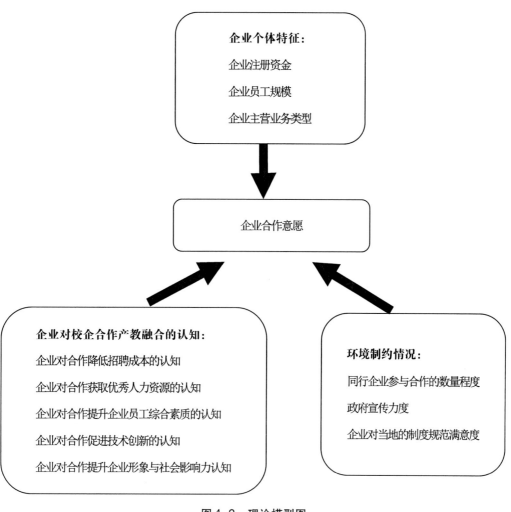

图4-2 理论模型图

## (三)研究假设

(1)注册资金对企业合作意愿的影响。一般认为,注册资金较多的企业能够比较积极地应对处理风险,同时对新事物和新技术的接受能力也普遍高于注册资金较小的企业,因此有着更高的合作意愿。因此,企业注册资金往往对企业的合作意愿具有正向影响。

(2)员工规模对企业合作意愿的影响。根据经验判断,员工规模较小的企业往往实力也会较弱,员工规模较大的企业实力往往也很强劲,在市场上具有强势地位。小规模的企业为了在市场上占据生存之地会急需优秀核心人才,出于这一方面考虑,小规模企业会比大规模企业更愿意参与校企合作。但是另一方面,有些小规模企业会认为校企合作、产教融合作为新生事物,其未来的发展为企业带来收益与否并不明确,如果收益未达到预期,他们没有能力来承担这一风险,从这点来看,小规模企业又似乎不愿意参与合作。因此很难说哪方面的作用对于其合作意愿影响更大。综上分析,员工规模对企业参与校企合作、产教融合的意愿也会有一定影响,不过影响方向由于其中存在一些矛盾,所以显得并不明确。

(3)主营业务类型对企业合作意愿的影响。公司的主营业务范畴主要包括四大类,即传统制造业、传统服务业、高科技制造业以及高科技服务业。其中前两者均属于劳动密集型产业,后两者属于技术密集型产业。随着当今社会中劳务成本费用的提高,会给不同种类业务的企业带来不同的影响程度。例如,劳动密集型的产业与非劳动密集型的产业由于劳务成本占企业总成本的比例不同,所以在面对劳务成本上涨时面临的经济冲击程度也就有所不同。劳动密集型产业能够利用更多的劳动人员和更少的资本来开展生产活动。从这个角度上考虑,劳动密集型产业的劳动力成本占生产总成本的比例可能更大,所需的劳动力更多。因此,传统服务业与传统制造业的合作意愿会高于高科技行业,即主营业务类型负向影响企业的合作意愿。

(4)企业对合作降低招聘成本的认知对企业合作意愿的影响。通过前面企业成本收益理论的分析,我们可以认识到,企业为了追求利润,必然需要降低各种成本。而通过校企合作、产教融合,企业可以明显降低招聘成本,增加企业收益。因此,如果企业能够认同产教融合在降低招聘成本方面的作用,那么其参与校企合作产教融合的意愿必然会有所上升。

(5)企业对合作获取优秀人力资源的认知对企业合作意愿的影响。人力资源会影响到公司的正常经营与长远发展,因此企业在招聘时都很重视人才的质量。但是目前市场上人才短缺和人才流失现象非常严重[1],这一问题给企业带来了一系列的损失。而企业通过校企合作、产教融合能够确保选进优秀的人才,有效规避这种损失,进而增加企业效益。因此,只要企业真的能够意识到校企合作、产教融合在这方面的优势,必然会增加其合作意愿。

(6)企业对合作帮助提升员工综合素质的认知对企业合作意愿的影响。当今社会发展迅速,企业作为学习型组织,需要企业员工持续不断地进行学习,以适应经济社会的不

---

① 兰克红.社区企业人才流失分析与对策研究[J].消费导刊,2018(47):184.

断发展。在产教融合中院校可以针对企业自身经营发展的需求和实际状况,派遣专业教师对企业员工进行定期的专业培训。尤其是专业技能素养相对较低的员工,通过接受专业理论知识和技能操作的强化培训,促使他们不断学习和互动,能够提高他们解决问题的能力,使企业员工整体素质达到新的高度。因此,只要企业认为产教融合能够起到这样的作用,往往对其合作意愿产生正向影响。

(7)企业对合作促进技术创新的认知对企业合作意愿的影响。在技术创新发展进程中,由于环境的突变、项目自身的困难程度与复杂性,以及企业自身实力的局限性,容易造成企业技术创新活动暂停、撤销、失败或达不到公司所期望的经营技术指标。如果与学校合作,共享信息与技术,弥补企业在创新过程中的缺陷,可以有效分担企业的风险。合作会贯穿技术创新的全过程以及各个阶段,全程为企业保驾护航。因此,企业对校企合作产教融合促进技术创新的认知与其合作意愿之间可能正向相关。

(8)企业对合作提升企业形象与社会影响力的认知对企业合作意愿的影响。企业能够从事教育事业,是国家赋予企业的神圣使命。企业因此得以在为国家创造财富、提高人民物质生活水平之外,通过为国家培养人才、输送人才、实现科技振兴等方式做出自己的贡献。同时,学生能够通过企业的培养走上工作岗位,解决了学生的就业问题,也为国家缓解了就业压力。校企合作、产教融合正是给了企业这样一个难得的机遇,使企业有机会可以在实现效益的同时回馈社会,获得良好的社会效益。企业是否承担社会责任与企业形象相关,一个优秀的企业形象会获得消费者的喜爱,从而促进销售业绩的提高,有利于占领和扩大市场,它是一种无形资产。因此,企业对合作促进企业形象的提升与其参与校企合作产教融合的意愿可能存在正向相关。

(9)同行企业参与合作的数量程度对企业合作意愿的影响。根据计划行为理论中的示范性规范和群体规范对个人行为的影响分析,我们能够认识到,身边人行为的示范作用以及群体行为造成的心理压力可能会对企业的行为产生一定的影响。如果企业身边的同行企业加入数量较多,那么该企业合作意愿可能会提升;如果同行企业的参与度不高,那么该企业的合作意愿可能会降低。

(10)政府宣传力度对企业合作意愿的影响。企业对政府的信任度很高,这主要是因为政府常常顾及社会大众的切身利益,因此,政府对校企合作、产教融合宣传度的加强,会让企业更加认为政府所推广的这种项目是可靠的、有益的,进而会提高企业参与校企合作产教融合的意愿,二者关系之间是正向的。

(11)企业对当地的制度规范满意度对企业合作意愿的影响。在制度规范供给不足的外部环境下,更易产生对方不履行协议、没有法律意识等现象。这样的环境极不利于校企合作、产教融合的开展。所以,企业对当地的制度规范满意度将在较大程度上决定其合作意愿。对当地的制度规范供给感到满意的企业,对校企合作、产教融合的发展前景也会比较认可和看好,自然也会更有合作的意愿。

综上所述,本章对企业参与校企合作产教融合意愿的影响因素的作用方向做出(表4-2所示)的假设。

表4-2　企业合作意愿影响因素的假设影响方向

| | 影响因素 | 假设影响方向 |
|---|---|---|
| 企业个体特征 | 企业注册资金 | 正向 |
| | 企业员工规模 | 不明确 |
| | 企业主营业务类型 | 负向 |
| 企业对校企合作产教融合的认知情况 | 企业对合作降低招聘成本的认知 | 正向 |
| | 企业对合作获取优秀人力资源的认知 | 正向 |
| | 企业对合作提升员工综合素质的认知 | 正向 |
| | 企业对合作促进技术创新的认知 | 正向 |
| | 企业对合作提升企业形象与影响力的认知 | 正向 |
| 环境制约情况 | 同行企业参与合作的数量程度 | 正向 |
| | 政府宣传力度 | 正向 |
| | 企业对当地制度规范满意度 | 正向 |

## 二、研究设计

### (一)问卷设计

本问卷主要是基于企业参与校企合作产教融合的相关政策文献资料并且结合第二节的影响因素理论分析,进行多次讨论后形成初步调查问卷,并于2020年3月进行小范围前期测试后,做了进一步的修改完善,形成了调查问卷文字版。

依据研究目的,调查内容大致包括三个部分,一共20小题。问卷设计的题目主要以单选题为主,多选题为辅(会在题目后特意标明"多选题"),要求被调查者按照企业的实际情况做出适当选择。

问卷的第一部分为企业个体特征,主要涉及员工数量、注册资金和公司主营业务类型等内容。

第二部分是围绕企业对校企合作产教融合的主体认知,主要包括企业对校企合作产教融合降低招聘成本的认知、对校企合作产教融合帮助获得优秀人力资源的认知、对校企合作产教融合提升员工综合素质的认知、对校企合作产教融合能促进技术创新的认知、企业对校企合作产教融合能提升企业形象与社会影响力的认知共 5 个特征。

第三部分是围绕环境制约情况,包括同行企业参与校企合作产教融合的数量程度,政府宣传校企合作产教融合的力度,以及企业对当地制度规范的满意度共 3 个特征。

详细的调查问卷内容见本章后的附录《企业参与校企合作产教融合意愿调查问卷》。

## (二)数据来源

笔者在学校老师和同学的帮助下利用 2021 年 4 月在河南科技大学举行的校内招聘会(14 日的河南科技大学春季双选会,以及 24 日河南科技大学管理学院春季招聘会)上,对参与招聘会的企业以现场或者后续跟进的方式进行了问卷调查。共发放纸质版的《企业参与校企合作产教融合意愿调查问卷》330 份,最终收集有效问卷 302 份,问卷回收率为 91.52%。已收回的所有有效问卷中,涉及企业 302 家,涵盖河南的洛阳、郑州、三门峡、焦作、巩义、濮阳、安阳等地区。所调查的企业包括了各种情况,这些企业遍布在经济社会发展水平不同的地方。从创立的时间长短上看,有创立一年以内的新公司,也有创立时间在二十年以上的老牌企业;有些企业属于制造业,有些企业属于服务业;有高科技型业务企业,也有传统型业务企业;有特大型的国企,又有民营的中小企业。以这些企业为研究考察对象,从某种意义上是可以体现目前我国大多数企业状况的。在调查过程中,为了收集真实有效的信息,笔者很详细地对企业受访人士逐个解读问卷中所包含的问题。因此,采集到的数据信息都是准确可信的。

## (三)模型的构建与选择

本章的研究统计工具将采用 IBM SPSS Statistics 19.0 版本,主要用它来整理和分析数据、构建回归模型以及对模型进行检验。根据对以往文献资料的参考以及所拥有的回收问卷的实际状况,本章将选择二元 Logistic 回归分析法对企业参与校企合作产教融合意愿的影响因素进行分析。

二元线性回归模型规定因变量必须是定量变量,而不可以是定性变量,这是它的一个局限性。但在实际情况中,往往会存在因变量作为定性变量出现的情形,而解决因变量是分类变量的统计分析方式也有很多,Logistic 回归分析法便是目前使用最普遍的方法之一[①]。Logistic 回归分析法,在早期主要是运用于对流行病理学研究的分析中,往往用

---

① 张立军等.多元统计分析实验[M].北京:中国统计出版社,2009:177-209.

它来探讨一种疾病产生的风险原因,并通过风险因素来预计该种疾病出现的概率。将疾病是否出现作为因变量,取值只有两种,即"是"或"否",这就是一种经典的二元变量。利用 Logistic 回归分析方法,就能够研究出引起疾病发生的因素。后来,该方法逐渐在其他领域开始运用,通过预测某事件发生的概率来分析并判断造成该事件发生的主要影响因子。Logistic 回归模型是对普通多元线性回归模型的一种推广,它的误差项满足二项分布的条件[①]。Logistic 回归分析可以分为二元和多元。二元 Logistic 回归是专门针对因变量只有"是"或"否"两个数值时预测某个事物出现概率的统计分析方法。适用模型如下:假定 $p$ 为某事件出现的概率,取值区域为 0 ~ 1,而 $1-p$ 代表某事件出现的概率,则对二者之比 $p/(1-p)$ 取自然对数得到 $\ln[p/(1-p)]$,即对 $p$ 值进行 Logit 转换,记为 Logit $p$。则 Logit $p$ 的取值区域在 $-\infty$ ~ $+\infty$ 区间上,将 logit $p$ 作为因变量,由此建立出回归方程:

$$\text{Logit}(p) = \beta_0 + \beta_1 X_1 + \cdots + \beta_p X_p$$

该模型叫作 Logistic 回归模型。参数 $\beta_0$ 是方程中的常数项,代表自变量的取值都为 0 时,$y=1$ 和 $y=0$ 两者概率比值的自然对数值。参数 $\beta_i$ 是回归系数,当其他自变量的取值维持恒定时,该自变量取值每提高一个单位时引起比值比(OR)自然对数值的改变量。通过回归模型,可得到 $P$ 的取值:

$$P(y=1) = \frac{\exp(\beta_0 + \beta_1 \chi_1 + \cdots + \beta_n \chi_n)}{1 + \exp(\beta_0 + \beta_1 \chi_1 + \cdots + \beta_n \chi_n)} \quad (4-1)$$

本章所选取的因变量属于二元变量,即企业合作意愿包括两种情形:"$y=1$"表示愿意;"$y=0$"表示不愿意。企业的合作意愿就是一个是与否的问题,根据这种变量二分类特征,本研究适合使用二元 Logistic 回归模型来分析企业合作意愿的影响因素。

在(4-1)式中,$\chi_1 — \chi_n$ 表示影响企业合作意愿的 $n$ 个因素,即自变量。$\beta_0$ 是常数项,$\beta_1 - \beta_n$ 表示回归方程中的回归系数。(1)式在经过 Logistic 的转换后可以得到下列公式:

$$
\begin{aligned}
Ln\left(\frac{p}{1-p}\right) &= Ln\left(\frac{\dfrac{\exp(\beta_0 + \beta_1 \chi_1 + \cdots + \beta_n \chi_n)}{1 + \exp(\beta_0 + \beta_1 \chi_1 + \cdots + \beta_n)}}{1 - \dfrac{\exp(\beta_0 + \beta_1 \chi_1 + \cdots + \beta_n \chi_n)}{1 + \exp(\beta_0 + \beta_1 \chi_1 + \cdots + \beta_n \chi_n)}}\right) \\
&= Ln\left[\exp(\beta_0 + \beta_1 \chi_1 + \cdots + \beta_n \chi_n)\right] \\
&= \beta_0 + \beta_1 \chi_1 + \cdots + \beta_n \chi_n \quad (4-2)
\end{aligned}
$$

在(4-2)式中,$Ln[p/(1-p)]$ 也可以称为 Logit $p$,其中 $\beta_i$ 表示自变量 $X_i$ 每出现一个单

---

① 沈亮.基于 BinaryLogistic 回归的中国科技人力资源区域流动特性研究与预测[D].西安:西安建筑科技大学,2008:42-43.

位的变动时,Logit $p$ 的平均变化量。如果回归系数大于 0,说明解释变量越大,被解释变量取 1 的概率也就越大,那么取 0 的概率就会变小;反之,如果回归系数小于 0,则说明解释变量越大,被解释变量取 1 的概率就越小,取 0 的概率就会增大。

## (四)变量的选取

### 1.自变量的选取

根据上面所建立的理论模型,将以下三类变量视为影响因子:一是企业个体特征,包括员工规模、注册资金、主营业务类型;二是企业对校企合作产教融合的认知状况,包括校企合作产教融合对降低招聘成本的认知、对帮助获得优秀人力资源的认知、对提升企业员工综合素质的认知,对促进企业技术创新的认知以及对提升企业形象与社会影响力的认知等;三是环境制约情况,包括同行企业参与合作的数量程度、政府的宣传力度以及企业对当地制度规范满意度。模型中的变量与定义如表4-3所示。

表4-3　模型中的变量与定义

| 自变量类型 | 指标变量 | 变量定义 |
|---|---|---|
| 企业个体特征 | 员工规模 $x_1$ | 1=20 人以下;2=20-99 人;3=100-499 人;4=500-999 人;5=1000-9999 人;6=10000 人以上 |
| | 注册资金 $x_2$ | 1=50 万以下;2=51-99 万;3=100-499 万;4=500-999 万;5=1000-9999 万;6=10000 万以上 |
| | 主营业务类型 $x_3$ | 1=传统制造业;2=传统服务业;3=高科技制造业;4=高科技服务业 |
| 企业对校企合作产教融合的认知状况 | 对降低招聘成本的认知 $x_4$ | 1=没有作用;2=作用较小;3=一般;4=作用较大;5=作用很大 |
| | 对获得优秀人力资源的认知 $x_5$ | 1=没有帮助;2=帮助较小;3=一般;4=帮助较大;5=帮助很大 |
| | 对提升企业员工综合素质的认知 $x_6$ | 1=不相信;2=较不相信;3=一般;4=较相信;5=很相信 |
| | 对促进企业技术创新的认知 $x_7$ | 1=没有帮助;2=帮助较小;3=一般;4=帮助较大;5=帮助很大 |
| | 对提升企业形象与社会影响力的认知 $x_8$ | 1=没有作用;2=作用较小;3=一般;4=作用较大;5=作用很大 |

续表4-3

| 自变量类型 | 指标变量 | 变量定义 |
|---|---|---|
| 环境制约情况 | 同行企业参与合作的数量程度 $x_9$ | 1＝很少;2＝较少;<br>3＝一般;4＝较多;5＝很多 |
| | 政府宣传力度 $x_{10}$ | 1＝很小;2＝较小;<br>3＝一般;4＝较大;5＝很大 |
| | 企业对当地制度规范满意度 $x_{11}$ | 1＝很不满意;2＝不满意;<br>3＝一般;4＝满意;5＝很满意 |

2.因变量的选取

本研究着重分析的是影响因子对企业参与校企合作产教融合意愿的影响,所以将企业的合作意愿作为研究中的因变量。在问卷设计中,第7道题所涉及的企业参与校企合作、产教融合的意愿共有两种,即企业愿意参与合作和企业不愿意参与合作,基于此,研究中的因变量需设置为定类变量,取值设置为0与1,"0"代表不愿意参与合作,"1"则代表愿意参与合作,此处的因变量是虚拟的。

# 第四节　实证检验与结果分析

## 一、描述性统计分析

校企合作、产教融合是企业的一项战略性工作,一般由企业管理人员牵头组织,制定决策方案。由表4-4可知,被调查者来自高层管理的人数共占调查总人数的33.77%,来自中层管理的人数占据调查总人数的54.64%,管理层人数共占调查总人数的88.41%,这表明调查对象具备较高针对性,也使调查结果更具备权威性。

表4-4　被调查者所在职位层次情况

| 职位层次类别 | 小计(人) | 所占百分比(%) |
|---|---|---|
| 高层管理人员 | 102 | 33.77 |
| 中层管理人员 | 165 | 54.64 |
| 基层员工 | 33 | 10.93 |
| 其他 | 2 | 0.66 |
| 合计 | 302 | 100 |

从表4-5可知,企业的招聘方式是以传统与网络相结合为主,传统招聘方式逐渐被企业所淘汰,占比仅有4.97%。采用校企合作的企业占比为13.25%,占比较少。校企合作可以为企业创造很大利润,可是为何企业仍然不愿意合作,究竟哪些因素会影响到企业合作意愿,本研究的目标就是发掘并分析这些因素。

表4-5 企业招聘方式情况

| 招聘方式(多选题) | 小计(家) | 所占百分比(%) |
|---|---|---|
| 传统招聘 | 15 | 4.97 |
| 网络招聘 | 54 | 17.88 |
| 传统与网络相结合 | 193 | 63.91 |
| 校企合作 | 40 | 13.25 |
| 合计 | 302 | 100 |

## (一)企业个体特征统计分析

表4-6可以简单描述企业个体特征与合作意愿之间的关系。从被调查企业的员工规模来看,100~499人的企业和1000~9999人的企业数量占比较高,分别为30.46%和22.85%。但是合作意愿最强的是员工规模达到10 000人以上的企业,达到了100%。其他依次是1000~9999人、500~999人、100~499人的企业,合作意愿分别为94.20%、84.78%、68.48%。从被调查企业的注册资金规模来看,注册资金在500万元至999万元、1000万元至9999万元和10 000万元以上企业的合作意愿比较强烈,其合作意愿比例分别达到了73.33%、86%和97.40%。

综合来看,员工规模大、注册资金高的企业参与合作的意愿比员工规模小、注册资金低的企业要更为强烈。可能的原因是大规模企业发展强劲,资金充足,更愿意接受新事物,承担风险的能力要强于小规模企业。小型企业可能会因为对产教融合未来所带来的不确定收益感到担忧,承担风险能力较弱,不敢轻易冒险,因而不愿进行产教融合。

企业的主营业务主要涉及以下四大类,即传统制造业、传统服务业、高科技制造业和高科技服务业。表4-6可以简单描述企业主营业务类型与企业合作意愿之间的关系。从样本的总量上分析,传统服务业与高科技制造业的企业占比较多,比例分别为29.47%和29.14%,总占比达到了58.61%。但是从合作意愿方面来看,传统制造业中企业愿意合作的比例为64.06%,传统服务业中企业愿意合作的比例为31.46%,高科技制造业和高科技服务业的企业合作意愿比较强烈,比例分别达到了90.91%和81.97%。原因可能是高科技企业需要高科技人才来研发高科技产品,对高科技人才的需求也更为强烈,所以高科技企业参与产教融合的意愿比较强烈。

表4-6 企业个体特征统计分析

| 企业个体特征 | 类别 | | 企业合作意愿 | | 合计 | 所占比例(%) |
|---|---|---|---|---|---|---|
| | | | 愿意 | 不愿意 | | |
| 员工规模 | 20人以下 | 数量 | 1 | 12 | 13 | 4.30 |
| | | 比例(%) | 7.69 | 92.31 | | |
| | 20~99人 | 数量 | 15 | 51 | 66 | 21.85 |
| | | 比例(%) | 22.73 | 77.27 | | |
| | 100~499人 | 数量 | 63 | 29 | 92 | 30.46 |
| | | 比例(%) | 68.48 | 31.52 | | |
| | 500~999人 | 数量 | 39 | 7 | 46 | 15.23 |
| | | 比例(%) | 84.78 | 15.22 | | |
| | 1000~9999人 | 数量 | 65 | 4 | 69 | 22.85 |
| | | 比例(%) | 94.20 | 5.80 | | |
| | 10 000人以上 | 数量 | 16 | 0 | 16 | 5.3 |
| | | 比例(%) | 100 | 0 | | |
| 注册资金 | 50万以下 | 数量 | 0 | 1 | 1 | 0.33 |
| | | 比例(%) | 0 | 100 | | |
| | 51万~99万 | 数量 | 2 | 21 | 23 | 7.62 |
| | | 比例(%) | 8.70 | 91.30 | | |
| | 100万~499万 | 数量 | 14 | 57 | 71 | 23.51 |
| | | 比例(%) | 19.72 | 80.28 | | |
| | 500万~999万 | 数量 | 22 | 8 | 30 | 9.93 |
| | | 比例(%) | 73.33 | 26.67 | | |
| | 1000万~9999万 | 数量 | 86 | 14 | 100 | 33.11 |
| | | 比例(%) | 86 | 14 | | |
| | 10 000万以上 | 数量 | 75 | 2 | 77 | 25.50 |
| | | 比例(%) | 97.40 | 2.60 | | |

续表 4-6

| 企业个体特征 | 类别 | | 企业合作意愿 | | 合计 | 所占比例(%) |
| --- | --- | --- | --- | --- | --- | --- |
| | | | 愿意 | 不愿意 | | |
| 主营业务类型 | 传统制造业 | 数量 | 41 | 23 | 64 | 21.29 |
| | | 比例(%) | 64.06 | 35.94 | | |
| | 传统服务业 | 数量 | 28 | 61 | 89 | 29.47 |
| | | 比例(%) | 31.46 | 68.54 | | |
| | 高科技制造业 | 数量 | 80 | 8 | 88 | 29.14 |
| | | 比例(%) | 90.91 | 9.09 | | |
| | 高科技服务业 | 数量 | 50 | 11 | 61 | 20.2 |
| | | 比例(%) | 81.97 | 18.03 | | |

## (二)企业对合作的认知特征统计分析

在表4-7中,从降低企业招聘成本这一认知来看,企业认为合作对降低招聘成本作用较大的占比最高,比例达到43.71%,认为合作对招聘成本没有作用的占比最低,比例仅有4.64%。其中,认为合作对降低招聘成本作用较大和作用很大的企业当中愿意合作的比例较高,合作意愿都达到了80%以上(分别为83.33%、92.86%)。从表中也可以直观地看出,企业对校企合作产教融合降低招聘成本的认知情况越好,企业的合作意愿就越高。

从企业对校企合作产教融合可以帮助获得优秀的人力资源这一认知来看,情况同降低招聘成本认知大致相似,在被调查总体中,认为合作对获得人力资源有较大帮助的企业数量占被调查企业总量比例最高,同时总体上随着企业对校企合作产教融合获得优秀人力资源的认知越好,企业的合作意愿也越高。

从企业对校企合作产教融合提升员工综合素质认知情况来看,不相信校企合作产教融合能提升员工综合素质或较不相信的企业明显缺乏合作意愿,而较相信和很相信校企合作产教融合能提升员工综合素质的企业合作意愿均超过了80%,且企业对合作提升员工综合素质的认知与企业参与校企合作产教融合的意愿有着大体上的同向变化关系。

从企业对校企合作产教融合能够促进技术创新这一认知来看,总体中占比最高的是帮助较大,其次是一般帮助,且认知程度与其参与校企合作产教融合的意愿在大体上呈同向变化。

从企业对校企合作产教融合提升企业形象与社会影响力的认知情况来看,认为合作对提升企业形象和社会影响力作用较大的企业数量占被调查企业数量比例最高,达到45.36%,其他比例由高到低依次为一般、作用较小、作用很大和没有作用,占比分别为24.50%、16.89%、12.25%和0.99%。总体看来,随着企业对校企合作产教融合提升企业形象和社会影响力的认知越好,企业参与校企合作产教融合意愿的比例就越高。

表4-7 企业对校企合作产教融合认知特征统计分析

| 企业对合作的认知特征 | 类别 | | 企业合作意愿 | | 合计 | 所占比例(%) |
|---|---|---|---|---|---|---|
| | | | 愿意 | 不愿意 | | |
| 降低招聘成本认知 | 没有作用 | 数量 | 1 | 13 | 14 | 4.64 |
| | | 比例(%) | 7.14 | 92.86 | | |
| | 作用较小 | 数量 | 7 | 38 | 45 | 14.90 |
| | | 比例(%) | 15.56 | 84.44 | | |
| | 一般 | 数量 | 42 | 27 | 69 | 22.85 |
| | | 比例(%) | 60.87 | 39.13 | | |
| | 作用较大 | 数量 | 110 | 22 | 132 | 43.71 |
| | | 比例(%) | 83.33 | 16.67 | | |
| | 作用很大 | 数量 | 39 | 3 | 42 | 13.91 |
| | | 比例(%) | 92.86 | 7.14 | | |
| 获得优秀人力资源认知 | 没有帮助 | 数量 | 0 | 3 | 3 | 0.99 |
| | | 比例(%) | 0 | 100 | | |
| | 帮助较小 | 数量 | 4 | 41 | 45 | 14.90 |
| | | 比例(%) | 8.89 | 91.11 | | |
| | 一般 | 数量 | 37 | 37 | 74 | 24.50 |
| | | 比例(%) | 50 | 50 | | |
| | 帮助较大 | 数量 | 110 | 16 | 126 | 41.72 |
| | | 比例(%) | 87.30 | 12.70 | | |
| | 帮助很大 | 数量 | 48 | 6 | 54 | 17.88 |
| | | 比例(%) | 88.89 | 11.11 | | |

续表 4-7

| 企业对合作的认知特征 | 类别 | | 企业合作意愿 | | 合计 | 所占比例（%） |
|---|---|---|---|---|---|---|
| | | | 愿意 | 不愿意 | | |
| 提升员工综合素质认知 | 不相信 | 数量 | 2 | 5 | 7 | 2.32 |
| | | 比例（%） | 28.57 | 71.43 | | |
| | 较不相信 | 数量 | 2 | 36 | 38 | 12.58 |
| | | 比例（%） | 5.26 | 94.74 | | |
| | 一般 | 数量 | 30 | 35 | 65 | 21.52 |
| | | 比例（%） | 46.15 | 53.85 | | |
| | 较相信 | 数量 | 120 | 23 | 143 | 47.35 |
| | | 比例（%） | 83.92 | 16.08 | | |
| | 很相信 | 数量 | 45 | 4 | 49 | 16.23 |
| | | 比例（%） | 91.84 | 8.16 | | |
| 促进技术创新认知 | 没有帮助 | 数量 | 0 | 4 | 4 | 1.32 |
| | | 比例（%） | 0 | 100 | | |
| | 帮助较小 | 数量 | 5 | 38 | 43 | 14.24 |
| | | 比例（%） | 11.63 | 88.37 | | |
| | 一般 | 数量 | 55 | 38 | 93 | 30.79 |
| | | 比例（%） | 59.14 | 40.86 | | |
| | 帮助较大 | 数量 | 92 | 18 | 110 | 36.42 |
| | | 比例（%） | 83.64 | 16.36 | | |
| | 帮助很大 | 数量 | 47 | 5 | 52 | 17.22 |
| | | 比例（%） | 90.38 | 9.62 | | |
| 提升企业形象与影响力认知 | 没有作用 | 数量 | 1 | 2 | 3 | 0.99 |
| | | 比例（%） | 33.33 | 66.67 | | |
| | 作用较小 | 数量 | 7 | 44 | 51 | 16.89 |
| | | 比例（%） | 13.73 | 86.27 | | |
| | 一般 | 数量 | 43 | 31 | 74 | 24.50 |
| | | 比例（%） | 58.11 | 41.89 | | |
| | 作用较大 | 数量 | 112 | 25 | 137 | 45.36 |
| | | 比例（%） | 81.75 | 18.25 | | |
| | 作用很大 | 数量 | 36 | 1 | 37 | 12.25 |
| | | 比例（%） | 97.30 | 2.70 | | |

## （三）环境制约情况统计分析

表4-8可以简单描述环境制约情况与企业合作意愿之间的关系。

表4-8　环境制约情况统计分析

| 环境制约情况 | 类别 | | 企业合作意愿 | | 合计 | 所占比例（%） |
|---|---|---|---|---|---|---|
| | | | 愿意 | 不愿意 | | |
| 同行企业参与合作数量程度 | 很少 | 数量 | 8 | 22 | 30 | 9.93 |
| | | 比例（%） | 26.67 | 73.33 | | |
| | 较少 | 数量 | 24 | 44 | 68 | 22.52 |
| | | 比例（%） | 35.29 | 64.71 | | |
| | 一般 | 数量 | 70 | 24 | 94 | 31.13 |
| | | 比例（%） | 74.47 | 25.53 | | |
| | 较多 | 数量 | 74 | 11 | 85 | 28.15 |
| | | 比例（%） | 87.06 | 12.94 | | |
| | 很多 | 数量 | 23 | 2 | 25 | 8.28 |
| | | 比例（%） | 92 | 8 | | |
| 政府宣传力度 | 很小 | 数量 | 5 | 7 | 12 | 3.97 |
| | | 比例（%） | 41.67 | 58.33 | | |
| | 较小 | 数量 | 17 | 43 | 60 | 19.87 |
| | | 比例（%） | 28.33 | 71.67 | | |
| | 一般 | 数量 | 55 | 31 | 86 | 28.48 |
| | | 比例（%） | 63.95 | 36.05 | | |
| | 较大 | 数量 | 108 | 21 | 129 | 42.72 |
| | | 比例（%） | 83.72 | 16.28 | | |
| | 很大 | 数量 | 14 | 1 | 15 | 4.97 |
| | | 比例（%） | 93.33 | 6.67 | | |

续表4-8

| 环境制约情况 | 类别 | | 企业合作意愿 | | 合计 | 所占比例(%) |
| --- | --- | --- | --- | --- | --- | --- |
| | | | 愿意 | 不愿意 | | |
| 企业对当地制度规范满意度 | 很不满意 | 数量 | 0 | 2 | 2 | 0.66 |
| | | 比例(%) | 0 | 100 | | |
| | 不满意 | 数量 | 1 | 33 | 34 | 11.26 |
| | | 比例(%) | 2.94 | 97.06 | | |
| | 一般 | 数量 | 88 | 51 | 139 | 46.03 |
| | | 比例(%) | 63.31 | 36.69 | | |
| | 满意 | 数量 | 101 | 15 | 116 | 38.41 |
| | | 比例(%) | 87.07 | 12.93 | | |
| | 很满意 | 数量 | 9 | 2 | 11 | 3.64 |
| | | 比例(%) | 81.82 | 18.18 | | |

从同行企业参与合作的数量程度来看,认为同行企业参与合作很少或较少的企业占比为32.45%,认为同行企业参与合作较多或很多的企业占36.43%,其中认为同行企业参与合作较多的企业参与校企合作产教融合的意愿最高,总体来说,同行企业参与合作的数量情况和企业合作意愿之间的关联看上去较为明显。

从政府宣传力度来看,有47.69%的企业认为政府宣传力度很大或较大,其中,认为政府宣传力度较大以及很大的企业产教融合意愿明显高于其他企业。

从企业对当地制度规范满意度来看,有46.03%的企业对相关制度规范感到一般满意,对相关制度规范感到满意以上的比例为42.05%。且同样可以大致看出,企业对当地相关制度规范供给情况越看好,企业参与产教融合意愿的比例就越高。

## 二、二元 Logistic 回归模型分析

### (一)回归模型

表4-9 显示的是出现在回归方程中的变量,由此可得出二元 Logistic 回归模型:

$\mathrm{Ln}[p/(1-p)] = -13.754 + 0.516 *$(员工规模)$+ 1.135 *$(注册资金)$+ 0.440 *$(主营业务类型)$+ 0.680 *$(企业对合作降低招聘成本的认知)$+ 0.746 *$(企业对合作提升员工综合素质的认知)$+ 1.122 *$(企业对当地制度规范满意度)

经过转换后的 $P$ 值为:

$$P = \frac{\exp\begin{pmatrix} -13.754 + 0.516 * (员工规模) + 1.135 * (注册资金) + 0.440(主营业务类型) \\ + 0.680 * (对合作降低招聘成本的认知) \\ + 0.746 * (对合作提升员工综合素质的认知) \\ + 1.122 * (对当地制度规范满意度) \end{pmatrix}}{1 + \exp\begin{pmatrix} -13.754 + 0.516 * (员工规模) + 1.135 * (注册资金) + 0.440 * (主营业务类型) \\ + 0.680 * (对合作降低招聘成本的认知) \\ + 0.746 * (对合作提升员工综合素质的认知) \\ + 1.122 * (对当地制度规范满意度) \end{pmatrix}}$$

这里的 P 值表示的是企业愿意与院校合作的概率。

表 4-9  在二元 logistic 回归方程中的变量[a]

| 变 量 | B | Wald | Sig. | Exp B | Exp B 的 95% C. I. |
|---|---|---|---|---|---|
| 员工规模 | 0.516 | 4.250 | 0.039 | 1.676 | 1.026-2.737 |
| 注册资金 | 1.135 | 24.533 | 0.000 | 3.112 | 1.986-4.876 |
| 主营业务类型 | 0.440 | 4.555 | 0.033 | 1.553 | 1.037-2.326 |
| 对合作降低招聘成本的认知 | 0.680 | 4.391 | 0.036 | 1.974 | 1.045-3.728 |
| 对合作提升员工综合素质的认知 | 0.746 | 5.348 | 0.021 | 2.109 | 1.121-3.971 |
| 政府宣传力度 | -0.522 | 3.216 | 0.073 | 0.593 | 0.336-1.050 |
| 对当地制度规范满意度 | 1.122 | 8.662 | 0.003 | 3.071 | 1.455-6.482 |
| 常数项 | -13.754 | 56.114 | 0.000 | 0.000 | |

在进行回归时加入的变量:员工规模,注册资金,主营业务类型,企业对产教融合降低招聘成本的认知,企业对产教融合获得优秀人力资源的认知,企业对产教融合提升员工综合素质的认知,企业对产教融合促进技术创新的认知,企业对产教融合提升企业形象与影响力的认知,同行企业参与合作的数量、程度,政府宣传力度,企业对当地制度规范满意度(如表4-10所示)。

表 4-10  不在二元 logistic 回归方程中的变量

| 变 量 | 得分 | df | Sig. |
|---|---|---|---|
| 同行企业参与合作数量程度 | 0.001 | 1 | 0.974 |
| 企业对合作获取优秀人力资源的认知 | 0.083 | 1 | 0.773 |

续表4-10

| 变　　量 | 得分 | df | Sig. |
| --- | --- | --- | --- |
| 企业对合作促进技术创新的认知 | 1.189 | 1 | 0.276 |
| 企业对合作提升企业形象与社会影响力的认知 | 0.979 | 1 | 0.322 |
| 总统计量 | 1.971 | 4 | 0.741 |

## （二）模型的检验

在回归模型中通常都需要检验回归系数以及方程的显著性、评价模型的拟合优度以及模型预测准确率等几个方面。

1. 对模型中回归系数的显著性检验

本研究的回归模型使用的是向后逐步回归分析法，其自变量是否被剔除模型的依据是条件估计的似然比概率。表4-6包含了各迭代过程所引入的变量数据。其中，B值表示常数项的系数值，Wald是Wald卡方值，Sig就是在统计学中所称的P值，Exp(B)是OR值，即优势比，大于1的OR值会促进结局的发生，Exp(B)的95% C.I.是OR值得95%置信区间。

在表4-9中，显示出7个变量的 P 值分别是：0.039、0.000、0.033、0.036、0.021、0.073、0.003，这七个值中只有0.073大于显著性水平0.05，不具备统计学意义，另外六种变量的 P 值都小于显著性水平0.05，具备统计学意义，这说明本研究的回归模型中有六个回归系数是显著的。在表4-10中显示的是未进入方程的变量，它们对结果的影响没有显著作用。

2. 对回归方程的显著性检验

表4-11显示了在二元 logistic 回归研究中，使用向后逐步回归的分析方法进行数据处理后，得出的统计分析结果：Hosmer-Lemeshow 的卡方统计量是10.971，自由度为8，所对应的 P 值为0.203，大于显著性水平0.05，表明所得模型结果与原始数据情况并没有显著性差别。即可得出检验结果：本研究所建立的二元 logistic 回归模型整体效果是很显著的。

表 4-11　Hosmer 和 Lemeshow 检验

| 步骤 | 卡方 | df | Sig. |
|---|---|---|---|
| 1 | 7.438 | 8 | 0.490 |
| 2 | 7.428 | 8 | 0.491 |
| 3 | 7.318 | 8 | 0.503 |
| 4 | 4.204 | 8 | 0.838 |
| 5 | 10.971 | 8 | 0.203 |

3. 对模型的拟合优度检验

表 4-12 中显示了三个统计量,它们都是参考统计量,用来评价模型的拟合优度。其中−2 对数似然值表示对数似然函数值的−2 倍,这个统计量的数字越小则表示模型的拟合优度越高。Cox & Snell R 方的取值越大,表示模型的拟合优度越高。Nagelkerke R 方统计量是对 Cox & Snell R 方统计量的修正,取值范围一般在 0 与 1 之间,取值愈接近于 1则说明模型的拟合优度愈高。相反,取值如果接近于 0,则表示模型的拟合优度较低。

在建立的回归模型中,−2 对数似然值是 155.538,这是一个比较合理的数值。Cox & Snell R 方值是 0.536,Nagelkerke R 方值是 0.742,数值在 0 至 1 以内,而且数值也趋近于 1,说明所建立的模型能够解释因变量 70% 以上的变动。这三种统计量的数据能够说明所建立的回归模型拟合效果是相当好的。

表 4-12　模型汇总

| 步骤 | −2 对数似然值 | Cox & Snell R 方 | Nagelkerke R 方 |
|---|---|---|---|
| 1 | 153.218 | 0.540 | 0.747 |
| 2 | 153.221 | 0.540 | 0.747 |
| 3 | 153.464 | 0.539 | 0.746 |
| 4 | 154.312 | 0.538 | 0.744 |
| 5 | 155.538 | 0.536 | 0.742 |

4. 模型预测准确率

表 4-13 展示了回归前的预测结果,它表示在模型中没有任何一个自变量存在的时候,所有企业参与合作的意愿都被预测为愿意,而此时模型的预测准确率为 65.9%。

表4-13　回归前的预测分类表[a,b]

| 已观测 | | 已预测 | | |
| --- | --- | --- | --- | --- |
| | | 合作意愿 | | 百分比校正 |
| | | 0 | 1 | |
| 合作意愿 | 0 | 0 | 103 | 0 |
| | 1 | 0 | 199 | 100.0 |
| 总计百分比 | | | | 65.9 |

a. 模型中包括常量

b. 切割值为0.500

　　表4-14是在使用了二元 Logistic 回归分析之后得出的预测结果,从表中可以发现,有21家不愿意参与合作的企业被预估为愿意,有10家愿意参与合作的企业反而被预估为不愿意。尽管极少部分企业的预估结果有误,但是模型的预测准确率在进行回归之后由65.9%增加到了89.7%。由此可见,通过引入自变量对提高模型的预测效果是非常有意义的。从总体来说,模型达到了良好的预测效果。

表4-14　回归后的预测分类表[a]

| 已观测 | | 已预测 | | |
| --- | --- | --- | --- | --- |
| | | 合作意愿 | | 百分比校正 |
| | | 0 | 1 | |
| 合作意愿 | 0 | 82 | 21 | 79.6 |
| | 1 | 10 | 189 | 95.0 |
| 总计百分比 | | | | 89.7 |

a. 切割值为0.500

## (三)回归结果与分析

二元 Logistic 回归验证结果见表4-15。

表4-15　企业合作意愿影响因素实证验证结果

| 变量 | 系数 | P值 | 假设影响方向 | 实际影响方向 |
|---|---|---|---|---|
| 企业注册资金 | 1.135 | 0.000 | 正向 | 正向 |
| 企业员工规模 | 0.516 | 0.039 | 不明确 | 正向 |
| 企业主营业务类型 | 0.440 | 0.028 | 负向 | 正向 |
| 企业对合作降低招聘成本的认知 | 0.680 | 0.037 | 正向 | 正向 |
| 企业对合作提升员工综合素质的认知 | 0.746 | 0.020 | 正向 | 正向 |
| 企业对当地制度规范满意度 | 1.122 | 0.003 | 正向 | 正向 |
| 政府宣传力度 | | 0.073 | 正向 | 不显著 |
| 企业对合作获取优秀人力资源的认知 | | 0.773 | 正向 | 不显著 |
| 企业对合作促进技术创新的认知 | | 0.276 | 正向 | 不显著 |
| 企业对合作提升企业形象与影响力的认知 | | 0.322 | 正向 | 不显著 |
| 同行企业参与合作的数量程度 | | 0.974 | 正向 | 不显著 |
| 常数项 | −13.754 | 0.000 | | |

**1. 企业个体特征对企业合作意愿的影响**

员工规模因素正向影响企业产教融合意愿。员工规模这一变量每增加一个单位，$p/(1-p)$ 就增加 1.676 倍。这说明员工规模越小的企业往往不愿意参与产教融合，员工规模较大的企业更愿意参与产教融合。注册资金因素正向影响企业参与校企合作产教融合的意愿，即注册资金越大，企业就越愿意参与合作。从回归系数来看，注册资金这一变量对企业合作意愿影响最大。一般而言，员工规模和注册资金大的企业往往也都是一些成立时间比较长且受到社会认可的大企业，企业的组织制度以及发展运行模式也都比较成熟，有能力和精力去接受一些新事物，因此参与校企合作产教融合的意愿会比较大。相反，小规模企业都是成立时间不久的企业，它们大多是在为占领市场而忙碌着，且它们承担风险的能力也比较弱，它们会认为一旦合作的结果不理想，会损失大量时间与资金，它们没有能力去承担这样的后果。

主营业务类型因素在模型中的系数是 0.440，$P$ 值是 0.033，小于显著性水平 0.05，通过显著性检验，且正向影响企业参与校企合作产教融合的意愿，即高科技行业中的企业比传统行业的企业合作意愿更高。这个结果与假设的影响方向相反。一般而言，传统的劳动密集型行业需要大量的劳动力，为节省劳动成本，会更愿意参与合作。不过，得出的实证结果则正好与假设结果相反，这或许是因为传统行业误认为产教融合是企业与院校之间科研的合作，这与他们的劳动力需求不符，所以合作意愿更小。

2.企业对校企合作产教融合的认知特征对企业合作意愿的影响

在企业的认知特征所包含的五个变量中,企业对合作降低招聘成本的认知这一变量的 $P$ 值是 0.036,小于显著性水平 0.05,通过显著性检验,系数为 0.680,正向影响企业参与校企合作产教融合的意愿,即企业对合作可以降低招聘成本这一认知越好,企业的合作意愿就越高。这与假设影响方向一致,验证了之前的分析。由于成本决定了企业利润的实现,与企业的利益直接挂钩,所以,企业对校企合作产教融合能帮助降低企业招聘成本的期望越强,企业对校企合作产教融合就越有意愿。

企业对合作提升员工综合素质的认知这一变量的 $P$ 值是 0.021,小于显著性水平0.05,通过显著性检验,系数是 0.746,正向影响企业合作意愿。这一结果也与假设的影响方向完全相符,证实了之前的分析。校企合作产教融合不仅为企业输入专业人才,给企业带来先进的思想与文化,而且合作院校会定期对员工进行专业培训。所以,企业对校企合作产教融合提高企业员工综合素质的期望越强,企业对参与校企合作产教融合也更有意愿。

企业对校企合作产教融合获取优秀人力资源的认知、对促进技术创新的认知以及对提升企业形象与影响力的认知,这三个变量均未进入回归方程中。它们的 $P$ 值均大于0.05,没有通过显著性检验,无统计学意义,表明这三个变量对企业参与校企合作产教融合的意愿均不产生显著影响。

3.环境制约情况对企业参与校企合作产教融合意愿的影响

环境影响情况所包含的三个变量中,政府的宣传力度这一变量的 $P$ 值是 0.073,大于显著性水平 0.05,说明这一变量未通过显著性检验,它对企业参与校企合作产教融合的意愿没有显著影响。得出这种结果可能与样本的数据有关,在描述性统计中发现,选择政府宣传力度很小的企业的样本量较少,导致这一认知程度的企业的合作意愿高于选择政府宣传力度较小这一认知程度的企业的合作意愿。同行企业参与合作的数量程度这一变量没有进入到回归方程中,该变量的 $P$ 值是 0.974,远大于显著性水平 0.05,表明该变量未通过显著性检验,它对企业参与校企合作产教融合的意愿没有显著影响。

企业对当地制度规范满意度这一变量的 $P$ 值是 0.003,小于显著性水平 0.05,通过显著性检验,系数为 1.122,正向影响企业合作意愿。这与假设影响方向一致。政府的相关金融税收优惠政策以及相应的制度规范等会激励企业参与校企合作产教融合。

# 第五节 研究结论与对策建议

## 一、研究结论

经过对企业参与校企合作产教融合意愿影响因素的理论分析与实证检验,得出了以下研究结论。

### (一)企业个体特征方面

1.员工规模正向显著影响企业合作意愿

不管是从实际调查时所观测到的状况来说,还是从所采集到的问卷状况来说,员工规模越大的企业合作意愿明显较高。我们通常认为,员工规模是企业规模的标志。员工规模大的企业规模也大;反之,员工规模小的企业规模也小。在企业规模扩大的过程中,对人员监督和业绩考核方面的费用将相应增加,同时大型企业还将面临小型企业不会出现的消息传递方面的问题。为降低这方面的成本,企业可能还会有其它选择。而参与校企合作产教融合就是很好的选择。大型企业与同类型的小型企业相比,需要更频繁地对员工进行培训,并且大型企业往往拥有完善的人事制度、长远的人才培养战略规划,它们也希望在人才培养领域进行投资,以保证长期的用人需求,即企业规模对企业人力资本投资决策有着显著的制约作用。同时,大型企业普遍使用高新技术设备,需要对技能型员工进行更全面的专业技术培训。因为使用先进的技术设备将使固定成本上升,所以这些企业必然会思考怎样更合理地利用这些设备和技术。而进行校企合作产教融合之后,学校不仅可以对企业员工进行专业培训,企业还可以与院校共用技术设备,因此,员工规模大的企业会更愿意参与校企合作产教融合。

2.注册资金正向显著影响企业的合作意愿

通常来说,企业的注册资金越大,企业的实力就越雄厚。资金实力较雄厚的企业中往往汇集了大批高文化、高层次管理人员,他们对政策的理解力更强,对新事物的接受能力也更高,所以,更愿意参与合作。而资金实力较弱的企业对新事物的接纳能力较低,它们会认为校企合作产教融合的未来收益不明确,一旦收益没有达到预期,它们没有庞大的资金和完善的财务风险体系去应对风险,为了自身利益考虑,它们自然不愿意参与合作。而资金雄厚的企业往往都有一套完整的风险应对体系去承担风险,它们愿意接受新事物,且有风险应对能力,合作意愿自然比注册资金小的企业高。

3. 主营业务类型正向显著影响企业的合作意愿

一般来说,传统型行业因需求大量劳动力,会更愿意参与产教融合。但是,本章的实证结果却得出了与假设相反的结果。这种情况的出现,或许是逆向选择的问题。对高科技行业的企业来说,招聘科研人才是企业稳健发展的重要因素。高科技产业普遍存在着复杂的技术应用问题,因此,必须有坚实的科学技术理论基础和一定专业知识、素质结构的高层次人才,而高校就是这些人才的摇篮,因此高科技行业的企业更愿意参与产教融合。而传统产业的企业大部分属于劳动密集型企业,价格低廉的劳动力才是这些企业的主要需求,它们对于科研人才的需求量并没有像高新技术产业那样大。也就是说传统行业的企业会误认为产教融合等同于科研合作,以上这些原因可能造成传统型行业的校企合作产教融合意愿低于高科技行业。

(二)企业对合作的认知特征方面

1. 企业对合作降低招聘成本的认知正向显著影响企业的合作意愿

降低招聘成本对企业产教融合意愿产生正向影响的实证结果,使前面运用成本与收益理论进行意愿分析的结果得到了验证。降低招聘成本是公司在招聘环节最为关注的,是影响企业效益的重要原因之一。净利润相当于总收入减去整体成本和费用,在保证总收入不变的条件下,减少整体成本和费用,必然可以产生更大的净利润。产教融合对降低企业招聘成本的帮助是突出的。合作院校对企业的人力资源有完善的规划,且工作分析到位,可以有效减少企业对用人需求和岗位职责不明确造成的招聘不到合适员工或招到不合适的员工所形成的大量无效成本。[①] 因此,企业对合作降低招聘成本的认知必然正向影响企业参与校企合作产教融合的意愿,企业对校企合作产教融合降低招聘成本的认知越好,就越是愿意参与合作。

2. 企业对合作提升员工综合素质的认知正向显著影响企业的合作意愿

员工综合素质的高低是一个企业生存、发展、壮大的关键因素。为了提高员工综合素质,必须给员工创造阵地和平台。所谓阵地,即员工提高素质有场所、有去处;所谓平台,即员工的发展有方法、有措施。而在校企合作产教融合中,院校可以为企业员工发展提供场所,能让员工学习、培训更有去处,也会定期为企业举办培训讲座,促使员工与企业一同进步。员工是企业财富的缔造者,是企业文明的实践者。企业文化建设的根本目

---

① 吴金铃.企业参与职业教育校企合作的成本构成及补偿机制构建[J].教育与职业,2020(2):48-54.

的和关键点就是提升员工素质[①]，有文化的企业必然会迸发无限的生机与活力，在市场浪潮中取得长久和谐发展，为企业带来长远收益。因此，企业对合作提升员工综合素质的认知自然会正向影响其参与校企合作产教融合的意愿。

### （三）外部环境制约方面

企业对当地制度规范满意度正向显著影响企业的合作意愿。校企合作产教融合是组织团体之间因不同的利益诉求而进行的联合，为了防止表面上的形式主义，保证合作的通畅，需要制度对主体组织的行为进行约束与规范[②]。校企合作产教融合要想顺利开展，就一定要有专门的法律保障和完善的道德信用机制，必要时，要采取惩戒制度为双方合作提供保障。中间性组织在整个社会管理体系中扮演着重要角色，是必不可少的力量，在社会市场经济交易中发挥着重要的协调作用。如果没有中间性机构的配合，则会发生企业追求效率机制，而院校服从合法性机制的现象，会使二者在市场交易时出现信息交流困难的状况，同时两者在管理结构以及文化背景等方面也有很大的不同，这会导致较大的交易成本。因此，企业出于对自身利益的考虑，如果相关制度规范不完善，企业会认为在合作过程中无据可依，则会影响他们的合作意愿。

## 二、对策建议

校企合作产教融合是企业与院校之间所建立起来的互利共赢、共同开发的合作交流关系。但是目前出现了院校一方积极寻求合作而企业却缺乏合作意愿的现象。根据以上研究结论得知，企业个体特征、企业对校企合作产教融合的认知特征以及外部环境制约情况这三类中的六个因素会影响企业参与校企合作产教融合的意愿。因此，为了提高企业的合作意愿，特别针对这三类影响因素提出了以下对策建议。

### （一）针对企业个体特征因素方面的建议

#### 1. 大型企业要积极承担社会责任主动合作

企业只有积极承担社会责任，创造良好的社会价值，得到社会的普遍认可，才可以长久、可持续地向前发展。大型企业因具备小型企业所无法比拟的资源优势，所以在校企合作产教融合的过程中，大型企业应该树立正确的责任意识和正确的发展观，利用资金、技术、设施和管理上的综合优势，积极参与校企合作。担当起培养人才的社会责任，促进

---

①　吴涵超，易文捷.员工素质教育与企业文化的关系[J].探索科学，2019（9）：124-125.
②　王琼艳，胡小桃.组织社会学视域下产教融合的困境及其破解[J].职教通讯，2019（21）：7-12.

人力资源的全面发展,以实现校企合作的真正价值,推动校企合作的可持续发展。首先,大型企业在与院校对学员开展合作培训的过程中,要具有高度的社会责任心、使命感,要以诚恳、宽容的心态进行合作,并以开阔的胸襟对待合作过程中存在的问题,切实提升学员的专业水平,使学员综合素养获得实质的提高。其次,大型企业要主动地为学员提供见习实训的场所,让学员能够充分地对接企业相应的工作岗位和工作任务,使实践能力得到充分提高,从而迅速成长为具有良好职业素养与职业技能的高素质人员。最后,大型企业要积极促进校企人力资源和科研资源的相互交流,减轻社会就业压力。校企合作是企业承担社会责任的一种方式,企业也因此能够得到许多有形的收益和无形的利益,双方必将产生合作共赢的成果。

2. 院校和政府要把工作重点放在合作意愿比较强烈的企业

具有一定数量员工与注册资金的大型企业、高科技行业等最愿意参与校企合作产教融合,是产教融合的主力军,一定要牢牢抓住,充分考虑它们的诉求,让它们的合作意愿转变成实际行动。学校要积极主动地联系这些公司,针对企业特点和需求,积极与这些企业在人才、技术创新、就业创业和文化传播等方面开展合作。学校应主动地为企业提供所需要的教学、师资等服务资源。[1] 政府要建立产教融合类企业认定机制,对参与合作的企业给予资金和财政上的激励,并严格落实有关政策,例如结构性减税政策。[2] 合作企业的建设项目投资符合条件的,地方财政可按建设项目总额的一定比率抵免该企业在当年应缴纳的教育费附加[3]。为企业积极履行教育责任创造良好的社会环境,促进学校与企业双方形成发展命运共同体。

3. 院校和政府也要注意引导小型企业参与合作

小型企业由于在自身能力与资金上有所欠缺,所以要通过示范作用引导他们参与合作,利用合作的力量培育优秀人才,从而进一步增强企业实力,这是十分必要的。但实证结果表明,小型企业的合作积极性相对于大型企业而言明显偏弱,这也在提醒我们在吸引大型企业参与合作的同时,也要重视引导和带动小型企业的积极参与。小型企业大多属于民营企业或私营企业,由于受到一些政策导向影响,如市场准入限制、社会资源分配政策等原因,与大型企业的战略地位相比,小型企业居于明显的劣势,其抗风险的能力和投资实力也和大型企业有着很大差距,且部分小型企业在整个经济社会发展周期中也陷

① 李微.产教融合视域下高职院校创新创业教育研究[J].吉林广播电视大学学报,2019(9)47.
② 谢婧.职教改革背景下欠发达地区地方高职院校内涵建设对策研究:基于内江职业技术学院的实践与思考[J].四川省干部函授学院学报,2019(4):96.
③ 戴姣丽,曾晓泉.加强校企合作促进产教融合的研究[J].南方农机,2019(19):171.

入了困局,使得其合作积极性不高。此外,处于市场发展转型期的小型企业盈利空间有限,产教融合培训投入也会让其增加负担。所以,针对这些企业,首先政府部门应该做好政策宣传和指导,使其明确参与校企合作产教融合符合其自身的根本利益。其次,院校可以根据企业资源状况和企业特性,有效选择合作内容与合作方式。与小型企业的合作,可以着重于信息技术服务、项目管理咨询服务、融资理财策略指导等方面;可以在校内为公司人员设立培训基地、为小型企业的员工开设技术训练班等合作项目。对一些发展前景较好的小型企业可形成固定的实践基地,一些有波动的小型企业可形成弹性化的基地,利用网络平台加以监测和评估,适时调整合作项目和资源①。小型企业内部也可利用网络平台相互协作,互相补充。

4.示范性企业和政府要加强对传统型产业企业的宣传引导

对于传统型产业企业而言,产教融合在根本上是符合其利益的②。但部分传统型产业企业错误地认为校企合作产教融合等同于科研合作,它们缺乏长远目光,单一地寻求劳动力的暂时廉价,既不愿聘用高级技术人员,又不愿花钱用时为员工进行技术培训,其后果必定是企业缺少创新与核心技术,没有竞争力,最后必然被行业所淘汰。针对这些企业,一方面,产教融合示范性企业积极发挥其合作优势,提升其能力水平和效益水平,对这些企业起到示范宣传作用。另一方面,有关政府部门也必须加强对传统型产业企业的宣传力度,为他们讲解校企合作的原理。告诉他们校企合作不仅仅是科研的合作,也不是高科技型企业所独有的合作,它是面向各种行业企业的合作,以消除他们对校企合作产生的一些错误观念。同时,政府部门也要重视对传统型产业企业进行政策解读,指导企业按照有利于自己的成长模式参与校企合作产教融合,进而增进企业和院校的共同利益。

(二)针对企业合作认知特征因素方面的建议

1.合作院校要切实提升合作实效降低企业招聘成本

一方面,合作要根据企业真正所需开展个性化的人才培养,让学生毕业即可到公司相应岗位直接上岗。为此可让企业直接参与培养方法和课程体系的制定,使高校人才培养从顶层设计上保证专业人才的知识结构和能力符合行业发展的需求。使企业免去一些不必要的岗前培训内容或环节,降低因员工无法胜任工作而进行的再培训、再招聘工作,真正地降低企业的招聘成本,进一步增强企业参与产教融合的意愿。另一方面,院校

① 曹望.高职院校与中小企业校企合作问题的思考[J].南京广播电视大学学报,2016(1):21-25.
② 何莉,谷鹏,刘雨佳.河南省应用型高校产教融合动力研究[J].河北农机,2019(4):49.

要加强学生就业指导和职业诚信道德教育,引领学员树立正确的求职观、发展观和信用观,不要让学员把合作企业当成未来发展的垫脚石。同时,校方还应该出台更具体的实习实训措施,如学员必须到合作企业学习与实践的规定,学生取得学位证书时需要具有社会实践学分规定等。学员在企业学习期间,学校指导老师应当加强与企业的联系,并定期到企业巡查学员实践状况,与企业负责人一起指导和评估学员实习的实训流程和结果。以此来增强学生对企业的忠诚度,降低企业因离职率过高而带来的成本损失。[①] 只有这样,企业才会消除顾虑,增强持续合作的积极性。

2. 充分发挥校企合作在提升企业员工综合素质方面的重要作用

随着我国科学技术在近年来的高速蓬勃发展,企业对员工知识与能力有了更高的需求。倘若缺乏一支掌握现代专业知识与技术的员工团队,那么就无法从根本上改善企业生产、运营与管理滞后的现状。行业发展客观上需要企业对职工开展再教育工作,为企业自身铆足发展后劲,以适应经济急剧变革的新趋势。在校企合作产教融合中学校的战略位置,就决定了其培养的是满足企业需求的复合型人才,而培养对象也不仅仅只有在校学生,还应该包含企业员工。为此,院校要充分发挥校企合作产教融合在提升企业员工整体素质方面的重要作用,增强企业合作意愿[②]。首先,合作院校要增强企业职工培训的针对性和时效性。为了保证员工培训工作的顺利完成,院校在进行培训之前就必须深入企业内部,掌握其培训需求,扎扎实实进行需求分析,以全面客观获取培训要求信息,对企业的岗位要求获得充分的感性认识。同时可协助企业的人力资源管理部门通过调查、走访、问卷等方式,了解企业培训需要的第一手材料。根据组织需要、职位要求以及职工个人培训需要的差异来制定培训项目,完成培训系统的方案设计、提出培训的菜单,增强培训的针对性与时效性,全方位提高员工综合素质。其次要优化培训师梯队建设。可选择专门研究过培训业务并做过该业务项目的老师,或聘请有关领域的专家、学者,或选择业务素质较好、服务能力较强的优秀青年老师作为后备培养教师等,建立起一个高素质的培训师团队。院校可作为公司员工增长学识、陶冶情操、强身健体的场地。校内的图书馆、自习室、体育场地、心理咨询服务中心等可以面向全公司员工开放。同时院校应向员工提供多元化的免费教育业务,如美术欣赏、运动健康、外语应用等[③]。

① 郝传波. 深化校企合作提高应用型人才培养质量[J]. 价值工程,2016(22):174.
② 刘香兰. 高职院校基于培训的校企合作人力资源开发研究[J]. 产业与科技论坛,2019(17):242.
③ 朱鸿翔. 企业参与校企合作的成本收益探析[J]. 北京工业职业技术学院学报,2019,18(2):105-108.

## （三）针对环境制约因素方面的建议

### 1. 国家要健全法律规章制度

国家要出台相关法规，明确院校、行政主管部门和行业企业在合作中的职责，对企业产教融合的发展规划、学科设置、培训标准建设等的责任、权利与利益分别做出规定[①]。政策规定还应当出台鼓励措施，以融资为杠杆，形成对企业的补贴激励机制，以提高企业参与校企合作建设的积极性。还要规定，企业只要进行校企合作，产教融合项目所需要的进口先进设备，可以予以特别税收优惠政策；企业因开展校企合作、产教融合而形成的生产实训活动基地，所上缴的税费都可以进行减免；规定对于参加校企合作产教融合的企业，需要的技术紧缺人员将会获得地方政府的人才培训补助；规定按照谁合作、谁获益的原则，优先保护企业的权益；规定对于有能力加入合作但拒不加入的企业，应予以必要的经济惩罚等。地方各级政府要尽快督促发展改革、人力资源和社会保障、财政、税收、工信等政府职能部门，结合本地实际，制定深化产教融合实施细则，促进国家法律规章落实落地，调动校企合作参与各方的积极性、主动性和创造性[②]。

### 2. 行业组织要积极发挥桥梁作用

行业组织作为一个社会组织，直接影响企业生存与发展的环境，对促进校企之间的合作具有潜移默化的影响[③]。因此，行业组织应积极发挥其作用。第一，在行业内部要建立行业企业信息系统，为融资信息推介、先进生产技术引进、企业职工培训和企业组织管理等工作提供信息培训平台，为有志于进行合作的企业职工开展专门工作教育和培训咨询等服务。搭建合作意愿洽谈平台，创造更便捷的合作沟通条件，加强企业内部和企业与学校之间的相互了解，形成合作信息传递机制、联合谈判机制和成果共享机制，构筑校企双方的协作和融合桥梁。第二，行业组织需要及时配合地方政府部门落实国家产业发展计划、地方产业政策、政府规章和法律相关规定，积极组织企业召开国家有关产教融合政策法规宣讲会、解读会等，加强政府对校企合作类企业有关优惠政策的宣传宣讲，以增强企业投入建设的积极性。第三，行业组织还需要及时举办国内的校企合作产教融合政策发展状况调查交流等活动，调研当前产教融合政策实施过程中出现的重点问题等，并提供给企业相关的意见建议，以让其借鉴。

---

① 周绍梅.产业转型升级视角下职业教育产教融合的症结与破解[J].教育与职业,2018(2):8-14.

② 田虎伟,孙中婷.中等职业教育产教融合现状调查:以河南省洛阳市为样本[J].职业技术教育,2020,41(12):57-63.

③ 董树功,艾颋.产教融合型企业建设的影响因素:表征解析与应对策略[J].职业技术教育,2020(13):42-46.

## 三、研究不足与展望

企业和院校,都是当今时代中经济与社会发展的主体,如何让他们合作,一起展现出 1+1>2 的效应,已是时代发展之需,也是当前实现社会主义市场经济的大跨步发展之需。高等院校的人才、设施、技术资源是企业发展与壮大过程中所需要的,而企业又是高等院校实现这些资源价值的主要场所,所以企业与高等院校在彼此发展壮大的路途上是无法相互取代的,通过它们双方的协作就可以达到对社会公共资源的有效分配。所以我们在很大程度上相信,经过企业与高等院校的共同努力,产教融合、校企合作会走上一条康庄大道。

本章通过采用理论分析和实证分析的研究方法来探寻影响企业参与校企合作产教融合意愿的主要影响因素,并得到了如下结论:在企业个体特征方面,员工规模、注册资金以及主营业务类型正向显著影响企业的合作意愿;在企业对校企合作产教融合的认知特征方面,企业对合作降低招聘成本的认知、对合作提升员工综合素质的认知正向显著影响企业的合作意愿;在外部环境制约方面,企业对制度规范供给的满意度正向显著影响企业的合作意愿。针对这些结论,提出以下对策建议:大型企业要积极承担社会责任主动参与合作;院校和政府的工作重点要放在合作意愿比较强烈的企业,将他们的意愿转变为实际行动;在吸引大型企业加入的同时,院校和政府也要注意引导小型企业参与合作;示范性企业和政府要加强对传统型产业企业的宣传引导;合作院校要切实提升合作实效降低企业招聘成本;充分发挥校企合作在提升企业员工综合素质方面的重要作用;国家要健全法律法规,行业组织要积极发挥桥梁作用。

因受到自身水平、技术和科研条件的影响,本研究也面临着很多不足。第一,在利用相关理论基础进行分析并探寻可能影响因素的过程中,对于一些理论知识的掌握与理解还不是非常深入。因此,对于某理论知识的借鉴或诠释可能出现不合理的情形。第二,在进行实证分析过程中,首先在样本的选取方面可能会出现一定误差,在招聘会上选取的样本企业的意愿可能会出现一定的倾向性;其次是对各解释变量相互间的影响考虑得不够全面,可能对最终结果造成影响。第三,对于相关的对策建议还需要通过实践来进行检验,等等。这些不足都可以作为以后进一步研究的方向。所以,对企业参与校企合作产教融合的意愿研究,还将会不断进行下去。

# 附录　企业参与校企合作产教融合意愿调查问卷

尊敬的先生(女士):

您好!我是一名在读研究生,我正在进行一项关于企业参与校企合作产教融合意愿的论文设计,需要真实地了解企业目前关于产教融合意愿的实际情况。因此请您结合贵单位的实际情况帮助填写问卷,您的见解和意见对我的论文研究非常重要,只需耽误您3~5分钟。本结果仅作研究用途,不涉及商业机密。非常感谢您的支持和协助!

以下是关于论文研究的一些问题,希望您尽量根据实际情况来回答,谢谢!

1.您在单位中是(　　　)

A.高层管理人员

B.中层管理人员

C.基层员工

D.其他

2.贵企业属于以下哪种类型?(　　　)

A.国有及国有控股　B.集体　C.民营　D.外资　E.合资　F.其他

3.贵企业在其行业中属于那种规模?(　　　)

A.20人以下　B.20~99人　C.100~499人　D.500~999人　E.1000~9999人 F.10 000人以上

4.贵企业注册资金在哪一范围?(　　　)

A.50万元以下　B.51万~99万元　C.100万~499万元　D.500万~999万元 E.1000万~9999万元　F.10 000万元以上

5.贵企业的主营业务类型?(　　　)

A.传统制造业　B.传统服务业　C.高科技制造业　D.高科技服务业

6.贵企业一般采取何种方式招聘?(　　　)

A.传统招聘　B.网络招聘　C.传统与网络相结合　D.校企合作

7.贵企业是否愿意参与校企合作产教融合?(　　　)

A.愿意　B.不愿意

8.您觉得参与产教融合对减少企业招聘成本的效果如何?(　　　)

A.没有作用　B.作用较小　C.一般　D.作用较大　E.作用很大

9.您认为企业参与校企合作产教融合能帮助企业获得优秀的人力资源吗?(　　　)

A.没有帮助　B.帮助较小　C.一般　D.帮助较大　E.帮助很大

10.您在多大程度上相信参与校企合作产教融合可以提升企业员工综合素质？（　　　）

　　A.不相信　B.较不相信　C.一般　D.较相信　E.很相信

11.您认为企业参与校企合作产教融合对促进企业技术创新有帮助吗？（　　　）

　　A.没有帮助　B.帮助较小　C.一般　D.帮助较大　E.帮助很大

12.您认为参与校企合作产教融合对提升企业形象与社会影响力的作用如何？（　　　）

　　A.没有作用　B.作用较小　C.一般　D.作用较大　E.作用很大

13.您的同行企业中有多少已经参与校企合作产教融合？（　　　）

　　A.很少　B.较少　C.一般　D.较多　E.很多

14.您认为当地政府对企业参与校企合作产教融合的宣传力度如何？（　　　）

　　A.很小　B.较小　C.一般　D.较大　E.很大

15.您对当地政府贯彻落实国家深化产教融合校企合作政策与制度规范的满意程度如何？（　　　）

　　A.很不满意　B.不满意　C.一般　　D.满意　E.很满意

16.您认为如下哪种校企合作方式比较适合您所在企业？（　　　）（多选题）

　　A.企业提供实习场所、设备及生活设施等，指派师傅带领学生顶岗实习，建立师徒关系

　　B.企业应邀指派专业人员参与学校人才培养方案拟定、专业课程教学和实习指导

　　C.根据企业生产需要，校企合作，采用工学交替模式，生产劳动和课程教学交叉进行

　　D.企业与学校签订专业需求订单，学校按照企业订单合作培养，学生毕业即到订单单位就业

　　E.在校内开办企业部门或生产车间，学生在校内直接参与见习、顶岗实习

　　F.企业入股，校企联合举办产业学院，合作培养人才，利润分成

　　G.企业独资举办高职院校

　　H.其他

17.您认为下列哪些因素会导致贵企业不愿意参与校企合作产教融合？（　　　）（多选题）

　　A.不确定性，校企合作能否为企业带来收益是个未知数，且风险也很大

　　B.相关财税用地等政策没有落实

　　C.缺乏行业协调指导

　　D.学生管理和培训成本高

E. 社会第三方评价机构体系不健全

F. 找不到可行的合作模式

G. 市场服务组织发展不规范

18. 您认为吸引企业参与校企合作产教融合主要驱动力是(　　　)（多选题）

A. 政府的正确引导

B. 相关法律法规等制度完善

C. 企业关切和利益是否能够得到满足

D. 政府的财税用地以及相关金融优惠政策

E. 国家开展产教融合发展工程,积极进行产教融合建设试点

F. 其他(请说明)

19. 您认为当前制约校企合作产教融合的主要障碍有(　　　)（多选题）

A. 学校专业设置和企业人才需求相脱节

B. 省市有关部门的优惠政策和资金支持不到位

C. 企业已经接收的毕业生专业能力欠佳

D. 企业接收的毕业生忠诚度不高

E. 其他(请说明)

20. 您还对企业参与校企合作产教融合有什么建议?

# 第五章
# Y公司员工职前培养管理改进研究

现阶段,我国经济已经步入了转型发展阶段,我国的经济结构也在随之发生改变,各大行业越来越重视技术型人才的引入,职业教育的地位也得到了提升。中国为解决就业结构性矛盾将着力进行教育体制改革,校企联合人才培养的合作模式早已提上日程,校企合作作为人才培养模式之一,近年来受到党和国家领导人的高度重视。在这种情况下企业需要依据自身的实际需求,积极地与能够培养技术型人才的院校在人才培养与技术传承等方面开展合作。

本章的研究对象是Y公司,它是河南乃至全国最大的一家集客车产品研发、制造与销售为一体的大型现代化制造企业。近年来Y公司在生产旺季时出现"用工荒"、Y公司员工职前培养管理成为亟待解决的难题。针对Y公司职前培养目标单一、考核激励措施不够完善、员工文化程度不高、员工对公司文化认同感不强、企业关怀不够等问题。笔者经过调研分析提出了几点改进措施:一是改进Y公司员工职前培养管理目标,培养出更多的复合型员工,充分发挥员工的才智和创新能力,培养员工的"工匠精神";二是做到"以人为本"要树立员工科学的人才观、坚持系统性、可持续、针对性的人才培养新局面;三是Y公司要深化产教融合,建立职前职后一体化方案,参与课程的开发,弹性设置课程,加大实训基地建设,建立深度合作机制,重视企业文化的构建。完善职前职后培养一体化机制,做好公司员工职前的职业规划工作,优化校企共育方案,构建合作运行机制。完善企业人力资源管理系统平台,建立健全人力资源的管理信息系统,建立和完善人力资源管理制度,搭建企业文化体系。

# 第一节　引　论

## 一、研究背景

随着全球的产业升级和经济结构的调整不断加快,我国经济也迈入了全新的发展阶段,各行各业对技术和技能型人才的需求也越来越紧迫,各大企业对其所招聘的员工的素质要求也在不断提高。由于经济社会需求的不断变化,企业在培育人才方面也做出了创新,并且提高了对新入职员工的综合要求。我国为解决就业结构性矛盾将着力进行教育体制改革,职业教育的地位和作用越来越重要,校企联合培养人才的合作模式也早已提上日程。校企合作培养作为人才培养的重要模式之一,近年来受到党和国家领导人的高度重视。在2014年6月召开的全国职业教育工作会议上,习近平总书记明确提出了我国的办学方向,即服务发展、促进就业,并据此进行体制改革与机制改革,创新职业教育模式,将产业与教育进行结合,推动校企间的合作,始终贯彻工学结合与知行合一的理念,引导各行各业支持职业教育,并不断促进中国特色职业教育体系的形成[①]。2019年4月《国家职业教育改革实施方案》指出:要对产教融合及校企合作进行深化,促进教育与产业的相互结合,构建多元化的办学格局,鼓励各企业与社会各界深入参与职业教育育人的人才培养模式,推动职业教育发展。

Y公司是河南乃至全国最大的一家集客车产品研发、生产、销售为一体的大型现代化制造企业,日产整车达400台以上。拥有机器人喷绘、车身电泳、底盘车架电泳等国际上较为先进的客车电泳涂装生产线,此外,该公司具有世界上最大的单厂规模与最先进的工艺技术条件。Y公司在不断的发展过程中,极需要大量的一线技术人员,而企业自身培养人才过程较慢,缺少系统化,成本较高,与快速发展的社会市场需求极不相符。在这种状态下,Y公司急需从自身角度出发,加强自身的人力资源管理,运用更为合理的管理模式及人才培养模式,将员工的人员培养和培训工作外包给职业院校,采用企业主导,职业院校单独定制培养课程的方法满足企业需要,企业解决了人才培养问题,提高了效益和竞争力。

## 二、研究目的及意义

### (一)研究目的

我国经济的不断发展促使我国社会结构与产业结构不断转型升级,正因如此,各行各业对于技术型人才的需求越来越大,在这种新形势下,Y公司在面临全球经济下行压力的同时还要不断地改革和更新内部的生产结构性调整等新问题、新挑战。Y公司的压力前所未有,在连续几年利润下滑的情况下,如何找到一个突破口是当前急需解决的难

---

① 国务院办公厅关于深化产教融合的若干意见[EB/OL]. http://www.gov.cn/zhengce/content/2017-12/19/content_5248564.htm.

题。本章研究的目的就是想通过对员工的职前培养与管理研究,找到优秀人才的培养方法来解决公司所面临的困境。

### (二)研究意义

**1.理论意义**

当前企业对人才的要求在不断更新,人才的培养已不再是由学校独立完成的培养目标了,更多还需要由用人企业的介入,而且是企业越早的介入对人才培养就更有意义和价值。因此,进一步研究和探索企业员工职前培养管理具有很强的理论意义。本章旨在通过对员工职前培养管理改进的探讨与研究,揭示其内涵,总结其特征,明确其实施的意义,分析企业培养技术型应用人才所存在的问题,探讨进一步完善的解决方案,以便为企业员工职前培养提供建设性意见。

**2.现实意义**

本章所研究的 Y 公司是河南乃至全国最大的一家集客车产品研发、生产和销售为一体的大型现代化制造企业,日产整车达 400 台以上,年生产能力达 70 000 台以上。Y 公司每年在生产线、焊装、涂装、承装、路试、复检等方面的人员达 2000 人。但是近年来 Y 公司在生产旺季急需用人的时候总是招不到人,经常会出现"用工荒"的问题,而在淡季的时候,很多员工却无事可做,这样造成了总是留不住人的现状。而且在招到人以后也由于员工技能的缺失和职业素养偏低,影响了公司的发展。如何对 Y 公司员工进行职前培养管理成为亟待解决的难题,本章就是通过研究该课题为公司在人才培养方面提供启发和指导。

## 三、国内外研究现状

### (一)国内研究现状

在我国 20 世纪中期就开始了对职业教育校企合作的研究,我国对职业教育的重视推动了职业院校在校企合作上的快速发展,很多学者加大力度对职业教育校企合作进行研究和探索,体现如下:

**1.关于校企合作作用的研究**

薛金梅(2000)认为,校企合作对培养人才具有提高招聘有效性、降低招聘培养成本、提高员工忠诚度三个方面作用①。

邹庆云、李林(2012)在总结了我国校企合作的模式的基础上,提出了校企合作具有三方面作用:能够有效地解决企业人才招聘难,流失率高的困境,能够有效促进企业人力资源优化管理②。

梁子裕(2005)认为,校企合作是企业和学校共同育人的人才培养模式,这种模式的创新有助于企业根据自身需求培育相应的人才,帮助企业完善内部的人才架构,根据企业提出的人才要求,学校也能按照企业的需求进行人才培养,并且在学生未正式进入企业工作之前,学生就能通过学校的培养参与到企业中,了解企业文化,并升华为责任感,为企业在以后的组织管理中起到较为重要的作用,并增强了企业的竞争能力。③

陈昌智(2018)认为,在国家的教育改革与人才培养模式中加入产教融合,充分抓住人才培养与产业发展之间的主要矛盾,有助于职业院校在当前的就业形势下提升教学质量,提高院校的就业率,鼓励学生进行创业,有利于促进我国经济结构的调整,推动经济社会的转型发展。此外,这对于培育我国的新动能具有较为重要的意义。④

2. 关于校企合作基本模式的研究

程佳(2021)认为,产教融合是国家明确提出的职业教育发展方向,也是职业教育赖以生存的必经之路。为了保证职业院校在产教融合中能够健康快速发展,真正成为社会主义建设者的培养基地,校企合作办学模式必定要经历反复实践和仔细推敲,探索出校企双赢的具体方案。⑤

刘美荣(2010)认为,"订单式"人才培养是指用人单位与培养单位签订用人协议的一种应用型人才培养体系。校企双方根据市场和社会的需求制定出相应的人才培养计划,并在技术、师资、办学等方面进行合作。双方签订用人订单,学生毕业后可直接到协议单位就业。⑥

工学交替是指职业院校以就业为导向,遵循以人为本的原则,培养学生适应社会的职业能力。并按照各个专业的个性化差异,组织学生在企业与职业院校两个不同的场

---

① 薛金梅,周英智.我国产学研合作模式及相关问题研究[J].山东医科大学学报(社会科学版),2000(02):83-87.

② 邹庆云,李林.产学研结合技术创新的市场机制与联合模式[J].湖南大学报,2012(06):36-38.

③ 梁子裕.谈高等职业教育的"订单式"人才培养[J].黎明职业大学学报,2005(01):58-60.

④ 陈昌智.深化产教融合校企合作亟待解决的问题:在2018中华职业教育社专家委员会会议上的讲话摘编[J].中国职业技术教育,2018:5-6.

⑤ 程佳.高职院校产教融合新模式的实践与探索:以太原旅游职业学院婚庆专业为例[J].职业技术,2021,20(01):39-43.

⑥ 刘美荣."订单式"人才培养方法的应用[J].长春教育学院学报,2010(4):134-135.

所,将不同的学习方式分别运用于实践环境与课堂两个不同的学习环境中,从而能够交替完成理论知识与实践知识的学习过程。①

3.关于校企合作不够的原因分析研究

蒋洪平等(2019)认为,企业参与校企合作培养人才方面的积极性还不高。大多数的企业只注重眼前的经济效益,根本不制定长期的发展规划,长而久之企业缺乏技术型人才这个竞争力,导致企业在以后的发展过程中被时代所淘汰。更多的企业,为了节省资金,不愿意花大量的精力去培养符合企业自身要求的技术型人才。为了适应企业的发展,又不得不招聘一些立刻能上岗的员工,而这些员工不能符合企业的需求,造成了较高的离职率,无形之中增加了企业招聘和培养人才的成本。②

朱新华等(2013)认为,校企合作存在着机制还不够完善等问题,导致了企业在人才培养管理方面出现了较多矛盾。同时由于订单式培养,造成了学生选择就业的机会较少,不利于学生职业的发展,企业也无法建立灵活的外部招聘机制。③

田虎伟等(2020)通过对河南省洛阳市推进中等职业教育产教融合的现实情况进行分析,认为校企合作目前还存在着政府政策供给滞后、政策供给质量不高、中等职业学校办学治理结构不完善和产教融合校企合作制度供给不足等问题。④

4.关于企业职前培养的研究

目前国内关于职前培养的研究,绝大多数集中在教师职前培养方面,对企业员工职前培养文献较少。

李君(2016)通过分析国内外员工的培训现状,并结合我国企业及社会经济发展的需要,认为我国企业很有必要对企业员工实施职前职后培养一体化,同时也对企业实施员工职前职后培养一体化提出了具体的建议⑤。

程孟阳等(2020)认为,在我国职业培训的发展进程中职前培养和职后培训相比处于弱势地位,而职业院校作为人才培养的基地,在职前培养方面应当承担起人才培养、服务社会的职能,为学生提供优质的服务。⑥

---

① 张贯虹,施红雅.工学交替三阶段人才培养模式的实践研究[J].科技经济导刊,2020,28(31):114,113.

② 蒋洪平,胡永锋.高职院校产教融合协同育人的创新与实践[J].西部素质教育,2019(5):221.

③ 朱新华,宿金勇.高等职业教育产学研联合问题及对策[J].河南商业高等专科学校学报,2013(3):120-122.

④ 田虎伟,孙中婷.中等职业教育产教融合现状调查:以河南省洛阳市为样本[J].职业技术教育,2020,41(12):57-63.

⑤ 李君.炼化企业员工职前职后培养一体化的实施[J].当代化工研究,2016(10):7-8.

⑥ 程孟阳,熊露露."互联网+"高校职前培训模式探析[J].西北成人教育学院学报,2020(1):54-59.

综上所述,国内对校企合作已经有了比较系统的研究,而对企业员工职前培养的研究较少。企业对员工进行职前培养则需要委托给第三方机构或职业院校进行培养。因此,校企合作的相关文献对本章研究企业员工的职前培养具有较大的启发。

## (二)国外研究现状

对于职前培养的研究始于中世纪的德国,当时的培养模式和我国很多企业中师傅带徒弟的传授技艺模式类似。19世纪初,培训学徒只在手工业和商业领域,但进入20世纪后,已逐渐发展到国民经济的各个行业及各个领域。20世纪80年代,国外的培训研究已经很全面了。现阶段,西方发达国家的员工培训研究已经上升到战略高度,培训的研究主要是针对培训的有效性评估和激励。

"校企合作教育"一词最早出现在20世纪的美国。它是赫尔曼·施奈德于1906年提出的。美国是世界上最早对企业人员进行企业培训的国家,它主要包括了公共培训系统和雇主培训系统两大培训体系。Etzkowitz等对美国校企合作的相关资料进行了分析和研究,他们认为合作教育,办学主体为学校,学校会根据自身所设置的专业到社会中寻找相关的社会力量,并加强合作。"合作教育"模式更加注重学生对所学知识的应用,它充分地结合了理论与实践。并且美国的公司一般会拿出大约其销售收入的5%或工资总额的10%用来支持企业员工的培训活动。主要形式有提供培训课程、在岗培训、报销学费、资助参加管理研讨会等。[①]

德国自"二战"结束以来便开始采用"双元制"人才培养模式,并得到了国家立法的支持。Thomas Sondermann认为职业教育法的制定可以确保年轻人具有获得职业教育的机会,并且无论什么背景,他们都可以接受高质量的职业教育[②]。R. Roy指出在"双元制"中有一元指的是非全日制职业院校,该院校主要负责向学生传授具有较强实用性的专业知识,而另一元则是校外实训场所,例如:各个行业中的各企业等,它们承担着培训学生职业技能的责任[③]。Günter Walden认为"双元制"人才培养模式有着三个突出的特征,它们分别是:①有两个职业培训场所,即学校与企业,其中,企业承担着较大的职业技能培训责任,因此,学生在学校学习专业理论知识的时间远比在企业接受实训的时间要短;

① Etzkowitz, Henry, Webster, Andrew. NewIntersections of Industy and Academia[M]. U. S. A: Suny Press, 1998:189-191.

② Thomas Sondermann. The GermanVocational Training Reform Act of 2005: What is new, what is different? [J]. BWP Special Edition 2005, 2005:18.

③ Roy R. Dual vocational education and training in the service society[J]. BWP special edition 2009, 2009:24-25.

②该模式具有较强的针对性,在职业院校中存在着许多的专业委员会,这些委员会委员由学校与企业构成,它们主要负责制定相应专业的教学计划,并及时根据企业需求对教学计划进行调整;③政府主导,为教育制度出台了一系列的法律、法规制度使校企合作制度化。在德国的"双元制"模式中,企业占据着主导地位,对于企业而言,职业教育更像是一种人才投资,他们可以通过制定相应的教学目标、教学计划培养自己所需要人才。①

Schon认为英国"三明治"这种校企合作,更注重的是人在实践中的知识培养,完成理论到实际掌握技能这一环节的转化。现如今,对于步入社会的人才培养流程主要分为三个部分:第一,学生毕业后进入企业工作,了解企业文化与日常工作细节;第二,初步了解企业工作流程后,将在校园学到的知识应用于日常工作中,通过实践来实现对理论知识的深度掌握;第三,依靠学生自主动手能力,将实践工作与理论知识充分结合,培养成具有较强实践能力的优秀人才。这种理论与实践结合的培养方式,得到了各大企业与社会人士的普遍认可。②

Peter Jarvis认为日本校企合作主要有以下几个特点:一是政府通过立法建立了法律法规,政府依靠制度保障来进行指导和监督以促进校企合作的开展;二是职业院校建立与自己专业相关的校办企业;三是日本企业对校企合作高度重视。另外现在日本企业的培训制度已经从单一的技能培训发展为综合性的、有战略性的、以能力开发为主的多方面的教育培训体制。它的特点是:全员性、层次性、实用性和超前性。每个员工从进入企业到退休,职业培训伴随着他的整个职业生涯。③

通过国外现状可以看出,国外一些发达国家的校企合作模式有很多种,但他们都有自己的特点,并且都符合本国的国情,对本国经济的发展起到了促进作用。我国的校企合作可以从中得到启发。但校企合作是因国家情况而异,并且受到了社会经济发展水平及社会制度等条件的制约,因此,我们在借鉴别国先进经验的同时,应该总结出我国校企合作大环境的优势和劣势,探索出符合我国国情的校企合作模式。

---

① Günter Walden University-Industry Interaction Patterns[J]. Science New Series,1972:178(4064).

② Schon D A. Educating the Reflective Practitioner [M]. San Francisco:Jossey-Bass Publishers,1987.

③ Peter Jarvis. International Dictionary of Adult and Continuing Education [M]. London:Kogan Page,1990.

## 四、研究内容、思路及方法

### (一)研究内容

本章以 Y 公司为例,通过实地调查研究,对 Y 公司员工职前培养现状进行了解,并从 Y 公司的企业战略发展角度出发,找出 Y 公司员工职前培养现状中存在的问题及原因。根据现状中存在的问题提出相应的改进措施,改善 Y 公司职前培养的方案并得出 Y 公司职前培养的发展思路。

本章主要分6节。

第1节:引论。对于研究的最终目的、研究的意义、国内外研究成果、研究思路以及研究方法进行了简要阐述。

第2节:相关理论概述。给出人力资源培训和职前培养相关概念的界定、讲出职前培养的相关理论、国内职前培养的模式。

第3节:Y 公司职前培养现状。Y 公司的基本情况介绍,Y 公司人力资源现状;Y 公司员工培养培训概况;Y 公司职前培养方式及效果。

第4节:Y 公司员工职前培养存在的问题及原因分析。分别从 Y 公司职前培养实施情况、员工层面和管理者层面对 Y 公司职前培养所存在的问题进行分析。

第5节:Y 公司员工职前培养管理改进的对策。分别从 Y 公司职前培养管理改进的目标和原则、具体对策以及保障措施对 Y 公司员工职前培养存在的问题进行改进。

第6节:小结。

### (二)研究思路

本章将目前普遍在职员工入职前的受教育程度作为研究基础,搜集和研究发达国家企业培养人才的方式以及成果等案例,来指正国内企业在员工培养工作上的缺陷并提出改正措施。主动借鉴国外优秀的员工培养手段,结合我国企业发展需求来制定出最适合的人才培养体制,对培养方式、方向、具体流程以及应用成果等各方面进行充分考虑,不断完善健全员工入职前培养体系,从而有效提升人才培养效率。本章以 Y 公司举例,对其员工入职前培养工作质量以及成果应用效率作出分析研究,来判断其对于员工入职前培养工作是否合理。

### (三)研究方法

本章从 Y 公司的职前培养现状着手,借助职前培养和人力资源管理等相关理论,找出 Y 公司职前培养所存在的问题并提出相应的改进措施。主要研究方法如下：

1. 文献研究法

通过文献检索，搜集国内外有关职前培养的资料，对相关的资料进行了梳理，为本章提供了相应的理论基础和依据。

2. 调查研究法

实地调研 Y 公司的技术人才需求情况和职前培养现状，为本章的研究搜集了大量的数据。对员工进行问卷调查，对相关部门负责人进行访谈，总结出 Y 公司职前培养现状及问题。

3. 数据分析法

研究过程中，依靠派发问卷以及面对面访谈方式来获取真实的关于 Y 公司职前培养工作的各方面数据，对搜集到的数据进行整合处理，依靠大数据分析方法来对该公司员工培养工作状况进行深入的研究。

4. 比较研究法

比较研究法，是一种主要依靠设置一定的条件水平，将两个或两个以上具有相关联系的事物进行比对分析，发现二者的差异并从中挖掘更深层次的规律性的方法。本章阐述了 Y 公司现有的职前培养模式，将其与预想中的职前培养成果相比对，来为后期的计划确立提供参考依据。

（四）创新点

（1）目前国内对教师职前培养方面的研究较多，但对企业职前培养的研究较少。本章通过对 Y 公司职前培养现状的调查研究和分析，不仅丰富了企业职前培养方面的研究，而且对企业职前培养的发展提供了一定的参考和理论依据。

（2）Y 公司在对职前培养管理改进的对策中制定了职前职后一体化培养方案，形成职前培养与职后培训相互促进的一体化课程体系。对以后的企业进行职前培养管理具有一定的指导作用。

# 第二节 相关理论概述

## 一、相关概念界定

### (一)人力资源培训

所谓的人力资源培训主要是企业为了在生产的过程中能得到更好的发展而对相关的人员进行培育并通过学习、国外进修等方式开展具有针对性的培养工作,让员工不断汲取先进的知识,从而具备较高的工作能力,担任公司要职,凭借自身优秀能力加快企业发展节奏实现长久健康的发展。对员工的培训一般分为岗前培训和在岗培训。

### (二)职前培养

职前培养是指入职前对特定的人群进行教育、培养、培训的过程。它是指被选拔的人员在经过培养和训练以后成为各个行业和岗位需要的专门型人才。这项工作需要明确企业的发展需求,确立培养计划以及具体的实施流程,做好相应的流程监管工作等。

对于职前培养的具体要求,每个行业都有所不同,但他们的总体目标都是要达到德、智、体、美、劳全面的发展。现有的人才培养质量评价尺度分为两种:一种是学校内部的评价尺度,另一种则是学校外部的评价尺度,也叫社会评价尺度。当职前培养不能很好地适应企业的需要,即不能很好地为企业的经济、文化等发展服务时,这样的人才培养就不算符合培养目标,则必须对人才培养模式进行改革,做到及时调整人才培养计划以及具体实施流程的工作,让人才培养具有针对性。国内的职前培养工作起步晚于国外,与之相比缺乏成熟的培养经验,因此必须不断加大质量监督和成效评估等工作力度,汲取国外成功案例经验,为完善健全现有职前培训体系提供有力的理论依据。

## 二、职前培养相关理论

### (一)舒尔茨人力资本理论

现代的人力资本理论,是第二次世界大战结束以后由西奥多·舒尔茨(Theodore Schultz)在1960年演说中所提出的。他开创了人力资本论的新纪元,被后人称之为人力资本的理论之父。舒尔茨指出在人力资本形成的过程中,投资是最为关键的因素。他的人资资本理论包含有五个主要观点:第一,人力资本是存在于人的身上,而且表现形式为知识、技能、体力等价值的总和。任何一个国家的人力资本都能通过劳动者的数量、质量及劳动时间进行度量。第二,人力资本是在投资中形成的。它的投资渠道可以划分为五种,它包括了营养及医疗保健费用、学校中的教育费用、在职人员工作中的培训费用、在择业的过程中所产生的人事成本及迁徙费用。第三,人力投资成本是经济增长过程中的主要源泉。舒尔茨认为,人力投资增长已经使投入经济奋飞过程中的工作质量得到明显的提高,在这些质量上的改进也逐渐成为经济增长的一个重要源泉。第四,对人力资本的投资是效益最大化的投资。对人力投资的主要目的是获得丰厚的收益。舒尔茨在1929—1957年对美国教育上面投资的多少和经济增长的关系进行了定量的研究,他得出的结论是:人力资本回报率是最高的投资,它直接影响着经济的发展,同时也是提高劳动者收入、摆脱贫困者状况、提高人口质量最为重要的因素,人力资本的投资增长水平将决定着人类经济和社会发展的未来。第五,人力资本投资的消费部分其实质上是较为耐用的,它甚至比耐用性的物质消费品更加的经久耐用。

### (二)贝克尔人力资本理论

人力资本理论是经济学研究领域的衍生物。美国的经济学家舒尔茨和贝克尔,二者早在1964年就提出了初步的人力资本理论,从而拓展出了一条新型人类生产的思路。该理论主要对资本种类做出了详细的规定,认为生产过程中用到的厂房、设备、原材料以及可用货币都属于物质资本;而人力资本则是应用丁人身的资本总称,包括了对生产人员的职业教育、培训方案以及一系列过程中的成本等,是对生产人员身上的综合素养、职业技能和教育水平各方面因素的总称。

著名学者加里·贝克尔撰写的《人力资本》(1964年)一书中较为系统地阐述了人力资本的形成与各类投资及其产生的收益。曾被西方学术界认为是"经济思想中人力资本投资革命的起点"。他的人力资本理论,始终坚持以人为本的经济发展思想,他强调人自身所产生的能力积累对经济发展起到至关重要的作用。加里·贝克尔对于孩子的直接和间接两方面的成本,家庭时间上的价值和具体调配,家庭中的市场与非市场双方活动的概念做出了新的阐述,为我们开辟了一条新的思想道路。他对于人力资本方面所涉及的教育培训支出与收入二者的曲线进行了深入的分析与研究,探索其中的规律来突出教育培训环节对于人力资本形成存在重要意义。加里·贝克尔在教育、培训及人力资本的形成和人力资源投资等方面的研究取得了较为丰硕的成果,尤其是对人力资源的微观分析方面作出了巨大的贡献。

（三）胜任力及胜任力模型理论

早在 1973 年,哈佛大学教授戴维·麦克利兰首次提出了"胜任力"这一基本理论。"胜任力"是指在特定的工作岗位、特定的组织环境以及特定的文化氛围中绩优者所具备的可以客观衡量的个体特征或由此所产生的可以预测的指向性绩效行为特征,它可以是动机、特质、自我形象、态度或价值观、某领域知识、认知或行为技能等任何可以被可靠测量或计数的并且能显著区分优秀与一般绩效的个体特征。"胜任力"是将某一工作或者领域的卓越人才与普通员工进行区分的重要指标,其本身包含了工作上的个人价值观、创造力、主观能动性以及特定领域的专业知识掌握程度等因素,可以通过某一条件进行人员的区分。经过不断发展,这一理论到如今已有更宽泛、更深层次的定义,主要包含了三个维度:职业、行为和战略综合。职业维度具体指对于日常工作以及琐事的处理能力;行为维度指对非具体事务的处理技巧;战略综合维度是指在组织结构中得以运用的管理技能。

"胜任力"的个体特征主要分为六个层面,这六个层面分别为:动机、知识、自我形象、技能、特质和价值观。这六个层面是胜任力结构的主要内容,同时形成了胜任力模型(competence model),它是工作中招聘、培训、选拔和绩效管理等一系列人力资源管理与开发实践的重要基础。"胜任力模型"也被戴维·麦克利兰称之为"冰山模型"。他主要是把知识和技能这些能够看得见的表层及外显的个人特征描述成了在水中漂浮的一座冰山;而自我形象、动机和特质这些个性中较为隐蔽、深层和中心的部分则被隐藏在水下。这些特征成为决定人们行为表现的关键因素,如图 5-1 所示。

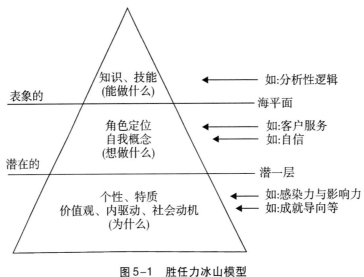

图 5-1　胜任力冰山模型

## 三、国内岗前培养模式

### (一)产教融合人才培养模式

产教融合的人才培养模式是指职业院校根据所设置的专业及现有的教学条件及管理状况,所积极开办的专业产业,它把产业与教学进行紧密结合,相互支持和促进,从而把学校办成了集人才培养、科学研究和科技服务为一体的产业经营性的实体,形成学校与企业融为一体的办学模式。产教融合的方式主要有两种:一种是借助于校办工厂;另一种是校企联合。根据我国现在的企业和教育发展的情况多以校企合作为主。主要合作模式就是企业与职业学校双方为适应市场的发展需要,进行深度的融合与合作。企业作为人才的需求方,其管理和技术也较为先进,可根据企业对人才的需求与学校共同制订出产教融合的具有可实施性的教学生产计划。利用学校现有的教学设备,进行产品的生产,并在生产的过程中引入教学内容,这不仅可以让教师们学到技术,也可以让学生们加入生产中,从而产生经济效益,达到校企共赢,共生共荣。

### (二)"订单式"人才培养模式

"订单式"人才培养模式是通过企业与学校针对学生制订共同培养方案的方式,从学生的职业教育发展角度出发,解决学生就业过程中存在的问题,同时为企业吸纳更优秀的人才打下良好的基础。这一模式的特色是:制订学生个人培养方案的任务由企业和学校共同承担,包括设置课程和设计教学内容,企业需要提供企业的技术骨干并让其参与到整个模式的管理中,将学生作为企业发展的后备力量来培养,解决企业岗位需求不平衡的问题。企业针对这一模式所形成的人力资源计划是确保准员工实现工作上的有效衔接的关键,通过签订协议的形式与学校合作,为企业定制专业的人才积蓄力量。学校方面可以借助企业的社会形象形成具有吸引力的冠名班,推动学校招生计划顺利实施。这一模式的目标是使教学计划匹配操作岗位,企业招工与学校招生相互促进,为学生从实习到就业实现良好的衔接过渡。

### (三)工学交替人才培养模式

工学交替模式即学生所学的理论知识与实践相结合的交替培养模式,这一模式能够让学生更好地将知识应用在实践中,从而为未来的工作打下良好的基础。该模式的教学安排形式有两种:一是学校作为主要的教学组织的平台,需要将企业相关的设备和技术引入到课堂的教学中,为学生提供模拟企业生产环境的相关场地,并借助企业的相关案例设计教学案例,使课程教学更具有现实的意义,同时,学生能够在实操技术中更好的理解理论知识;二是教学组织的主体是企业,类似于德国的"双元制"教学方法,做到脱产学习和岗位工作交替进行,例如:学生可以上半个学期在学校学习,下半个学期到企业内进行实习。这种模式可以使学生更好地实现学做合一,体验未来进入企业工作的状态,熟悉工作的主要流程,为更好地完成工作任务打下良好的基础。

# 第三节 Y公司职前培养现状

## 一、Y公司基本情况及人力资源现状

### (一)Y公司基本情况介绍

Y公司是河南省一家规模较大的现代化制造企业,其在客车产品的研发、生产和销售方面具有一定的市场竞争力,日产整车达400台以上,年生产能力达70 000台以上。公司生产厂区的占地面积为1700亩,公司拥有焊装、涂装、承装、路试、复检、机器人喷涂技术等国际先进生产线,相关的技术人员达2000人。

1997年,Y公司于上海证券交易所正式挂牌上市,成为我国首个客车行业内的上市公司。于1999年通过ISO9001国际质量体系认证;2004—2005年先后被评为"中国名牌""中国驰名商标";商务部及国家发展和改革委员会在2006年授予Y公司"国家汽车整车出口基地企业"荣誉称号,在客车行业中轰动一时,这意味着Y公司作为汽车企业获得了汽车领域的"进出口商品免验证书";2008年7月国务院国资委、科技部及总工会联合授予Y公司"创新型企业"的光荣称号,成为国家首批创新型企业的佼佼者;2010年12月,Y公司入选"2010中国年度品牌发布"活动获奖名单,成为客车行业唯一的入选者,也因此被称为是"中国骄傲"。从2010年到目前为止,世界客车联盟(BAAV)颁发的多个奖项均被Y公司客车所获得,例如"年度最佳环保巴士""年度最佳客车"等。2012年,Y公司又一次获得了"2012中国企业500强"称号(第427位)并于2014年荣获了"工业企业质量标杆"称号。其业务范围不断扩大,在公路客运、旅游客车、城市公交、学校校车、私人客车以及团体客车领域都有所涉及,开辟了广阔的市场,其产品链完整有序,产品系列多达145个,分为普通档、中等档和高级档等,满足不同消费者的需求。大中型客车产品销售量一直处于全球领先水平,是《财富》杂志中国企业500强的稳定"选手",而且在"中国500最具价值品牌"排行榜中名列前茅。

## (二)Y公司人力资源现状

### 1.Y公司组织结构

Y公司发展规模不断扩大,内部管理部门具有全面且分类较多的特点,按照专业划分的不同部门有着不同的工作职能,因此在管理上也是按部门管理的形式,无论是质量、生产还是研发部门,都需要有专业的管理人才进行系统高效的管理。公司的工作人员需要具备对应岗位所要求的专业技能和知识,确保岗位工作的顺利展开。目前公司存在着不同员工素质差异较大的问题,并且影响了管理、研发以及决策过程。Y公司的组织结构如图5-2所示。

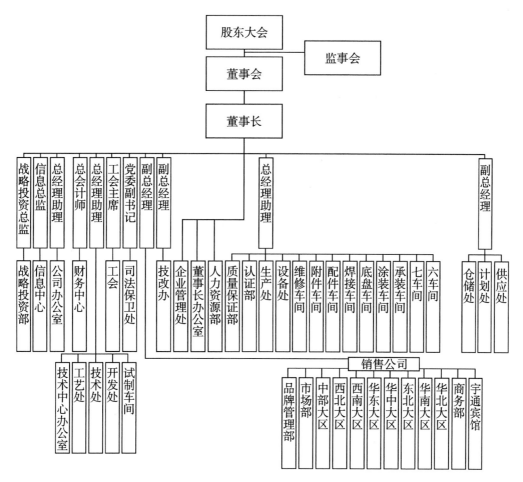

图5-2　Y公司组织结构

2.Y 公司人员结构

目前 Y 公司为社会提供了 19 527 个工作岗位,员工人数逐年增加。近几年,公司在不断调整发展策略,以满足快速发展的需求,因此在不断地完善人员结构,加大力度引进新人才。主要通过校园招聘的方式,为公司注入新鲜的血液,调整人力资源的配置,将人才队伍不断地优化。以专业类型不同划分人员类别,有技术型、销售型、研发型、财务型以及服务型等。其中有 10 146 名员工是一线操作人员,他们均为技术型员工,主要负责完成公司制定的生产任务。其余的 9381 名员工为公司后勤保障人员,主要为销售型、研发型、财务型以及服务型人员,他们负责完成销售目标、产品售后服务、研发新技术以及行政服务等工作。

## 二、Y 公司员工培养培训概况

Y 公司的发展宗旨是以支撑战略性落地级业务为根本,比较重视员工的定期培训,通过建设良好的培训信息平台来提升员工的工作能力,为高效完成业务目标做准备。Y 公司分别以"腾宇""腾飞"和"腾龙"为主题开展了一系列的干部封闭培训班,累计有 690 余名干部或储备干部参加了培训。全年共计培训培养了一线员工达 9128 人次,并在公司全面推广了双导师机制,Y 公司兼职讲师队伍进一步加强,组建了一支 900 余人的兼职讲师队伍且新聘讲师 171 人。Y 公司为了支持员工学习出台了一系列的政策制度,对于报考了 MBA 的员工公司将提供一部分的学费资助。与此同时公司建立了全面、系统、分层分类的课程体系,采购了 2600 余门在线课程,并上线了 5000 余份的内部经验沉淀课程,完善了 E-learning 这一在线学习平台,将培训的内容及形式不断地进行完善,确保员工顺利完成月人均在线学习 4 个学时的时长任务,提高员工学习的积极性。从职业教育角度来看,目前 Y 公司高水平的职业技师共有 352 人,其中考评员 34 人,还有 12 名新增加的技师和具有高级技师资格的员工。该公司目前是郑州市专业技术人员继续教育的示范基地,继续教育培训专业技师多达 600 余人。

## 三、Y 公司职前培养情况及效果

### (一)Y 公司职前培养情况

Y 公司的人力资源部门根据公司的实际发展情况制定了一系列的人才战略,加大了人才的多渠道多途径引进与培训培养方案。目前 Y 公司主要有以下两种方式进行职前培养。

1. 与职业院校签订"订单班"

近几年Y公司为了响应教育部对校企合作的要求与河南省各职业院校进行了合作洽谈,并与这些学校开办了"订单班"。签订了订单合作培养的协议,协议中明确规定了人才培养的规格和标准、双方拥有的权利和义务。"订单式"人才培养工作受到了企业和学校的领导的重视,积极投入了大量相关的设施设备,确保实训的顺利进行。Y公司成立了由公司人力资源部主导负责的"企业培训委员会",目的是培养出更好的准员工,与学校合作培养人才的事项由该委员会全面负责。公司定期派生产、研发、质量、销售等部门的人员参与到培训小组的工作中。他们作为公司派遣的工作人员主要协助学校在教育课程体系上的建设与授课。"订单式"人才培养模式一般是订单培养班,例如:"1+1"培养班或"2+1"的培养班。"1+1"培养班具体是指学生的学制为2年,第一年在校学习理论知识,第二年分配到企业,可以进行带薪实习;"2+1"培养班的学制是3年,在学校学习时间为两年,一年进入企业实习。校企双方通过这样的方式来培养出公司所需的专业型人才。

2. 工学交替

Y公司的产品具有季节性,每年都会有淡季和旺季之分。在旺季的时候公司全员加班加点工作还是无法完成公司订单的需求,而在淡季的时候公司的很多员工都会出现无工可做的境况。这样一方面会造成人力资源浪费的情况,另一方面也会增加员工流失风险或出现其他不稳定的因素。所以在这种情况下,实行工学交替能够在很大程度上避免这种"淡旺季""用工荒"的现象发生。在生产旺季的时候企业向学校方提出希望学生能带薪实习,且薪资标准不低于同行水平。校企双方负责人根据培养的工作内容和培养学生的标准进行沟通,经校企双方认可和明确合作培养人才的模式以后,学校可根据实际情况进行灵活安排,比如可安排已在读的二年级学生组成"0.5+0.5"的工学交替(半个学年在学校学习,半个学年在企业实习),这样就能达到企业在生产旺季缺人的时候,学校的学生可以直接顶岗操作,而在生产淡季的时候学生回到学校学习理论知识,通过这种合作培养方式来应对企业用工时急需的岗位。老师也会定时到企业中了解学生的实习状态,帮助学生解决一些他们力所不能及的问题,在以后的教育和培养中能够有的放矢,把理论知识和实操更加完美的融合起来,培养出更加优秀的人才。

(二)Y公司职前培养效果

1. 问卷调查

1)调查目的

通过对Y公司职前培养的基本现状展开调查,发现Y公司员工职前培养现状中存在的问题并提出相应的改进措施。

2）调查方法

此研究编制了《Y公司职前培养现状的调查问卷》。主要包括职前培训新进员工的内容、方法、成果和企业内部的协调组织等方面。

2019年12月，通过问卷星发放网络问卷对160名经过职前培养即将上岗的新员工进行问卷调查。共发放调查问卷160份，收回了153份，扣除不符合要求的3份问卷，实际有效问卷一共为150份，有效率为93.75%。首先对收回的调查问卷根据不同的内容进行具体分类。再通过数据统计来计算具体的内容，以图表化的形式对相关内容进行比对。最后分析具体的数据，总结出Y公司员工职前培养的发展情况及在管理过程中存在的问题。

3）调查结果与分析

（1）Y公司员工基本情况。调查150人后发现：企业对员工的学历要求不高，有108人是专科学历，这占总人数的72%；剩余的22%是其他学历，其中本科学历的员工仅有9人，占总人数的6%。

（2）Y公司职前培训内容情况。Y公司职前培养内容包括了公司的企业文化、公司简介章程、各部门岗位职能、公司运作流程、专业技能以及个人职业规划。这些内容能够帮助员工快速适应企业内部环境，使他们尽快由学生角色转变成员工角色，从而更好地进入工作状态。企业需要在这个过程中让员工对企业的陌生感降低，而良好的职前培训是解决这一问题的有效途径。

综上，通过Y公司的职前培训内容可得知如下结论：①Y公司重视对员工专业技能的培训，忽略了员工的综合能力和相关职业素养的培训。②Y公司基本上没有对员工的个人职业规划做过针对性的培训。数据显示，90%以上的员工都没有在工作前做过相关管理岗位的职业规划培训，而希望有这些培训内容的员工已经达到了78%。③有一半以上的员工有被培训过企业文化，这表明Y公司充分认识到了企业文化作为职前培养的重要内容有助于员工更好成长的重要性，同时，也意识到企业的可持续发展离不开企业文化的熏陶。④在对员工进行企业文化的培训时，企业过度注重自身的发展历程和其现状的培训，此部分培训占比高达80%，但是Y公司80%以上的员工认为企业对员工进行培训时应当更加关注企业未来的发展目标、企业的发展价值以及形象等方面。⑤培训内容对岗位工作不是特别有针对性，在这当中有65%的企业员工缺少针对性的培训，仅有8%的企业员工认为对不同的工作岗位，对应的训练是需要具有针对性。但是因职工工作岗位的不同，面对的问题也不同。若是企业培训的课程全部一样，便没有办法对症下药，去解决不同职工的不同需求，而缺乏针对性的课程，也没有了实用价值。如果公司在对新员工的职前培训中,对技术部门或是岗位的职员缺乏针对性的训练,那么新职员将会很难独立、高效地完成企业布置的任务工作。

(3)Y公司培训组织的情况。公司对职前培训的重视度也可体现出组织培训的主管部门对培训进程的态度。有超过80%的职工都认为公司高层对新员工的职前培训不够重视,若其自身都不关注员工的职前培训,那主管培训的部门也不会对此训练上心,接受培训的新员工在进行培训时总觉得是在走过场,可想而知其训练效果极其低下。

(4)Y公司培训评估与反馈情况。在调查中发现,Y公司在培训进程中或是培训后都未对职工实行对应的考查,由于公司在这方面的不足导致职工在进行盲目的培训后却不见好的训练成效。

(5)员工满意度情况。职工对培训的整体满意度较低,有近37%的职工认为培训对他们来说效果一般,28%的职工对此培训是不满意的,满意或是非常满意的职工比例分别为25%、10%。此数据表明企业需在培训的内容、形式以及教职工成员等方面进行改进,并且需要完备相关的培训机制以此来提升职工对培训的满意程度。

2.访谈情况

1)基本情况

问卷调查之后,为进一步深入了解Y公司职前培养的实施情况和实施效果,笔者在2019年12月选取了Y公司5名部门负责人及15名员工进行访谈。为了提升访谈的质量以及数据的真实性,在访谈之前,相关人员提前三天将访谈大纲发放给需要访谈的对象手中,以此来表明访谈的目的以及访谈结果的用途等,并商讨决定好访谈时间。当进行访谈时,需依据访谈表当中的内容,运用提问、回复和讨论的形式完成信息的收录。根据访谈对象的回答将职前培养存在的问题进行归纳。

2)访谈结果分析

(1)在对5名部门负责人和15名员工进行访谈时,大家都很认可职前培养并对其未来的发展抱有很大的希望。经过调查和相关部门负责人的反馈来看,经过职前培养的新员工要比普通员工的适应能力更强,并且也更容易进行规范管理,即使部分新员工对每个岗位的具体工作不是很了解,但他们学习的积极性较高,从而在侧面调动了企业和学校的合作积极性。

(2)职前培养在一定程度上缓解了企业的用人之需,但也遇到一些问题。新员工的职业素养偏低,过度强调个人价值和薪酬待遇,在工作中惰性思想较为严重,往往都不会主动承担工作而是被动接受任务,带着抱怨的情绪工作。在公司的价值与自身的利益发生矛盾的时候,更多的是缺乏奉献精神,过度地强调自身利益。

(3)企业缺乏职前培训的相关计划。在对员工代表的访谈当中,大部分的受访者表明并不知晓企业职前培训的相关计划,而当问及对其自身的职业规划时,有一半以上的职工表示自己并没有这方面的计划。在对企业的部门负责人进行访谈中可以得出,三名部门负责人都表示有关职前培养人才的计划方案较为缺乏,还需进行改善;他们同时认为造成此状况的原因是企业对此不重视,对职前培养投入不够。经过此次访谈可知,Y公司职前培训的相关计划缺乏,企业的高层并未对职前规划有足够的重视度,其关注点在企业的重大项目,对人才的关注度较低。企业的人力资源部的主要工作内容便是对职工的职前培训,企业决策层的主要工作内容是听取报告内容,获取工作进展状况。

(4)培训成果转化效果不佳。由于Y公司委托给职业院校进行职前培养,并未参与课程的开发,导致在具体的实施人才培养和培训计划中,一部分人员反映培训的实用价值不是很高。对于培训转化的相关问题,大部分的被访谈者认为培训后有许多内容都未转化到工作当中,有少部分的被访谈者认为培训当中的部分内容已经转化至工作过程中。对于应用转化率较低的原因有很多,有近40%是由于培训内容和其工作岗位不相关造成的,30%是由于员工自身的原因,遗忘了培训内容,20%员工认为在企业内部并没有可以运用培训内容的氛围或是得不到上司的肯定,剩余的10%则认为在经历过企业的培训后,企业自身并没有明确要求需运用培训内容进行工作或是很难改变自己固有的工作习惯。对此类问题的解决方法提及最多的是希望企业的培训能够贴近企业职工的工作需求,使得职工能有较高的热情投入培训之中,其次是提议企业提高培训人员的自身要求,令培训人员自身具有对应的工作成效,并且希望企业能配备完整的培训体制,让接受培训的职工能够在进行训练的同时有更大的动力来使用所学提高个人成效获得发展。

(5)没有培训效果评估。依据访谈的数据结果进行统计分析,大部分的被访谈对象都认为企业开展的管理培训缺少相应的后续工作,例如企业几乎没有进行过培训成效的考察工作,偶尔进行的考察工作也仅仅只是普通的意见调查,但对于职工提出的问题建议,例如培训的内容与现实工作岗位相结合、增加训练人员在培训过程中的交流次数等,企业都未听取和采纳,普通的意见调查就像是一项面子工程。并且公司在职前培训效果评估方面的工作开展程度很低,对职工的行为,学习成果方面几乎不曾展开相应的考察工作。这与企业对新员工职前培训的成果考查的不重视和没有认真开展有较大的关系。对于上述的系列问题,有超过一半的被访问者认为企业培训部门在之后的管理培训的实行进程中需要增强训练成效的考察工作,需要创建新的训练成效考查方式,并依据考查当中出现的弊端改进和完备培训内容,以此推动企业职工的培训项目能够更加有效的实行并取得较好的成果。

从上述情况可以看到,从其总体状况来说,被访谈的群体对企业的管理培训以及其成果的满意度不高,大部分被访谈群体都认为企业在对新员工进行职前培训时,需要进行大规模的改进,由此可知,企业对职工进行的职前培训效果较差,造成此状况的因素有很多,例如开始进行培训时对各职工的需求解析不全面,因而导致后续的培训达不到预期成效,不仅如此,在每次培训结束后企业并没有对其训练成效进行考查,进而造成企业管理培训所存在的问题得不到解决,造成企业花费大量资金人力进行培训但一直成效甚微的局面。这是 Y 公司的领导者和其管理层需要反思的方面。

3)小结

访谈到的相关人员认为职前培养其发展潜力非常大,并且能在一定的程度上缓解企业的用人之需,但在培养质量和适应性方面值得我们关注。Y 公司在以后的职前培养上,需调动积极性和主动性,制订周密的培养方案,使课程内容与实践岗位有效对接,使得员工知晓基础的岗位技能,并能使其在上岗之后迅速适应新的工作环境,形成较好的工作习惯,可高效地开展新工作。

# 第四节　Y 公司职前培养存在的问题及原因分析

## 一、职前培养实施存在的问题

### (一)对职前培养投入不够

受社会大坏境的影响,企业员工稳定性较差,人才流动大,给企业生产和管理带来很多困难,也影响了企业对职前培养的积极性,造成了企业对职前培养的投入不够。而 Y 公司在进行自我扩张的过程中,追求的是快速效益,宁可高价聘请,也不愿意自己低投入培养。在校企合作方面,仅限于学徒工的招聘和程序性的往来,不会真正地参与到没有利益可图的职前培养中来,导致校企合作流于形式。由于 Y 公司对职前培养的投入不够,因此表现出来就是企业员工的培训工作只是敷衍了事,员工培训工作并未充分落实。无法起到员工积极参与作用,使其失去了意义。以至于新员工对企业整体的第一印象较差,也无法促进新员工在日后工作中的积极态度。

### (二)职前培养目标单一

从调查结论来看,Y 公司职前培养目标宽度不够。现有的课程体系均是将重点放在专业基础和实验技能等方面。但是,职业素质和道德品质两个方面却极少被关注。也并没有把综合素质和道德品质等真正纳入职前培养目标当中。员工在接受职前培养后,企业经常会发现员工在道德品质方面参差不齐,表现浮躁和好高骛远等。这些问题对于企业来说,是一个不小的麻烦。而培养目标设定的局限性,在很大程度上约束了职前培养的效果。

### (三)培训内容缺乏针对性

技术人才的培养主要是为了满足企业对人才的需求,满足社会对复合型人才的需要,但经过调查,发现培训内容针对性不强。在聘用新员工时,岗位技术与特点都没有针对性地展开新员工指导培训,对于新员工职业规划也并没有具体开展。在员工培训之时,虽然企业都进行全面的培训,但是培训过于笼统,比较盲目。在技术指导岗位中,企业也没有制订详细具体的有针对性的培训计划,新员工并不了解培训方向和目的,因此,相关工作也无法按时保质完成,不利于员工工作积极性提升,这种培训对于新员工工作也无法起到一定效果。

### (四)评价、考核机制不够完善

培训的评估和反馈是衡量和评价一个培训效果的重要手段,企业采用培训评估才能够发现员工在培训中是否掌握到培训技能、了解培训方向与目的,这种方式也能够让企业及时发现培训存在的问题,从而进行改进,以取得培训效果。培训评估反馈一般都是通过数据来获取,以此制订科学的人才培养计划,进而让培训更高效更合理。通过培训反馈结果,企业可以直接知晓新员工专业技能的学习程度,也能够掌握新员工素养状况,员工也通过这种模式得以了解企业环境和企业文化,由此提升员工对企业的忠诚度和归属感,让企业和员工实现双赢。

在调查中发现,Y公司无论职前或职后均没有采取有针对性的员工培训考核,对员工培训的内容也过于笼统和盲目,培训效果欠佳。企业没有科学合理的员工考核与激励模式,会让新员工对企业丧失信心,不利于后续新员工在公司的工作热情和积极性的提升,使职前培养的效果受到了一定程度的影响。

## 二、员工层面分析

### (一)员工文化程度不高

从调查结论来看,Y公司员工文化程度不高,且他们占的比例很高,管理起来也相对比较费力。而且这部分人基本上都比较年青,多数为"90后"甚至"00后"。他们个人能力上存在着较大的差异性,而且他们都具有共性特点:年龄较小,思想和行为习惯、性格等都没有定型,他们不会过高要求自己,因此企业需要的人才需求和其个人能力水平素质均有很大差异。另外,他们的个人主义思想比较严重,不会顾大局。他们较为看重薪资待遇和自我价值,在实际工作中却怠慢懒惰,甚至玩忽职守,对于工作任务不积极不主动,工作中负面能量爆棚。若个人利益与公司利益相背离时,他们通常会以个人利益为首位,摒弃公司利益,碰到困难总喜欢逃避,还不能被批评,动不动就会选择离职。还有些员工的行为养成非常差,其自律性不高,对公司规章制度视若无睹,经常发生迟到早退等现象。这部分员工心理素质差、思想层次不高、工作方面也无法独立完成工作任务,不接受批评教育,也不专注提升自我工作技能,负面情绪严重,面对困难挫折一味逃避,好高骛远盲目自大。很多这部分员工来自"90后""00后",他们对待工作态度非常不认真,挑三拣四,工作效率低,工作质量差。综上所述,Y公司员工整体文化水平低,思想层次不高,行为习惯和职业素养都需要进一步提升和培养,在这方面公司层面给予了很多培训学习,实际收效甚微,员工流失严重,给公司造成了一定的损失。

## (二)员工对公司文化的认同感不强,归属感低

目前企业的竞争不仅是管理、资源、人才的竞争,还是企业文化的竞争。不同的企业有不同的企业文化,企业文化并非文字表述,也并非员工口号,而是在工作和执行中将这种精神文化落到实处。如果企业管理层不重视企业文化,那么员工也不会认真对待并将其贯彻到实际工作中,这种文化终会沦为口号。企业培训中需要将企业文化灌输给每个入职的员工,让其深切体会到企业发展的精髓和力量,让员工能够重视企业发展,重视自我价值,团结一心为企业持续发展贡献力量。因此企业在对员工进行培训时需要重视企业文化的培训,以此提高员工对企业的忠诚度,让员工认真对待自我、对待工作,从而为企业长远发展贡献力量。

另外,要想增强员工的归属感,需要在个人职业规划方面给予相应的培训学习。通过相关调查可知,员工个人职业规划发展是其离职的原因之一,因此企业需要将个人职业规划纳入员工职前培训中去,通过这种方式也能够让员工感受到企业以人为本的企业文化,能够深切体会到企业重视员工,员工也会更加珍惜企业提供的岗位机会,努力提升自己,让自己发挥所长,进而实现自我人生价值,企业也可以通过这种模式获取更多高素质高技能人才,让企业实现可持续发展。

## 三、管理层面分析

### (一)企业管理和执行力有待完善

Y公司本身内部管理还不太完善,在实际操作层面上,由于多方面原因,某些管理制度在执行时不能完全落实。由此也导致培训计划、培训进度、培训形式等受到影响。上述问题均表明Y公司培训主管部门并不在意培训人员的建议和想法,一味将培训知识灌输给员工,并不在意员工是否接受,因此员工对于这种方式较为反感,培训效率不高,培训也起不到真正作用。培训主管与员工间沟通出现断层,培训部门仅仅按照规章制度完成培训,而员工也是为了完成任务被动培训,培训真正意义和实际效果并未达到,对于培训双方均不合理科学。

### (二)企业关怀不够

Y公司缺乏长远规划,只注重当前利益而不关注企业长远发展,对于核心竞争力也并未有足够的重视。因此管理层对公司的生产部门或者是一线员工的认可度就相对没有那么高。往往正是这些默默无闻奉献着一个螺丝钉、一个螺帽的"英雄"才是对公司贡献最多的,是他们使得研发的新产品可以大规模地量产,是他们让销售可以对客户骄傲的拍胸脯说可以及时供货。而正是这些无名英雄的付出才使公司的发展逐渐强大,但他们却是吃最多的苦,干最累的活,却又拿着最低的工资,并且还得不到公司管理高层更多的关怀。多数高层一个月甚至几个月都不到一线对他们进行慰问或者是鼓励,多数所知道车间的情况也是车间主任或是生产段长给他们的汇报。这样就使得管理层尤其是高层对公司的管理脱节,也无法去体会这些员工所处的工作环境和工作条件。往往都会淡化和忽视对这些人员的关心和重视。这些员工学历虽低知识虽少,但是他们真诚、朴实、肯吃苦耐劳。只要公司的管理者对他们的工作给予肯定,就是对他们的鼓励,公司的管理者只有充分地考虑到他们的工作环境及条件,才能更好地去改善,也就才能更好地抓住这些员工的心,让他们踏踏实实地为公司做事。

### (三)社会保障制度不健全

Y公司社会保障制度不健全,员工刚入职,为员工承诺各项福利保障,但员工入职后,对其承诺一直不履行。很多刚刚步入工作岗位的大学生均是出校门的实习生,他们就业一般都比较注重个人职业规划和薪资待遇,虽然他们在意自己的人生规划发展,但是也比较注重自己当前的薪酬水平。而公司为了获得最大的经济效益,就会降低这些还在实习期新员工的工资,所以刚入职员工前几个月薪资水平均不高,一般不超过两千。如果试用期间,新员工有更好待遇的工作,那么他们跳槽的概率则比较大,这将加大企业的培训成本。薪酬待遇方面,仅仅也是基本工资,薪酬激励等体制不完善。Y公司实行包月制薪酬模式,未能涵盖管理、员工表现、员工技能等多方面因素的奖励措施,因此员工工作积极性不高,无论多付出或少付出均是固定收入,所以工作缺乏动力,也不愿意进一步提升自己,这对于公司向前发展或进行优化重组都极为不利。目前有很多公司已经开始实行股权红利、期权或技术入股等形式,通过这种形式能够激励员工努力为公司创造更多收益,自身也会收获更多经济利益,员工积极性高涨。因此Y公司这种模式不仅不利于员工创造性和工作积极性的提升,也很难为公司留住高技能人才,公司未来发展也会举步维艰。

# 第五节　Y公司员工职前培养管理改进的对策

## 一、Y公司员工职前培养管理改进的目标和原则

### (一)明确职前培养方向和培养目标

1.培养出更多的复合型员工

在社会飞速发展的今天,人才是第一生产力,对人才的需求与竞争关乎着企业的生存死亡,现在企业之间的竞争归根结底是人才的竞争。如何能招到更高质量更好的人才并能够留住为公司所用已经成为企业生存和发展的关键因素。由于复合型员工的成长周期较长、培养的成本高,因此对他们的培养会直接影响企业的核心竞争力和企业长远的发展,并对企业的发展起到至关重要的作用。既掌握专业的技能水平,又能够动手操作的复合型人才,在公司中越来越受欢迎,他们不仅在某个专业领域比较强,对于其他的方面也都有一定的知识,工作效率自然就会比较高,而且在企业需要转岗或者职务调整时也能够立马适应新的工作岗位,迅速地完成新的工作任务。所以对于公司来说,只能通过有效的培养和激励,充分调动复合型员工的积极性和创造力,有效的留住复合型员工,提升复合型员工的工作效率,才能保持公司的持续发展。

2.培养员工工作积极性,充分发挥员工的才智和创新能力

每个人都会有惰性,而调动积极性的作用和目的就是充分发挥出员工自身的潜

能,促使他们发挥应有的聪明才智进而努力地工作。众所周知,公司的发展除了公司管理层的正确决策,更多的是员工的执行,以及在执行的过程中发挥他们的才智和创造能力,只有这样才能为公司带来超高的价值。员工的灵活性和创新性能够为公司带来无限的创造力,也就能给公司带来无限的发展,势必将给公司带来巨大的收益,这不仅仅包括眼前的经济利益,更多的是企业长远发展的内在潜力和动力。所以调动员工的积极性,充分激发出他们的才智和创造力,使他们能够全身心地投入工作中,让他们利用自身所具备的知识和能力进行创造性工作,是公司价值增长的不竭源泉。因此,激励方案的设计,必须把满足员工的发展需求作为基础,以激发出员工的创新能力为目标,从而提高公司的核心竞争力。

### (二)Y公司员工职前培养管理改进的原则

Y公司人力资源部在设计员工职前培养方案时,应当从公司的实际出发,必须经过深入的了解和分析,结合本公司的发展规划和相关的制度,才能发挥出其真正的作用。公司在制定员工职前培养方案时应当遵循以下几个原则:

1. 以人为本的原则

现代企业之间的竞争不再是物的竞争,更多的是人才之间的竞争,从某种意义上来说也就是对于人才培养的竞争。为了培养高素质人才,需要构建高效、科学人才培养制度。因此Y公司需要从时代发展的角度出发,对新员工进行职前培养,站在宏观的角度,培养出符合时代发展,更为系统性、专业化的人才。

科学发展观旨在以人为主导,注重人的培养。时代的变迁,人才成为现代化发展的趋势和核心力量,培养新型人才,不应该禁锢在过去落后的人才观念的框架中。新时代我们国家需要培养符合时代发展、符合企业改革需求的高素质高技能型人才。青年人也需要从自身实际出发,以自己所长来实现自我理想。新时代青年更为关注自我需求和自我价值的实现,在工作中也较为关注人文、情感等人性化的管理模式,青年人对于企业的忠诚源自于思想上和心理上的满足,企业若能够给予足够的平台和发展机会,他们更愿意释放自己的创造性和聪明才干,让自己抱负得以施展,让他们能够真正为自己的生活和人生进行奋斗,同时企业也需要关注和支持员工的理想与规划,企业与员工互惠互利,共同发展。

2. 制度化原则

建立并完善相关的培训管理制度,把培训工作做到例行化、制度化,确保培训的工作能够贯彻落实。根据公司人才培养战略,逐步建立并完善切实可行职前培养程序及制度。公司中高层必须全力配合人力资源部,在职前培养过程中,提供技术理论授课支持,且课程须结合实践、知识结构循序渐进,能对实践工作起到较强的引导与促进作用。且在培训结束时,管理层须配合人力资源部对员工进行考核,积极了解他们的学习情况和思想状态,对发现的问题要及时进行调整。确保培训的方案更具有针对性和有效性。

3. 差异化原则

通常情况下,为了保证员工的积极性和热情,公司最大程度上利用的是激励措施,通过探寻员工的实际需求,利用这种需求的回报调动积极性,但是在实际的操作中,只有员工最深处、最急切的需求被满足时,才能达到良好的作用。"复杂人"假设理论表明,一个人的需求并不是天生的,也不是一成不变的,一个人所在的社会环境会对其需求产生不同程度的影响,此外,在一个新的环境中,个人会逐渐产生新的需求。所以,公司在选取激励措施的过程当中,要对员工的需求动态及时把控和规划,针对个体员工不同的需求,提供个性化的激励制度,在此之前,要对员工的实际情况进行了解,比如年龄、职位等,这些不同也会带来不同的激励需求。激励需求是有差异性的,首先要确保针对性。比如:企业选择技术型人才进行激励,就要根据实际情况,综合考虑该类型员工的需求,特别是在发展空间、晋升周期、职称等方面进行细化,以此来达到激励的作用。其次是要坚持动态激励。企业员工的思想观念等都是随着外界而变化的,其需求更不是一成不变的,企业作为一个主体,必须充分发挥主体作用,积极对员工进行满意度的调研,认真听取员工的建议,尽可能多的满足员工不同时期的需求,将激励效益最大化,因人而异,因职而异。

## 二、Y公司员工职前培养管理改进的具体对策

### (一)深化产教融合,建立健全职前职后一体化方案

为了使职业院校更好地开展针对性的教学培训工作,使学校的技能培养更具有实践价值和权威性,企业要积极主动地参与到职业院校的培养方案中来,协同学校共同制定培养方案。虽然目前也有企业参与制订培训方案,但大多只是流于表面并且企业参与制订培训方案的方式也相对单一。企业更多是以企业专家的身份去参与人才培养方案的研讨会,并没有关注学生的全面发展,也未能正式纳入学校的人才培养方案中去。企业只认可自己制订的标准并定制课程。直接导致了课程之间不能相互融合,从而造成了教学资源的较大浪费。因此在校企合作过程中,企业要深度参与人才培养方案的制订,要和学校共同设计和制订出既符合教育教学要求又符合企业自身需求的人才方案,使它成为培训的依据。公司应设立专门的人才培养基金,以满足在管理和使用过程中对经费的

需要。公司的主要负责人以及相关部门的主要领导要成立一个人才管理小组,主要制订公司的人才需求计划等相关的制度,并加强指导各个部门及分公司的人才培养计划和措施,做到时时监督及考评。公司及分公司的人事主管部门要在管理小组的统一安排协调下,全面负责起对本公司及分公司人才的培养、确保管理工作的有效实施。

国内外几乎所有参与校企合作的企业都只是一味地注重职前培养,即从学生阶段就开始的培养直至他们毕业后正式进入企业工作,这段人才培养过程便宣告结束,很少有企业会关注这批员工进入企业后的再培养。而随着科学技术的不断提高,现有的一线技术员工原有的技能已很难满足自身岗位的要求,因此,企业也要关注员工的职后培养,制订职前职后一体化培养方案,给企业员工提供多种教育的机会,加强对员工综合素质的培养,延长员工在企业的服务期限,降低他们的离职率,从而增加他们对企业的认同感。与此同时也更加有助于提高企业员工培训的科学性、系统性,充分使职前培养和职后培训既能各有侧重,又能彼此衔接,形成相辅相成、相互促进的一体化课程体系。

(二)企业参与课程开发,弹性设置课程

教学课程的内容和形式直接影响了准员工的培养质量,对未来的工作能力起着直接的作用。因此,企业要重视对课程的开发,参与到课程开发中来,挑出在企业管理或专业技术能力强的人担任培训教师,负责授课。所授的课程体系也必须经过校方和企业方极具权威性的教学人员或专家审核。另外,根据企业对不同岗位的要求,在课程的设置上要参考人力资源部给出的职责说明书进行,即该岗位需要具备哪些理论知识和相关技能,才能使培训具有较强的针对性。

为了保障学生能在个人职业生涯中拥有长远快速的发展,在培训过程中应该开设与职业素养方面相关的课程,增加企业文化和基本的职业道德规范等内容。这样就能使刚毕业的学生在进入分配的工作岗位后快速、积极地适应公司的工作环境。他们也会利用自己已知的知识来为企业创造出更多、更高的经济效益。另外学生们还可以通过学习相关的职业道德规范和社交礼仪等课程来提升他们个人的综合素质。

平时在教学过程中也要适当弹性的设置企业方面的课程。在授课时,如果有新产品新技术动态,则应该相应地调整教学计划和内容,融入最新知识,使知识技能能够到达新的水平,并使他们不与生产和市场脱节,确保培养出的准员工对行业、产品和岗位都能有更深入的了解。

(三)加大实训基地建设

企业要逐步地加大资金投入,完善并提高实训基地的教学条件。实训基地要坚持通用性、开放性、仿真性这几个原则,营造出与企业较为相似的工作场景,学生也要穿着企业派发的工作服,在实习岗位操作仪器、设备,即可感受与企业同等的工作环境。在实训方面采取集中式教学,即让学生集中一段时间就某一方面的技术知识进行学习,便于师资的安排,学习的效率和效果也能得以保证。校企双方共同配合、协商,将资源最大化,确保职前培养的顺利开展。

同时也充分利用企业技术、设备和人才优势,鼓励教师去企业参观学习,接触第一线的技术和产品,以不断增强他们对专业的熟悉程度。也鼓励教师带学生去企业现场研究、实践,与企业技术人员共同探讨,确保教师教学、学生学习、研发与企业生产紧密相连。企业也可以和职业院校进行教学、科研、产学等各种类型的合作,进行各个层次的项目研究开发,实现企业和学校共赢。

(四)建立深度合作机制

校企合作的根本目的是培养学生适应工作环境的能力以及灵活的应变性,企业委托学校进行职前培养,校企双方共同承担风险与收益,可以把它看作一项全新、高效的用人机制。要想成功取得较为理想的校企合作结果,校企双方就必须加深联系,将教学实践与企业环境、企业文化进行统一,那么这就要求企业与学校建立深度的合作机制,并始终坚持将人才的选拔作为企业长期发展的重要战略之一。

校企合作的双方要制定符合Y公司用人招工需求的招生考核标准,建立起"分段育人、校企联合培养、多方参与评价"的现代"学徒制"培养模式,在"职责同担、合作共赢"的基础上,充分地实施校企双方协同育人、学校老师与企业师傅"双导师"教学。由企业和学校共同组成课程教学团队,明确团队结构及各自职责,按照制定好的教学内容,以"师"带"徒"的方式进行教学;生产一线的专业技术人员和学生以"师""徒"共同合作的方式,共同完成综合项目建设。学生在做到把岗位技能全部过关后,既可从学徒身份转换为员工。另外,企业与学校、师傅和学徒之间也需要签订四方协议,以契约的形式来明确四方的权利和义务,从而形成校企联合培养、一体化育人的长效机制。

(五)重视企业文化的构建

在企业发展战略中,企业的文化建设是一项比较重要且系统性的组成部分,而优秀的企业文化就必须要在社会上拥有良好的企业形象。怎样增强公司员工凝聚力,使公司长远健康快速的发展,比较重要的一方面是努力解决员工最迫切的实际问题,做好他们的心理和生活上的保障工作,以此来充分调动员工在工作上的积极性和创造性,加强员工在公司的归属感,建设更好的企业文化。

越可能早地让学生深入了解企业的文化,就越可能早地提高学生对以后工作的适应能力,从而增强学生对企业的归属感与忠诚度,同时也能对他们个人的职业生涯有较大的帮助。所以,在平常的教学过程当中,需要适当地加入公司的企业文化内容,让学生能够更加充分深入地学习多元化知识,来增强合作的意识进而形成较为良好的交际圈,让学生在制定自己未来的学习目标和个人职业生涯规划时产生更加有利的影响。公司可以让学生参与企业组织的活动,比如参加公司的技能大赛等活动尽最大化让员工了解企业,积极融入企业,快乐地工作、快乐地生活、快乐地学习,从而增强他们对所在企业的归属感和责任感。通过对企业文化的培养,促进他们的学习兴趣和生活情趣,进而推动他们的学习动力。良好的企业文化,对他们的身心发展都能起到良好的作用,同时良好的身心发展能提升人的全面素质与工作能力。

## 三、Y 公司员工职前培养管理改进的保障措施

### (一)树立深度参与校企合作产教融合理念

产教融合是当前国家大力提倡培养人才的一种有效途径,在产教融合的大背景下校企可以共同联手走上校企合作产教融合之路。Y 公司应该根据自己公司的发展需求积极地寻求相应的职业院校进行合作,为公司的人才储备和员工的职前培养做出规划。公司做出积极的调整主要是因为他们对市场变化具有极强的把控能力,最重要的是他们有着极其丰富的市场经验,及时关注各类市场形势的变化,虽然企业在校企合作中发挥着至关重要的组织者的作用,但是为了能够享受校企合作带来的经济效益和人才输送效益,在前期面临的各类问题必不可少。此外,企业要积极发挥自己在合作过程中的主观能动性,不能把合作的职业院校单一地理解为合作方,要充分地认识到,职业院校是为自己公司输送所需人才的中坚力量。企业要想长久地维持校企合作的关系,必须重点关注职业院校的学生状况,应该树立长期合作意识,将其常态化。主动和院校建立联系,多和院校交流人才培养方案,选择合适的岗位和需求进行人才匹配,做到产教结合,安排学生参观或者提供实习岗位,等等,但是要控制企业的人力成本,避免不必要的损失和人才浪费。特别是已经合作的院校,更是要重点关注其长期的、稳定的发展,保证和院校有序配合,早日实现资源共享,积极响应国家政策号召,切实做到互利共赢。

（二）完善职前职后培养一体化机制

1. 重视职前员工的职业生涯规划

对于"订单式"培养和工学结合式培养的准员工，要重视并要求其制定职业生涯规划。职业生涯规划包括认识自己的性格和价值观、对职业的定位、职业目标的设定、通道设计等基本要素。在做职业定位时应有一定的广度、目标的设定要具有一定的弹性，而通道的设计需要在不同的职业序列中建立横向的沟通渠道。在让准员工做生涯规划时一般应要求其了解霍兰德职业兴趣理论，并做相应的测试，鼓励员工去寻找适合自己且喜爱的职业及岗位，并应据此作出相应的职业生涯规划。这样在其正式进入企业时就可以据此将其分配到适合其职业规划的工作岗位上，员工就能安心在其喜欢的岗位上工作，做到了人与职业之间的相互匹配，企业用人就能达到事半功倍的效果。

2. 优化校企共育方案，构建合作运行机制

优良的培养模式影响着每一个人才的情感、知识、能力及素质。在人才的培养模式设计中，企业要以社会和市场需求为基本准则，提炼出一套能够提高员工学习能力、创新能力的培养方案，强调技术间交叉，重视综合知识的传授，培养复合型创新型优秀人才。

校企不但要在深化校企合作的过程中寻求建立协同育人的人才培养方案，更要注重建立相对稳定的运行机制。主要分为筛选、共享、信任、反馈四个机制。筛选机制是指确立合作的目标、筛选出适合的合作对象、并选择合作模式；共享机制是指信息共享、知识共享、人员共享；信任机制包含了认知型信任（即对合作伙伴的能力、彼此合作的公平性等）和情感型信任（即情感依附等）；反馈机制包含正强化和负强化。这四种机制可以初步解释校企合作的生成和运行状态。

同时，校企合作还要研发合作，要建立"产、学、研"一体化的人才开发模式，其意思是以"产"作方向，以"学"作基础，以"研"作纽带，这三者之间有机结合、互为一体。职业院校不但可以为学校培养输送人才，还可以为企业提供图书资料、科技情报、应用基础研究的人才、实验设备和研究成果，助推企业的技术创新。因此在校企合作中，还要重视企业科研人员与学校科研人员合作进行技术攻关和新产品的开发，提升企业的技术创新能力。因此校企产学研合作还要以"优势互补、互惠互利、共同发展"为原则，真正落实和学校之间签订的合作意向书，建立常态化研发合作机制，把学校的应用基础研究优势和企业的技术优势和市场优势相结合，从而给企业带来更加丰厚的经济效益与社会效益。

### （三）完善企业人力资源管理系统平台

**1. 建立健全人力资源的管理信息系统**

企业的人力资源管理信息系统对企业至关重要，是企业的重点把控对象。人力资源的管理信息系统是公司的中控中心，可以有效地分解工作任务和完善工作流程，保证人力专员的最佳工作时间和工作效率，提高了企业的信息处理转化率，最大水平地保证了企业的人才效益。选择良好、高效的人力资源管理系统，可以充分发挥系统内的各项功能和作用，为应对企业的组织框架变动、人才储备等各项工作提供服务，实现公司管理的科学化，保证管理结果共享。

**2. 建立和完善人力资源管理制度**

绩效评估制度的完善和竞争性的薪酬制度共同组成了人力资源管理制度的核心内容。绩效管理制度从开始到现在逐渐成熟，公司积极利用绩效评估制度，为员工制定相应的工作目标和任务。绩效评估是对员工能力强弱判断的重要支撑，能力越强，得到的认可度就越高，在团队中的归属感和存在感就会提升，为其职业生涯的晋升提供机会。

**3. 搭建企业文化体系**

优秀的企业战略离不开优秀的企业文化支撑，企业文化是一个公司需要长久坚持、维护、宣传的战略性工作。如果单纯地依靠平常的宣传话语、口号，就想深入每个员工心中是难以实现的。要实现优秀的企业文化建设必须设置明确的要求和目标，将其拆分成每一个小的目标，特别是和每位员工息息相关的目标，才能充分显示出企业文化的魅力。因此，企业的文化建设不应该高高在上，要多和员工接触，深入了解员工的需求，营造大家都乐于了解和执行的文化氛围，要做到上下一致、共同进步，企业的管理者要结合企业的实际情况，明白员工是支撑企业的重点支柱，努力打造稳定、团结的员工队伍，减少人员流失。

# 第六节 小 结

## 一、研究总结

当前的社会已经进入了发展的快车道，我国经济在发展方式上也发生巨大的转变、产业结构和技术也在不断升级。在这种新形势下，Y公司一方面面临着全球经济下行的压力，另一方面还要不断地改革和更新内部的生产结构性调整等新问题、新挑战。Y公司的压力前所未有,在连续几年利润下滑的情况下,如何找到一个突破口是当前急需解决的难题。但是作为一个具有技术含量的生产型企业,优秀人才的培养就是打开困境的一把密钥。了解以往的Y公司的人员流动等情况,发现Y公司的技能型人才的主要来源是社会性人才,但是这些社会性人才很难直接对接公司实际工作的需要,需要长期且大量的培训才能胜任。企业不仅要在公司内部创办人才培训基地,打造公司特有的人才储备计划,至关重要的是要认清社会发展的趋势,制定适合公司需求的培训内容,勇于创新,探寻出适合自己公司的培训模式,提升上岗效率。

## 二、研究展望

企业对人才的要求在不断变化和升级,在这种大环境下,Y公司必须尽早地介入人才培养的大军中。企业办学,以企业为主导的教学及培养模式将是未来发展的趋势。深化体制机制改革,创新各层次各类型的人才培养模式,坚持产教融合、校企合作,坚持工学结合、知行合一,引导社会各界特别是行业企业积极参与职业教育,不仅是国家的号召,更是对企业和学校发出的要求。今天的发展对人才提出了更高的要求,为了能招到更高质量更好的实用型人才,与职业院校共同联手走上校企合作之路,培养具有"一专多能"技术应用的复合型人才、创新型人才、具有工匠精神等人才,才可以满足企业的需求使企业的发展长久。

本章以Y公司为例,具体分析了Y公司员工职前培养现存的问题并制订出相应的改进措施。在调研前期,笔者阅读了大量的文献并对国内外的资料进行了收集和整理,为本章提供了理论基础。在调研过程中,到Y公司进行实地考察,并根据Y公司的实际情况设计了调查问卷和访谈内容,得出了Y公司员工职前培养的相关数据。但由于时间有限以及笔者的学术水平不高,本章在某些方面依然存在不足。例如调查问卷的设计及访谈人员的数量都可能会造成最后数据的不准确性。本章对Y公司提出的职前培养管理的改进措施可以为其他公司的员工职前培养的管理提供思路,但仍要在实践中验证它的可行性。另外,在今后的研究中,笔者希望能够对职前进行更深入的研究,可以从公司职前培养的模式、职前培养的方案设计以及培训效果的角度入手,完善职前培养效果的管理评价体系,让企业能够通过职前培训培养出大量的优秀人才,缓解企业的用工压力并增强企业的核心竞争力。

# 附录 Y公司员工职前培养现状调查问卷

您好,为了解Y公司员工职前培训现状,分析当前Y公司在职前培养方面存在的问题并提出改进建议和对策,更好地提高Y公司对新进员工职前培养的效果,特制作本调查问卷,此调查为匿名,非常感谢您能够参加并提供准确信息!

1. 您的性别是?［单选题］

A. 男  B. 女

2. 您的年龄是?［单选题］

A. 20岁及以下  B. 20~25岁  C. 25~30岁  D. 30岁以上

3. 您的最高学历是?［单选题］

A. 专科  B. 本科  C. 其他

4. 您在进入企业前是否有职前培训?［单选题］

A. 有  B. 没有

5. 您接受的职前培训包括哪些项目?［多选题］

A. 公司的企业文化  B. 公司简介及章程  C. 各部门岗位职能  D. 专业技能  E. 职业规划

6. 您接受的职前培训有企业文化培训吗?［单选题］

A. 有  B. 没有

7. 您接受的企业文化培训包括哪些内容?［多选题］

A. 企业发展过程及现状  B. 企业发展目标和价值  C. 企业精神  D. 企业形象

8. 您认为企业文化方面培训需要注重哪些?［多选题］

A. 企业发展过程及现状  B. 企业发展目标和价值  C. 企业精神  D. 企业形象

9. 您接受的职前培训中有针对个人职业发展规划的相应培训吗?［单选题］

A. 有  B. 没有

10. 您认为职前培训内容对岗位工作有针对性吗?［单选题］

A. 有  B. 一般  C. 没有

11. 您所在公司如何对职前培训进行考核?［单选题］

A. 闭卷考试  B. 开卷考试  C. 现场模拟评分  D. 没有考核

12. 您认为目前公司对职前培训的重视程度如何?［单选题］

A. 很重视  B. 比较重视  C. 一般  D. 不重视

13. 您希望公司给您安排一个怎样的职前培训?［单选题］

第五章　Y公司员工职前培养管理改进研究

A. 心态调整培训（心理状态、企业文化等）　B. 职务说明性培训（规章制度、工作内容等）　C. 技巧传授培训（人际关系、岗位技能等）　D. 礼仪讲解性培训（商务礼仪、专业形象等）

14. 您认为哪个因素对于职前培训工作的开展效果影响最大？［单选题］

A. 领导的重视程度　B. 员工对职前培训的参与意识　C. 职前培训的方式和内容 D. 职前培训的内容

15. 您希望在职前培训中有针对个人职业发展规划的相应培训吗？［单选题］

A. 非常希望　B. 可有可无　C. 不希望

16. 您认为公司以往的职前培训存在哪些不足？［多选题］

A. 没有整体培训规划　B. 课程内容过于简单　C. 缺乏反馈评价制度　D. 培训形式不规范

17. 您认为职前培训对于胜任当前的工作或个人发展有帮助吗？［单选题］

A. 有帮助　B. 一般　C. 没有帮助

18. 您认为哪些职前培训对胜任当前工作和个人发展很重要？［多选题］

A. 企业文化　B. 职业素质　C. 专业技能　D. 职业规划　E. 计划管理　F. 目标管理

19. 您对接受的职前培训总体满意吗？［单选题］

A. 非常满意　B. 满意　C. 一般　D. 不满意

20. 您对贵公司职前培养有何建议？

# 第六章

# 基于胜任力模型的 T 企业技能人才管理策略优化研究[①]

　　技能人才是支撑中国制造、中国创造的重要力量,也是推动企业创新发展的中坚骨干。洛阳作为传统工业城市,布局了大批传统工业企业。T 企业是国家"一五"时期 156 个重点建设项目之一,经过 60 余年发展,已逐步发展成为以农业机械为核心的大型装备制造企业集团。随着传统产业优化升级、新兴产业加快发展,T 企业存在技能人才管理制度不科学、技能人才总量供给短缺、人才结构不优、胜任力不足及人才流失严重等问题。因此,如何有效盘活技能人才资源,重振企业发展辉煌,是 T 企业面临的重要问题。

　　技能人才胜任力模型的构建,是企业进行技能人才选聘、绩效考核、培训开发、人才激励等人力资源管理的有效手段,有助于企业管理者优化人力资源管理策略、提高管理水平。技能人才胜任力模型,可以为企业管理层分析评判技能人才素质差异及绩效高低提供参考,从而为企业优化技能人才管理策略提供借鉴。本章以 T 企业为研究对象,通过对 T 企业技能人才管理现状评估及影响因素进行研究,以期提供一份 T 企业技能型人才管理效果分析及度量的操作模式,寻找出影响企业技能型人才总量不足、结构不优、胜任力不高的内在原因,在此基础上提出优化 T 企业技能型人才管理的对策建议,具体包括:优化技能人才引进机制、优化技能人才培育机制、优化技能人才激励机制、优化技能人才考核评价机制等方面内容。希望本章有关研究能够为 T 企业及其他存在类似情况的传统工业企业,在优化技能人才管理方面提供一定的参考借鉴。

---

① 王宁.基于胜任力模型的 T 企业技能型人才管理策略优化研究[D].河南科技大学,2022:1-50.

# 第一节　引　论

## 一、选题背景和研究意义

### (一)选题背景

以信息技术、智能制造为代表的技术创新浪潮引发了全球新一轮工业革命,坚持人才强国、创新驱动的发展战略,加强技能型人才培养,大力弘扬工匠精神,扎实走稳集约、高效、科技引领的增长道路,是我国的强国基础。[①] 党中央、国务院高度重视技能人才队伍建设,习近平总书记强调:"必须坚定走人才强国之路,进一步改善技能人才发展环境,打造一支规模宏大、门类齐全、素质优良的高技能人才队伍。"国务院、中共中央办公厅持续研究出台政策措施,规范推动技能人才培养,先后印发了《"技能中国行动"实施方案》《关于加强新时代高技能人才队伍建设的意见》等,强化顶层设计,从制度层面、政策层面进行保障,国家对于技能人才培养的重视程度显而易见。

现代企业之间的竞争关键在于人才的竞争,技能人才是企业的重要人力资源,对于人才的有效管理、培训与开发是一个企业成功最为关键的因素,建设高技能人才队伍是在数字经济时代适应产业变革要求,提升企业综合竞争力的重要保障。在人工智能的新时代背景下,当前的技能人才与过去相比,只具备熟练的操作技能是远远不够的,更需要具备相应的革新意识、智能化运用水平等复合型素质[②]。但目前我国高胜任力技能人才匮乏,且在其培养过程中还存在诸多问题。如何把技能人才队伍建设好、管理好,也成为当代企业,特别是传统工业企业转型的重大课题。对此,在梳理了国内外技能人才胜任力研究成果的基础上,以 T 企业为研究对象,从当前企业技能人才需求状况及管理培养现状入手,通过调研、分析,建立 T 企业技能人才胜任力模型,打造较为科学合理的技能人才培养、配置和开发战略,造就良好的技能人才工作机制。

### (二)研究意义

人才支撑是传统制造业企业转型发展的关键,特别是技能人才的支撑,而较强的胜

---

① 孙丽璐,马鑫,董森.创新驱动战略视角下创新型技术人才胜任力模型研究[J].重庆理工大学学报(社会科学),2021,35(09):89-97.

② 曹晓丽,彭晨,张王琼.基于胜任力模型的创新型科技人才评价指标体系研究[J].产业创新研究,2020(3):91-95.

任力则是一线技能人才发挥作用的决定性因素。[①] 通过建立科学、合理的技能人才管理模式,可以促进企业实现转型发展和可持续发展。因此,本章的研究具有一定的理论和现实意义。

1. 理论意义

本章借鉴了人力资源开发理论、胜任力模型理论等,结合当下"互联网+"和人工智能飞速发展的大时代背景,对构建技能人才胜任力模型进行了一定探索。对胜任力而言,主要的出发点为确定成功胜任某一个岗位所需要具备的基本能力,因此可以通过构建相关的模型,结合模型分析结果,进行胜任力评价,进而提供更多的客观数据参考。目前我国技能人才规模总量、发展质量与建设制造强国、实现新旧动能转换、创新驱动的目标还有较大差距[②]。本章即是根据目前传统产业企业转型的发展需要,通过分析企业技能人才胜任力现状,制定科学的管理策略,为企业打造科学合理的技能型人才队伍提供分析思路,以技能人才管理策略优化促进企业增效发展。

2. 现实意义

人才的培养离不开企业有效的人力资源管理。随着市场经济体制的不断发展,许多企业在人力资源管理中存在与现有体制不适应的问题,依然存在靠人治的方法和非理性的管理意识,特别是企业经营者的管理素质不够高,专业技术人才少,引才观念陈旧、人才结构失衡、人才发展受到限制,由此导致人才资源流失严重、技术产品落后、企业逐渐失去市场,被时代所淘汰。[③] 目前,企业管理已经进入"以人为本"的新时代,人力资源管理对企业绩效提高的作用已广泛被人们认可,人力资源作为企业中最重要的一项资源,能够为企业在激烈市场竞争中占据优势提供条件。要想提高企业核心竞争力,必须对企业技能人才队伍建设高度重视,将企业人才优势转变为企业的核心竞争力。为了顺应时代发展,我国传统工业企业不断探索进行改革,以期建立与经济建设、产业发展配套的人力资源管理制度,但受制于主客观因素影响,缺乏对现代人力资源管理制度的学习应用,未能借助科学有效的现代人力资源管理手段,导致改革大多浮于形式,未能取得实在效果。人才是发展的第一要务,传统产业企业要想实现转型发展,从根本上来说需要加快企业改革,从措施上来说需要构建充满活力的人才管理激励机制,创新企业文化,营造人才实现自我价值的良好生态,最大力度激发员工潜能。作为传统装备制造企业的代

---

① 张书凤,朱永跃,杨卫星,等.制造业服务化背景下技能人才胜任力模型构建与评价[J].科技进步与对策,2018,35(08):119-127.

② 马海燕,姜乐军,朱震震.新时代高技能人才培养的基本经验、主要困境与突破路径[J].教育与职业,2022(08):44-49.

③ 王洪波.浅析国有企业人才流失的根源及对策[J].商业经济,2009(6):93-94.

表,T 企业与其他传统工业企业一样,面临着如何在现代经济社会中实现转型发展、高质量发展的现实问题。因此,本章以 T 企业为研究对象,通过对 T 企业技能型人才胜任力进行评估,分析 T 企业管理效果,在此基础上提出企业优化技能人才管理的相关策略,以期为 T 企业及其他面对此类问题的企业提供借鉴参考。

## 二、国内外研究综述

### (一)技能人才界定

技能人才在不同国家,界定也有一定区别。就亚洲国家来说,日本的"技能者"需要考取资格证书,从而晋升"职业技能士""熟练技能者";韩国将技能人才分为匠人、技师、技能大师[①]。欧美国家中,德国将技能人才称为技能劳动者,相对应的还有非技能劳动者,即纯体力劳动者[②];技能人才在英国被称为技术工人(skilled worker),作为高技能人才,技术工人往往具备一定的熟练操作某项技能的能力[③];美国的技能人才分为蓝领工人和灰领工人,蓝领工人以体力劳动为主,灰领工人是指业务熟练的技术工人[④]。

在我国,技能人才的界定也在不断演化。1990 年国家劳动部建立了从初级工到高级技师的 5 类技术工人等级体系,技能人才覆盖了初级工、中级工、高级工、技师和高级技师。2021 年开始,我国推广企业新学徒制,探索建立"新八级工"制度,从低到高将技能工人分为学徒工、初级工、中级工、高级工、技师、高级技师、特级技师、首席技师。在陈万思看来,技能人才应同时具备理论知识、操作素养与创新思维,在技能操作的重要环节能够攻克关键技术。在王成荣,王洪见,赵晓燕看来,那些掌握较高的技术技能,深入一线进行创造性劳动,能够为企业提供解决技术难题思路的人,才符合新时代技能人才标准。

### (二)技能人才管理

世界各国都很重视技能人才的培育管理,并进行了多种形式的尝试,以实现产业改革、技术创新、推动转型升级。例如德国采用"双元制职业教育"的方式培育高技能人才,将技能人才视为"经济发展的柱石、民族存亡的基础",将学历证书和职业技能等级证

---

①　李仲生.中日企业在职教育培训模式比较[J].中国人力资源开发,2003(1):66-67.

②　李玉静.21 世纪英国技能人才培养培训政策研究[D].东北师范大学,2019:11-14.

③　European Skills Agenda For Sustainable Competitiveness,Social Fairness And Resilience[EB/OL].https://www.ics.ie/news/eu-skills-agenda.2020-10-26.

④　J. M. CooPer, W. A. Weber. The Competent Manage:a model for effective performance. Willey [J]. New York. NY,2014(9):46-53.

书互融互通,构建技能人才终身学习体系;美国依托建设社区学院,把社区学院建设为技能人才培育的摇篮;英国建立了职业教育的英国标尺,提出"技能立国"战略,对传统学徒制培育方式进行现代化改造,以实现技能人才现代化管理;韩国实行技能人才竞赛制,鼓励技能人才参与形式多样的技能大赛;日本大力倡导精益求精的"工匠精神",重视发挥用工单位在技能人才培育管理中的主体作用,压实企业责任,通过产学研相结合的方式多维度培育技能人才。

我国一直以来也很重视技能人才队伍建设。在韦妙、张启迪看来,我国目前技能人才的结构性就业矛盾日趋凸显,而这一问题是由于传统技能人才培养体系存在重学历轻培训、职业教育整体发展理念不够科学完善而导致。[①] 在白滨、和震、吴秋晨看来,高端技能人才的培养需要遵循科学的人才培养规律,因为这是一项复杂性、开放性的系统工程[②]。在许芳芳看来,拥有一支高素质技能人才队伍的企业,才能顺利实现可持续发展,只有通过组织形式多样的劳动技能竞赛,才能打造高质量技能人才队伍。[③] 在王慧看来,政府、企业、学校、社会在技能人才的培育中都发挥着不可或缺的作用,要不断对现有体制机制进行调整,打通技能人才的成长壁垒,形成可持续、可更新的长效机制。[④] 在许锋华、余侨看来,物质激励只是一个方面,在技能人才培育中应该大力倡导劳模精神,树立精神导向,实现以精神感召,以文化渲染。在张双志看来,企业用人才是技能人才作用发挥的核心,在职业技术教育中,应该优化师资配备,注重发挥实践指导作用,真正让职业院校培养出适应时代发展、适应企业改革创新需求的技能人才。

### (三)技能人才胜任力研究

胜任力研究兴起于美国。1959 年 Robort White 提出了胜任力的概念,他认为胜任力是一种可以辨别人的特质。哈佛大学心理学家 David McClelland 对 Robort White 的研究进行了深化与扩展,他带领团队于 1973 年最早对胜任力进行了定义:胜任力是区分成绩优者与绩效平者之间差异的特征,包括易被感知的外在能力、不易被感知的潜在能力,例如经过学习、培训可以获得的知识和技能是显性能力,一个人的特性、动机不易更改,则

① 韦妙,张启迪.智能时代的技术技能型人才培养:应然定位、实然困境与必然选择:基于人力资本理论的视角[J].职业技术教育,2021,42(13):12–18.

② 白滨,和震,吴秋晨.高技能人才职业核心素养:一项企业雇主与优秀员工视角下的质性研究[J].中国职业技术教育,2021(18):15–24+34.

③ 许芳芳.以劳动技能竞赛探索人才培养长效机制[J].天津市工会管理干部学院学报,2021,38(02):57–60.

④ 王慧.技术技能型人才培养与聊城市产业需求对接研究[J].产业创新研究,2021(13):124–126.

是隐形能力。而对员工发展起到决定作用的,往往不是外在的技能,而是隐藏在更深层次的价值观、动机取向等。他还提出了冰山模型,因此成就卓越,他被称为胜任力模型之父。在此基础上,Richard Boyatzis 从工作需要、组织环境、个人胜任力三个影响绩效的方面来扩展胜任力模型,他认为胜任力影响着工作绩效的行为表现,同时他提出记录绩效者的胜任力方法是通过行为事件访谈法收集。Spencer 提出,依托科学手段,包括动机、态度等深层次特征在内的胜任力可以被测量评估,进而帮助雇主实现识人辨人用人的目的。这些研究成果,为探索优秀技能人才的胜任力特征与培养方向提供了重要理论依据。

我国对胜任力的研究相对国外起步较晚,最早可追溯到 1990 年以后。国内现有关于技能人才胜任力的研究,主要是从知识、技能、素质、态度、个性等维度进行。汤晓华、吕景泉、洪霞基于职业能力,对技能人才知识、技能、素质系统化模型构建进行了研究,构建了 KSA(知识、技能、素质)模型[1]。毕结礼认为,胜任力不是一成不变的,而是发展性、递进式的,发展性胜任力可以帮助员工不断晋升更高级的职位[2]。樊丽娜、刘海燕、胡京博、张纯磊通过对制造企业服务化转型过程中技能人才胜任力要求进行分析,认为除了专业技能、学习能力之外,沟通合作能力及岗位认同感是技能人才胜任力模型的关键因素,并从 4 个维度对模型进行了验证[3]。张弛立足技能人才升级和分流,提出创新能力是胜任力模型构建的必要因素,复合型技能、新技能应用有助于提升技能人才的胜任力,使其在岗位中脱颖而出[4]。梁林、董中奇对钢铁企业技能人才团队胜任力构成维度进行了研究,提出知识、技能、行为、态度、价值观相互作用,决定了人才团队的最终胜任力。

（四）相关研究述评

总而言之,在技能人才管理和胜任力模型研究领域,中外学者已经做了大量富有成效的工作,为本章提供了很好的参考。在胜任力研究方面,美国起步最早,且经过长期的理论研究和实践运用,形成了较为完整的发展体系。在技能人才职业教育方面,德国、英国等欧洲国家探索形成了较为成熟且效果突出的双元制职业教育模式。国内的研究相

① 汤晓华,吕景泉,洪霞.基于职业能力的技能人才知识、技能、素质系统化模型建模与研究 [J].职业技术教育,2012(2):32-35.
② 孙兴伟.让技艺薪火相传:中国职协副会长毕结礼谈国家技能大师工作室建设[J].中国培训,2014(6):32-33.
③ 樊丽娜,刘海燕,胡京博,等.产教融合背景下区域性印刷技术技能人才培养模式探析[J].数字印刷,2021(4):28-34.
④ 张弛."中国制造2025"视域下技能人才职业流向及职业能力框架[J].职教论坛,2016(10):17-21.

对开始较晚,但在借鉴其他国家研究理论成果的基础上,能够结合我国实际不断进行发展与创新,形成了与我国技能人才发展相适应的研究理论、取得实践成果。

从国内外研究共同点上来看,胜任力被普遍视为区别绩效高下的个人特征或行为表现,而在学界关于胜任力结构的概括中,知识、技能、态度和价值观则被视为高频胜任能力。国内学者运用实证研究方式进行胜任力应用研究,构建胜任力模型,可综合运用文献研究法、行为事件访谈法、编制量表问卷调查法、工作分析方法、团体焦点访谈、结构化面试、关键成功因素法等方法。但胜任力及模型体系的构建需要在一个非常具体的社会环境、组织环境、文化环境、市场环境下,才能制定相应的评价标准等核心内容,构建科学合理的模型,从而更好地作用于人才引进、培育等人力资源管理的相关环节。同时,结合本章研究对象 T 企业的发展实际,由于是传统国有企业改制,在人力资源管理方面也一定程度上受到计划体制机制影响,如何加快企业改革,制定科学合理有效的人才管理机制,优化技能人才队伍建设,是企业发展目前面临的较大挑战。综上,本研究认为胜任力是区别技能人才绩效好与差、评判企业人力资源管理是否合理的有效因素,结合企业实际,找出技能人才胜任力因子,构建科学有效的胜任力模型,可以帮助分析企业发现在技能人才管理方面存在的问题,进一步优化企业管理策略,实现企业发展与技能人才成长的双赢局面。

## 三、研究内容和研究方法

### (一)研究内容

本章共有七节,具体各节主要内容如下:

第一节:引言。分析了企业技能人才队伍建设的现实背景及重要意义,大量查阅了国内外研究情况,同时阐述了本研究采取的研究方法。

第二节:相关概念与理论基础。从技能人才及管理策略、人才胜任力等角度,介绍了国内外相关分析研究过程和成果。

第三节:T 企业技能型人才管理现状。主要对 T 企业基本概况、人力资源状况以及企业技能型人才角色定位、培养方式、管理情况进行全面分析,并介绍了行为事件访谈和调查问卷的设计及结果反馈。

第四节:T 企业技能型人才管理存在的问题。使用 SPSS 软件对调查问卷结果进行汇总分析,通过因子分析和检验,构建出 T 企业技能人才的胜任力模型,在此基础上研究提出 T 企业现行技能人才胜任力情况及目前管理体系存在的问题和不足。

第五节：T 企业技能型人才管理策略优化建议。针对 T 企业技能人才管理调研及胜任力分析结果，围绕技能人才在选拔、招聘、培训、考核评价等管理工作展开详细分析，在此基础上提出优化企业技能型人才的管理策略改进措施，具体包括：优化技能人才引进机制、培育机制、激励机制、考核评价机制等 4 方面内容。

第六节：T 企业技能型人才管理策略优化的保障措施。针对 T 企业技能人才管理策略优化的落实提出几点保障措施，包括组织保障、制度保障、资金保障和文化保障。

第七节：小结。对本研究的结论进行梳理和总结，分析了存在的不足和需要优化提升的内容。

## （二）研究方法

### 1. 文献研究法

通过学校网站资源、知网等平台，对大量的国内外专著、期刊文献、论文进行搜索查阅，共搜集有效文献 50 余篇，并提炼出有效参考信息，确定了本章的研究框架。

### 2. 访谈法

与 22 名 T 企业领导层、管理人员及技能人才代表分别进行了交流，根据访谈对象不同制定了 2 类谈话提纲，获取了第一手资料，为确定本章研究重点内容奠定了基础。

### 3. 问卷调查法

面向 T 企业技能人才群体设计了调查问卷，问卷分为 3 部分，分别是针对调查对象基本信息、技能人才胜任力评价、企业管理现状进行调研，并对调查问卷进行了回收、统计。在此基础上分析了 T 企业技能人才胜任力水平，并提出 T 企业在技能人才管理方面存在的问题。

# 第二节　相关概念与理论基础

## 一、相关概念界定

### （一）技能型人才

技能型人才指工作于生产、运输、服务一线，能够熟练操作某些技能，专业水准突出，有较强的动手能力，在生产、加工、制造等关键环节发挥突出作用，有效解决操作技术难题的技能从业者。①

动手能力是技能人才区别于其他员工的职业形象特征。与研发类、创新类等高层次人才相比,技能人才从事的是熟练劳动,展现了更强的实用性和操作性,能够通过持续重复的动作技能来掌握精湛的技艺,工作适应性也更强。与一般体力劳动者相比,他们的劳动更为复杂,拥有一定的知识积累,掌握了精密的技术,具备一定的革新能力,可以说新时代的技能人才是结合了"手力"与"脑力"的集合,呈现出精湛的动手能力、突出的适应能力、较强的创造能力。②

### (二)胜任力

1973年,哈佛大学教授戴维·麦克利兰(David·McClelland)研究分析了能够区分成功者和普通者的潜在特点,并首次提出了胜任力的概念,包含了认知水平、自我形象、价值观、态度动机等,这些深层次能力不易被察觉,但可以被评估测量,从而被应用于识别绩优者与普通者。③ 结合现代研究理论,胜任力是组织中绩效卓越成员所具备的可评估与开发的内在和外在要素的集合:包括技术能力、知识结构、职业精神、价值观念、性格特征和心理动机。这六种要素融合汇聚,形成"胜任"工作的"合力",即胜任力(competency)。④

外在特征和内在特征共同构成了胜任力要素特征。知识和技能这些可以通过学习或者受训而获得的,且易于被发现或者评估的显性特征是外在特征,也是给他人最直观的印象特点。而价值观、性格特点、态度取向等特质难以被评判察觉,但正是这些决定了一个人的根本特质,也是决定一个人是否绩优的最关键因素。

## 二、理论基础

### (一)人力资源测评理论

人力资源测评是指以现代心理学、管理学、行为科学等理论为基础,通过心理测量、

---

① 国家职业分类大典修订工作委员会.中华人民共和国职业分类大典:2015年版[R].北京:中国劳动社会保障出版社,2015.

② 王玲.高技能人才与技术技能型人才的区别及培养定位[J].职业技术教育,2013(28):11-15.

③ S. Horton. The Competency Movement: Its Originsand Impact on the Public Sector [J]. The International Journal of Public Sector Management,2000,13(4):306-318.

④ Abduli Selajdin. Effective Human Resource Management in small and Medium Size Enterprises in the Republic of Macedonia [J]. International Journal of Academic Research in Economics and Management Sciences. 2013,2(2):169-183.

面试、情景模拟等多种方法对人力资源个体的品德、智力、技能、知识、经验等素质进行测量、评价的活动过程。

人力资源测评活动的组成部分：一是采用科学的方法，收集测评对象在相关活动领域中的表征信息；二是采用科学的方法对其素质水平做的量值与价值判断。人力资源测评的作用：一是为人力资源获取提供依据；二是为人力资源使用提供指导；三是为人力资源开发提供方向。

人力资源测评应遵循的原则：一是代表性原则，指题量（即样本）要具有代表性，能代表知识总体；二是难易适度原则，过于简单及复杂不易区分被测评者间的差异；三是表述简明原则，指试题本身及答题指导语简明；四是迁移原则，指试题中对知识的迁移的考察应占有较大的比重，注重学以致用。[①]

## （二）人力资源开发理论

人力资源开发是把人的智慧、知识、经验、技能、创造性、积极性当作一种资源加以发掘、培养、发展和利用的一系列活动。人力资源开发要借助于教育培训、激发鼓励、科学管理等手段来进行。

人力资源开发的目标：一是通过开发活动提高人的才能，才能是认识和改造世界的能力，它构成了人力资源的主要内容。二是通过开发活动增强人的活力或积极性，从而达到激发潜能、增加活力的目的，提高人力资源的利用率。

## （三）胜任力模型理论

胜任力模型是指在特定组织中成功出任某一岗位或等级需要的个人特点的结构化组成。它能够区别开来优秀人员和一般绩效人员，包含特定岗位或水准需要的一系列行为特点或能力的总数，对工作绩效和成功有最直接的影响。站在人力资源管理实践视角来分析，在制定人才标准和进行人才决策过程中，胜任力模型是最好的工具。该模型经过合理科学的分析，把企业在实现战略目标时对于组织能力方面的具体要求充分渗透和融合到具体的岗位当中，从而帮助企业培养一批能够与战略目标相契合的员工[②]。所以，在创建以能力为主导的人力资源管理体系时，胜任力模型是其最主要的创建基础和核心。

---

① 张健.国有企业人力资源测评方式和技术探索[J].经济师,2022(07):270,277.
② 吴海凤,杨春发.构建基于胜任力模型的培养体系[J].企业管理,2017(S2):24-25.

1. 冰山模型

"冰山理论模型"由 Spencer 在 1993 年提出,他以冰山为例,把胜任力特征分为水上、水下两部分:第一部分是表层特征,即冰山水上部分,主要包括知识和技能等表层特征,属于外在的、表象的、易被识别的、不稳定的部分,企业易于识别员工这些胜任力并对其进行培养和开发。第二部分是潜在特征,即冰山水下部分,包括内驱力、目标导向、价值观等特质,属于相对稳定的、具有隐藏性的、不易培养和发展的核心人格,不易被企业管理者识别。经实践研究,冰山水下部分的潜在特征,才是辨别员工绩效与发展能力的关键因素(如图 6-1 所示)。

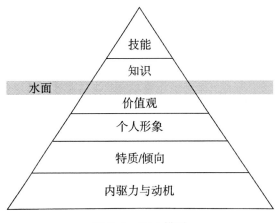

图 6-1　冰山模型

2. 洋葱模型

洋葱模型是在冰山模型的基础之上进行创立的,由美国学者 Boyatzis 提出,是将各要素由内到外进行包裹和排列,心理动机等潜在特质位于洋葱核心,外围以此层层包裹自我形象、知识技能等显性特质。最外层的胜任力是容易识别且培养改变的,最里层的胜任力是最难培养和改变的(如图 6-2 所示)。

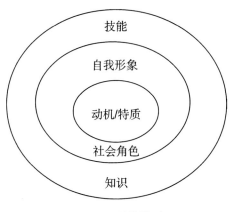

图 6-2　洋葱模型

# 第三节　T 企业技能型人才管理现状

## 一、T 企业基本概况

### （一）基本情况

"一五"时期,国家布局了 156 个重点项目,作为其中之一的 T 企业应运而生,于 1955 年开始建厂,汇聚了来自四面八方的技术专家、技能工人,成功生产出新中国第一台拖拉机。建厂以来,T 企业已累计向社会提供了 356 万余台拖拉机和 299 万余台动力机械,拥有的"东方红"商标为中国"驰名商标",是一家拥有"A+H"上市平台的农机企业。

T 企业总部设置职能部门 15 个,包含企业办公室、战略投资部、人力资源部、技术质量部、生产经营部、产品研发部、制造工程中心等部门。经过 60 余年的发展,T 企业已经成为以农业装备为核心,并创新发展特专车辆、制造服务业务的大型装备制造企业,拥有拖拉机、收获机械、机具等农装产品,以及柴油机、传动系、驾驶室等核心零部件构成的完整农业装备产业链体系。农业装备业务具有国内完整的拖拉机产品系列,拥有国际先进、国内领先的具有自主知识产权的产品技术。

"十四五"期间,T 企业坚持以习近平新时代中国特色社会主义思想为指导,按照"创新驱动、优化结构、深耕市场、抢占高端"的战略发展思路,推动企业实现高质量发展;通过打造"一基地三平台",使 T 企业成为世界一流的农机企业,成为卓越的农业装备制造服务商。

### （二）人力资源现状

T 企业秉承"出第一的产品、育第一的人才、创第一的业绩"的企业核心价值观,坚持"事业以人为本,发展以人为先,给想干者机会,给能干者舞台,给干成者激励"人才理念,多渠道、多层次、全方位进行整体性人才资源开发,营造了优秀人才脱颖而出的良好氛围。

T 企业实施"人才兴企"战略,为各类员工提供施展才华的舞台,现有从业人员 9916 人,其中管理人员 1534 人,占比 15.47％;专业技术人员 1448 人,占比 14.6％;技能人员 5938 人,占比 59.88％;销售人员 818 人,占比 8.24％。管理和专技人员中本科及以上学历占比 75％,拥有中级以上职称人员占比 55％;一线技能人员高级工及以上占比 52％。

T企业现有市级及以上各类人才80余人,其中百千万人才工程国家级人选1人,享受国务院政府特殊津贴专家10人,国机集团首席专家2人,高级专家5人,河南省、洛阳市优秀专家、学术技术带头人20余人。

### (三)经营状况

近年来,面对复杂多变的经济形势,T企业能够客观研判形势、积极转型发展,整体保持了较好的发展态势。2021年,T企业主动应对原材料价格快速上涨、农机补贴下调、疫情等诸多困难和挑战,对外开拓市场,对内节本增效,大中轮拖及柴油机产品销量创近年高点,主要经营指标大幅增长,运营质量不断改善。2021年实现营业总收入93.34亿元,同比增长23.10%;归属于上市公司股东的净利润4.38亿元,扣非净利润3.35亿元。全年实现大中型拖拉机销售6.93万台,高于行业整体水平25.73个百分点。柴油机业务通过发挥专业化配套服务优势,全年"东方红"柴油机总销量13.86万台,公司对收获机械、工程机械等外部客户配套规模同比增长,外部市场配套销量增幅10.87%。在服务保障和金融促销方面,公司增强服务保障能力,提升用户满意度和市场认可度。2021年,利用融资租赁等方式促进销售大中型拖拉机3300余台。同时,公司积极克服全球疫情冲击、国际运费高涨等不利因素影响,在非洲、拉美、中东欧及俄语国家等海外重点市场实现销量增长,全年拖拉机出口额实现增幅30.02%。

## 二、T企业技能型人才管理现状分析

### (一)T企业技能人才角色与定位

T企业现有的5938名技能人才中,包含全国技术能手5人,国机集团首席技师3人,河洛工匠9人,省、市技术能手30余人。并建设国家级技能大师工作室2个、河南省技能大师工作室1个、河洛工匠工作室3个。可以说,T企业作为传统装备制造企业,能够在现代化发展背景下不断取得新成果,取得如今的成就,正是依赖于一代又一代技能人才的强力支撑。

1.技能人才是T企业的技术骨干,发挥支撑作用

20世纪50年代,为加快生产出新中国第一台拖拉机,T企业一经成立就掀起了技术学习的热潮,当时厂内最流行的口号就是"由外行变内行",并派遣员工赴苏联哈尔科夫拖拉机厂实地学习。一年后,这批员工成了"工业专家",回国后克服重重困难,成功装配了第一台履带式拖拉机,也奠定了T企业扎实的生产基础。

2.技能人才是 T 企业的革新能手,发挥引领作用

建厂之初,T 企业便提出了"出中国第一的产品、出中国第一的人才、创造中国第一的业绩"的目标。在"中国制造2025"的大背景下,T 企业技能人才不断革新,在长期的生产制造中积累了丰富的经验,注重进行技术改造,克服操作困难,推动拖拉机产品更新换代,把设计变为实践、把图纸打造成产品,充分体现了他们的创新作用。

3.技能人才是 T 企业的授艺良师,发挥传承作用

学徒制是 T 企业培育技能人才的重要手段,多年来,T 企业充分发挥企业技能大师的传承作用,以做中学、工学结合的方式培养一批又一批的技能员工,实现学徒技艺进步和企业持续发展的有机结合。

4.技能人才是 T 企业的品行标杆,发挥示范作用

与其他岗位人员相比,技能人才的工作环境更加刻板单一、工作强度也更大,但他们刻苦钻研、任劳任怨、爱岗敬业,有着高度的奉献精神,为广大青年员工在工作、生活等各方面指引方向,在岗位和品德上均起到了良好的示范作用。

## (二)T 企业技能人才来源

### 1.外部人才市场招聘

外部招聘是 T 企业新增技能人才的主要来源之一,每年春秋两季 T 企业通过劳动力市场引进技能人才。主要方式为发布招工公告,依托省、市大型招聘会,组织校园招聘活动等,招聘人员主要是通用型工种。

### 2.职业学校订单培养

T 企业与部分职业学院签订有订单班,主要以材料成型、控制工程等专业为主,为订单班学生提供实岗学习培训,设立专项奖学金,提升学生留企意愿,实习结束后,综合企业年度招聘计划、学生综合能力水平,优先录用优秀学生作为正式员工。

### 3.新型学徒制培育

依托深厚的技能人才基础,T 企业充分发挥企业内部"全国技术能手""河洛工匠"等高技能人才的传帮带作用,招收学徒、签订培养合同。学徒制更加注重实践知识和情景学习,培育技能人才真正的实操技术和生产技术。

## (三)T 企业技能人才管理机制

### 1.构建人才管理制度体系

T 企业出台有《人才引进管理办法》《高校毕业生招聘管理办法》《多通道成长机制建设指导意见》《员工奖惩制度》《工资总额预算管理实施意见》《返聘人员管理办法》等相

关文件,初步构建了包含技能人才在内的人才"引、育、留、用"管理体系。

2.打通多元化的职业成长通道

企业设立了专业职务成长通道,专业职务通道分工程技术、专业管理、技能操作三大类,工程技术类设立首席专家、一级专家、二级专家、主任工程师;专业管理设立一级专家、二级专家、主任管理师;技能操作类设立首席技师、主任技师。积极响应参与国家职业技能提升行动。作为河南省首批职业技能等级自主认定试点单位,具备53个工种的技能人才自主评价认定资质,创新开展了大拖公司考点、中小拖公司考点等9个实操考点的建设工作。

3.扩展技能人才招聘通道

T企业每年招聘100名以上的应届高校毕业生作为专业人才的青年储备力量。同时与国内外众多普通高校、多家研究机构建立有密切的产、学、研合作关系。通过国家重点实验室、国家级企业技术中心、博士后工作站等平台,加强与国内外高校产学研合作,充分发挥校企在农业装备领域人才资源互补优势,实现产业链内人才资源共享。例如与中国农业大学就人才培养、科技合作签订战略合作协议;与江苏大学合作建立洛阳研究生分院;建立博士后科研工作站,与高校联合招收培养博士后研究人员。在一线技能人才补充方面,通过企业实训基地、职业院校顶岗实习生定岗培养、优秀劳务派遣用工转招等措施,每年补充100名左右一线技能人才。

4.不断丰富培训形式

T企业以中国一拖东方红培训中心及企业职工培训中心为载体,制定职工教育培训工作管理制度以及课程开发、内训师管理等工作实施细则,分层级对领导干部、青年潜力人才、专业技术人员、管理人员、一线技能工人等开展系统培训工作。

5.探索进行激励机制建设

T企业正在探索建立与市场接轨的薪酬绩效体系,强化绩效管理,切实区分员工的贡献水平,薪酬分配向关键、核心岗位倾斜,聚焦关键少数,确保核心骨干人员的薪酬不低于市场同类人员的平均水平,以便更好地吸引人才、留住人才。

## 三、T企业技能型人才胜任力现状调研

### (一)访谈设计及结果分析

1.访谈提纲设计

在查阅国内外有关技能人才管理策略优化的研究理论和成果的基础上,进行系统归

纳、综合,编制了面向 T 企业管理人员、技能人才两类不同群体的访谈提纲,与 22 名企业代表进行访谈。访谈时首先阐述了访谈目的,有差异地设计了访谈问题,确保多视角获取信息。其中,面对管理人员设置问题 7 个,重点了解 T 企业对技能人才的管理理念、重视程度、做法经验、存在问题等情况;面对企业技能员工群体,设置问题 9 个,重点了解技能人才胜任力、对企业认可度、工作态度、目标规划等。

1)对管理人员进行访谈的主要内容

(1)T 企业技能人才在企业发展中发挥怎样的作用?

(2)在对技能人才管理中,T 企业采取哪些有效举措? 是否出台专门政策?

(3)研发、技能、销售、管理等类别员工中,哪类对企业的发展影响最大? 在管理、激励、培育等方面举措有何区别?

(4)目前企业技能人才队伍建设存在哪些问题? 例如结构、年龄、技能水平等方面,请举例说明。

(5)作为人事管理人员,您是否对胜任力的概念有所了解?

(6)请谈一下企业在技能人才职称评定、晋升通道等激励方式方面进行了哪些探索,取得了怎样的效果。

(7)企业技能人才管理方面存在哪些不足,还有哪些需要提升的地方?

2)对技能人才进行访谈的主要内容

(1)请先做个简单的自我介绍,包括您的技能水平、年龄、工种岗位等。

(2)您认为做好本职岗位,需要具备哪些能力? 您是否完全具备? 如果没有,欠缺的能力是什么?

(3)您对目前的工作状态是否满意?

(4)近期是否有轮岗,如果有,是否能较快适应新的工种?

(5)请说出优秀技能人才最应该具备的三项素质,并举例说明。

(6)从业经历中遇到的最大困难是什么,如何克服的?

(7)您对 T 企业在人才技能管理方面的做法是否满意,您认为还存在哪些问题?

(8)您的技能提高、职业晋升途径是否畅通?

(9)在新时代背景下,受人工智能等新技术的冲击,您是否有职业危机感?

2.访谈结果分析

采取随机抽取的方式,分别与 7 名 T 企业管理人员、15 名技能人才代表分别进行了交流(如表 6-1 所示)。在访谈时,为了保障访谈人员真实反馈信息,访谈过程仅有访谈人和被访谈人员参加,并承诺进行保密。

表6-1  访谈样本情况

| 访谈对象 | | 人数 | 占比 |
|---|---|---|---|
| 管理人员 | 企业领导层 | 2 | 9.09% |
| | 人力资源部门人员 | 5 | 22.73% |
| 技能型员工 | 高技能人才 | 4 | 18.19% |
| | 普通技能人才 | 11 | 50% |

本次访谈虽范围有限,但也初步掌握了多视角多维度的基本资料,具有一定的信服力,通过对访谈内容进行梳理分析,初步获取了以下有效信息:

(1)企业领导层人员均表示对技能人才管理工作比较重视,强调了技能人才对企业发展创新的重要性,但在实际工作中对技能人才队伍管理优化的办法不多,表示目前企业对技能人才的管理方面还存在一定短板。

(2)人力资源部门负责人表示,近年来企业技能人才流失较为严重,尤其是85后很多另谋出路,招工情况也不理想,招工质量不高,培训周期长,企业技能人才队伍青黄不接。

(3)技能人才尤其是普通职称技能人才较多反映,与研发人员、销售人员相比,技能人才的激励形式相对单一,绩效奖金更少,多年来工资涨幅小,且工作强度更大、时间更长。

(4)相比而言,高技能人才对企业认可度较高,但也表示企业晋升通道不畅通,即便获得高级职称,也未能享受太多企业红利。

(5)技能人才普遍反映,希望企业可以对技能员工群体给予更多关注,在政策、待遇、培训提升等方面有所倾斜。

(6)管理人员和技能人才均表示,目前企业技能人才水平参差不齐,因循守旧多,技术创新较少,技能人才胜任力有待提升。

(7)在谈到技能人才胜任力标准时,访谈人员更注重基准性胜任力,例如技能水平和动手能力,而不关注技能人才的价值观、目标规划等鉴别性胜任力。

(8)访谈前基于相关理论基础,结合T企业国有企业改制等特征,初步拟定了20项技能人才胜任力要素,经过与T企业员工的深入交流,访谈后增加了抗挫折能力、成就导向、职业角色认同、跨岗位应变能力4项要素,共确定了24项胜任力要素,为下一步调查问卷设计奠定了基础。

## (二)调查问卷设计及结果分析

**1. 调查问卷设计**

在查阅 T 企业有关材料、个别访谈的基础上,综合其他人才管理优化及胜任力调查问卷的设计思路,吸纳合理项目,编制了调查问卷(见附录)。

问卷第一部分设有 5 个问题,主要摸底被调查者基本情况等。

问卷第二部分为主观测量部分,要求调查对象根据 24 个技能人才胜任力要素的具体描述,并结合自身实际情况对符合程度进行打分,设"非常符合""比较符合""一般""不太符合""完全不符合"5 级态度选项。

问卷第三部分是技能人才管理现状调查,设有 11 个问题,主要调查 T 企业技能型员工管理方式及员工视角下企业管理体系基本情况。

**2. 调查问卷分析**

为提高效率和结果的准确性,更加有效、全面地反映出 T 企业技能人才胜任力现状以及亟需提升的素质,此次访谈主要通过线下问卷的形式,由 T 企业人力资源部协助进行发放并收集,再依据信息反馈进行整理汇总。本次调查对象面向 T 企业不同部门的、不同等级的、不同工种的技能人才,共发放 160 份,问卷发放与填写时间共 5 天,成功收回可以采用的有效问卷 153 份,成功收回率占到 95.63%。

(1)样本概况分析。从表 6-2 可知,本研究有效样本为 153 份,其中男性样本共有 119 个,占比为 77.78%,女性样本共有 34 个,占比为 22.22%;从年龄分布上,大部分样本为"25 ~ 45 岁(含)",比例是 75.16%;最高学历(学位)方面,大部分样本为"大学学士",占比为 56.21%;在本公司任职年限方面,样本中 48.37% 会选择"5 至 10 年",还有 32.03% 的样本为"10 年以上";是否有技能等级方面,样本中选择"中级"的比例最高,为 32.68%。

表 6-2　T 企业调查问卷样本基本信息

| 名称 | 选项 | 频数 | 百分比(%) |
|---|---|---|---|
| 性别 | 男 | 119 | 77.78 |
| | 女 | 34 | 22.22 |

续表 6-2

| 名称 | 选项 | 频数 | 百分比(%) |
|---|---|---|---|
| 年龄 | 25 岁以下 | 20 | 13.07 |
| | 25~35 岁 | 59 | 38.56 |
| | 35~45 岁 | 56 | 36.61 |
| | 45 岁以上 | 18 | 11.76 |
| 最高学历(学位) | 中专或技校 | 4 | 2.61 |
| | 大专 | 48 | 31.37 |
| | 大学学士 | 86 | 56.21 |
| | 硕士研究生 | 13 | 8.50 |
| | 博士研究生 | 2 | 1.31 |
| 本公司任职年限 | 1 至 5 年 | 30 | 19.61 |
| | 5 至 10 年 | 74 | 48.37 |
| | 10 年以上 | 49 | 32.03 |
| 是否有技能等级 | 初级 | 31 | 20.26 |
| | 中级 | 50 | 32.68 |
| | 高级 | 45 | 29.41 |
| | 技师及以上 | 27 | 17.65 |
| 合计 | | 153 | 100 |

（2）T 企业技能人才胜任力要素分析。此部分通过李克特量表作为调查工具，以胜任力要素作为问卷指标，具体分析见第四节内容。

（3）T 企业技能人才管理现状分析。该部分共设置 11 道问题，经过分析发现绝大部分技能人才对 T 企业现有管理模式基本认可。尤其是"70 后"，对企业的认可度更高。针对问卷中"不满意""不重视""不合理""不适应"这些选项进行分析，基本都是由"90 后"填写，由此可见，年轻一代技能人才职业认可度不高、对职业规划有迷茫，是企业最易流失的群体。问卷中"不满意"票数最多的是"企业现有人才激励制度"选项，可见企业对技能人才的重视程度不够，人才激励措施不足，与管理、销售人员相比，技能人才的激励模式单一、投入不足，且技能人才工作环境更加单一枯燥，培训模式创新较少（见表 6-3）。

表6-3　T 企业技能人才管理现状分析

| 问题清单 | 调查结果统计 | | |
|---|---|---|---|
| 是否了解企业目前管理制度 | 非常了解53% | 基本了解47% | 不了解0 |
| 是否满意现有人才激励制度 | 非常满意17% | 基本满意59% | 不满意24% |
| 企业对技能人才重视程度 | 非常重视47% | 一般重视46% | 不重视7% |
| 企业技能人才结构是否合理 | 非常合理55% | 基本合理47% | 不合理8% |
| 企业技能人才的主要来源 | 市场招聘76% | 订单输送13% | 学徒制11% |
| 企业对技能人才的激励方式 | 升职21% | 薪酬奖励6% | 评先评优71% | 口头表扬2% |
| 是否适应目前工种 | 完全适应5% | 基本适应71% | 不太适应21% | 非常不适应3% |
| 最有效的培训形式 | 师徒制47% | 专门培训班16% | 网络培训6% | 以岗代训31% |
| 是否有危机感 | 很强烈19% | 有一些74% | 基本没有7% | 完全没有0 |
| 对未来3~5年是否有规划 | 规划清晰30% | 有一些设想66% | 从没想过4% | |
| 上升渠道是否畅通 | 非常畅通21% | 基本畅通69% | 不畅通10% | |

# 第四节　T 企业技能型人才管理存在的问题

## 一、运用 SPSS 软件分析问卷结果

在通过第三章行为事件访谈和问卷调查研究提炼和调整胜任力因子的基础上,利用 SPSS 软件对调查问卷中的数据进行汇总和分析,主要包括问卷信效度检验、描述性分析、因子分析等,并对结果进行分析和讨论,构建出 T 企业技能人才胜任力模型,根据模型评价结果,进一步分析提出 T 企业技能型人才管理及技能人才胜任力方面存在的问题。

（一）胜任力因子分析

因子分析主要是针对不同的变量构成的矩阵,进行相应内部结构的分析,对原有的

变量进行压缩提炼,得出能够反映原有变量的大部分信息的公共因子,整合后的公共因子,每个都可以代表几个因子的公共信息。按照以下三个流程进行分析:第1步,通过SPSS软件进行分析,确定是否可以采用因子分析法。第2步,利用总方差这种计算方法对所有的因子进行公共因子的提取。第3步,将每个不同的变量集合按照一定的规则分类在相应的公共因子当中。在调查问卷当中,共涉及24个胜任力要素,并针对这些要素分别进行了因子分析和序号排号,如 $A_1$、$A_2$、$A_3$……$A_{24}$,而且还通过最后的打分来作为最终的参考数据,利用主成分分析法,来获得公共因子,然后针对这24个胜任要素予以分类,最终根据得出的最直观的分析结果,来判断企业技能人才的真实胜任力情况。

1. 巴特利特球型检验和 KMO 检验

利用 KMO 检验法来衡量和评定变量之间是否有着很强的关联关系,并且是否适合进行因子分析。运用 KMO 检验和 Bartlett 球形检验,具体的分析结果如表6-4所示。

表6-4　KMO 和 Bartlett 巴特利特检验结果

| KMO 值 | | 0.922 |
|---|---|---|
| 巴特利特球形度检验 | 近似卡方 | 2111.130 |
| | 自由度 | 276 |
| | 显著性 | 0.000 |

Kaiser 的度量标准是,KMO 大于0.7时。本研究中的 KMO 值为0.922,KMO 值大于0.7,因此,本章的问卷数据符合进行因子分析的条件。

2. 提取胜任力要素因子

运用 SPSS 软件,运用主成分分析法,对从收集汇总的数据里提取的因子特征值进行计算,提取因子(如表6-5所示)。

表6-5　公共因子特征值和方差解释率

| 成分 | 初始特征值 | | | 提取载荷平方和 | | | 旋转载荷平方和 | | |
|---|---|---|---|---|---|---|---|---|---|
| | 总计 | 方差百分比 | 累积 % | 总计 | 方差百分比 | 累积 % | 总计 | 方差百分比 | 累积 % |
| 1 | 9.569 | 39.869 | 39.869 | 9.569 | 39.869 | 39.869 | 4.553 | 18.969 | 18.969 |
| 2 | 2.548 | 10.615 | 50.485 | 2.548 | 10.615 | 50.485 | 4.277 | 17.820 | 36.788 |
| 3 | 2.069 | 8.622 | 59.107 | 2.069 | 8.622 | 59.107 | 3.945 | 16.437 | 53.225 |
| 4 | 1.127 | 4.698 | 63.805 | 1.127 | 4.698 | 63.805 | 2.539 | 10.579 | 63.805 |
| 5 | 0.905 | 3.771 | 67.575 | | | | | | |

续表 6-5

| 成分 | 初始特征值 | | | 提取载荷平方和 | | | 旋转载荷平方和 | | |
|---|---|---|---|---|---|---|---|---|---|
| | 总计 | 方差百分比 | 累积 % | 总计 | 方差百分比 | 累积 % | 总计 | 方差百分比 | 累积 % |
| 6 | 0.700 | 2.915 | 70.491 | | | | | | |
| 7 | 0.666 | 2.777 | 73.268 | | | | | | |
| 8 | 0.632 | 2.634 | 75.902 | | | | | | |
| 9 | 0.607 | 2.528 | 78.430 | | | | | | |
| 10 | 0.593 | 2.469 | 80.900 | | | | | | |
| 11 | 0.531 | 2.213 | 83.113 | | | | | | |
| 12 | 0.488 | 2.035 | 85.147 | | | | | | |
| 13 | 0.457 | 1.905 | 87.052 | | | | | | |
| 14 | 0.398 | 1.660 | 88.712 | | | | | | |
| 15 | 0.391 | 1.627 | 90.339 | | | | | | |
| 16 | 0.352 | 1.468 | 91.808 | | | | | | |
| 17 | 0.339 | 1.412 | 93.220 | | | | | | |
| 18 | 0.286 | 1.192 | 94.411 | | | | | | |
| 19 | 0.284 | 1.182 | 95.593 | | | | | | |
| 20 | 0.256 | 1.065 | 96.659 | | | | | | |
| 21 | 0.232 | 0.967 | 97.625 | | | | | | |
| 22 | 0.202 | 0.840 | 98.466 | | | | | | |
| 23 | 0.194 | 0.809 | 99.274 | | | | | | |
| 24 | 0.174 | 0.726 | 100.000 | | | | | | |

表 6-5 中的第 1 列是赋予各要素的序号,第 2 列是他们的特征值,第 3 列是计算出的方差贡献率,第 4 列是计算得到的累计方差贡献率。第 3 列是由第 2 列除以总方差所得。第 4 列则是由方差累加所得。第 5 列和第 7 列代表的是已经提取出的 7 个公共因子,每个数列的含义,与第 2 到第 4 列的意思相同。第 8 到第 10 列是把因子的最大方差法进行转化以后,最终得出了原始变量的情况。采用主成分分析法,提取量表中特征值大于 1 的 4 个因子,总方差解释率为 63.805%,大于 60%,量表解释程度较好。

3. 旋转成分矩阵分析

通过使用统计软件,运用最大方差计算法,将提取的因子进行矩阵旋转,得出的结果如表 6-6 所示。

表6-6　旋转后的成分矩阵

| | 成　分 | | | |
|---|---|---|---|---|
| | 1 | 2 | 3 | 4 |
| $A_1$ | 0.788 | | | |
| $A_2$ | 0.773 | | | |
| $A_3$ | 0.776 | | | |
| $A_4$ | 0.778 | | | |
| $A_5$ | 0.807 | | | |
| $A_6$ | 0.761 | | | |
| $A_7$ | | 0.683 | | |
| $A_8$ | | 0.678 | | |
| $A_9$ | | 0.668 | | |
| $A_{10}$ | | 0.709 | | |
| $A_{11}$ | | 0.712 | | |
| $A_{12}$ | | 0.710 | | |
| $A_{13}$ | | 0.624 | | |
| $A_{14}$ | | 0.719 | | |
| $A_{15}$ | | | 0.755 | |
| $A_{16}$ | | | 0.759 | |
| $A_{17}$ | | | 0.699 | |
| $A_{18}$ | | | 0.800 | |
| $A_{19}$ | | | 0.736 | |
| $A_{20}$ | | | 0.716 | |
| $A_{21}$ | | | | 0.657 |
| $A_{22}$ | | | | 0.673 |
| $A_{23}$ | | | | 0.731 |
| $A_{24}$ | | | | 0.700 |

　　从上表矩阵中可以看出,每一个公共因子对应的原始变量的具体数值,24项要素质囊括的公共因子载荷基本上都超过了0.5,表示每个变量都较为重要。因此,需要对全部变量进行归类,无法舍弃。旋转成分矩阵的结果显示,问卷中的24个题项被划分为4个维度。其中,第1个因子主要解释了 $A_1$ 到 $A_6$ 指标,命名为"专业知识与技能";第2个因子主要解释了 $A_7$ 到 $A_{14}$ 这8个指标,命名为"通用技能";第3个因子主要解释了 $A_{15}$ 到 $A_{20}$ 这6个指标,命名为"职业素养";第4个因子主要解释了 $A_{21}$ 到 $A_{24}$ 这4个指标,命名

为"内驱力"。

根据调查对象的数据统计,分析测算出维度权重(如表6-7所示)。

表6-7　公因子权重

| 因子 | 项数 | 方差百分比 | 权重系数 |
|---|---|---|---|
| 专业知识与技能 | 6 | 18.969 | 29.73% |
| 通用技能 | 8 | 17.82 | 27.93% |
| 职业素养 | 6 | 16.437 | 25.76% |
| 内驱力 | 4 | 10.579 | 16.58% |

## (二)胜任力因子检验

### 1.信度分析

信度指的是一个事物在反复出现过程中,整体的对应性和稳定性的具体程度。如果整体的一致性和稳定性相对较好,那么说明整个信度相对较高。通常采用克朗巴赫(Cronbach alpha)信度系数来进行检验,信度系数能够简单直接地反映一组数据信度的良好性。信度系数越接近于 1 则说明整体信度越好。其中如果信度系数大于 0.7,则说明数据的信用度相对较高,0.35~0.7 则说明信度一般,而小于 0.35,则说明信度相对较差。本研究的 4 个公因子的 Cronbach Alpha 均大于 0.7(如表6-8所示),表明各公因子的内部一致性较好。

表6-8　问卷内部一致性信度系数

| | 专业知识与技能 | 通用技能 | 职业素养 | 内驱力 |
|---|---|---|---|---|
| Cronbach Alpha | 0.937 | 0.872 | 0.883 | 0.787 |

### 2.公因子效度检验

对公共因子相关性进行分析,公共因子的相关系数值主要保持在 0.4~0.8,且相关关系的概率水平达到了 0.01(如表6-9所示)。这足以表明每个公共因子之间有着强烈的关联性,同时也表明这次问卷有着较好的效果。

表6-9　各公共因子之间 Pearson 相关性分析

|  | 专业知识与技能 | 通用技能 | 职业素养 | 内驱力 |
|---|---|---|---|---|
| 专业知识与技能 | 1 |  |  |  |
| 通用技能 | 0.498＊＊ | 1 |  |  |
| 职业素养 | 0.535＊＊ | 0.411＊＊ | 1 |  |
| 内驱力 | 0.657＊＊ | 0.404＊＊ | 0.466＊＊ | 1 |

＊ p<0.05

＊＊ p<0.01

## 二、构建 T 企业技能人才胜任力模型

建立人才胜任模型,是企业人力资源管理如工作分析、人员招聘、人员选拔、绩效考核、培训开发等的重要基础。通过胜任力模型的构建,可以帮助企业管理者判断并发现导致技能人才素质差异的关键驱动因素,从而为企业引、育、留、用技能人才提供借鉴。此外,胜任力模型的构建可以促使企业和技能人才之间达成新的互惠关系、建立新的心理契约枢纽,企业和技能人才都将因为职业胜任力的提高而使自身的核心需求得到实现:企业由于致力于高技能人才胜任力的提升而培养、挽留和提高了企业的核心技能,技能人才由于胜任力的提升而得到了职业保障。

### (一)T 企业技能人才胜任力权重

将上文得到的各指标权重与对应的公因子权重相乘,可以得到各指标在胜任力模型评价指标体系的绝对权重。表中的权重系数均为正数,说明所有的胜任力维度都对技能人才胜任力评价有正向影响,最终的模型保留了 24 项要素,分为专业知识与技能、通用技能、职业素养、内驱力四个维度。24 项要素中,岗位知识、理论知识、操作能力等达到较高水平,学习与创新能力、信息化处理能力、应变能力、职业角色认同等评价较为一般(如表6-10 所示)。由此可见,T 企业在对技能人才的培养中以及技能人才自身都是更注重传统素质的提升,对新时代背景下亟需提升的新能力重视程度不够,对自身的职业认可度也不够高、内驱力不强。由此可见,T 企业技能人才提升综合竞争力、实现自我岗位认同、明晰发展规划等方面还需进一步提升,以更好适应新时代背景下的技能人才需求。

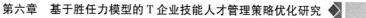 

表 6-10　胜任力模型的权重分配一览表

| 公因子 | 具体指标 | 相对权重 | 绝对权重 | 权重排序 |
|---|---|---|---|---|
| 专业知识与技能 29.73% | 专业基础理论知识 | 0.1683 | 0.0500 | 2 |
| | 扎实的岗位知识 | 0.1723 | 0.0512 | 1 |
| | 动手操作能力 | 0.1657 | 0.0493 | 4 |
| | 现场解决问题能力 | 0.1661 | 0.0494 | 3 |
| | 看懂图纸能力 | 0.1651 | 0.0491 | 5 |
| | 工作经验积累情况 | 0.1625 | 0.0483 | 6 |
| 通用技能 27.93% | 组织协调能力 | 0.1241 | 0.0347 | 21 |
| | 团队合作能力 | 0.2648 | 0.0439 | 8 |
| | 信息化处理能力 | 0.1214 | 0.0339 | 23 |
| | 沟通交流能力 | 0.1288 | 0.0360 | 20 |
| | 跨岗位应变能力 | 0.1294 | 0.0361 | 18 |
| | 适应工作环境能力 | 0.1290 | 0.0360 | 19 |
| | 一定的英语水平 | 0.1134 | 0.0317 | 24 |
| | 计算机操作能力 | 0.1232 | 0.0344 | 22 |
| 职业素养 25.76% | 客户协作意识 | 0.1691 | 0.0436 | 10 |
| | 责任心 | 0.1700 | 0.0438 | 9 |
| | 职业角色认同 | 0.1566 | 0.0403 | 15 |
| | 吃苦耐劳 | 0.1792 | 0.0462 | 7 |
| | 忠诚奉献 | 0.1648 | 0.0425 | 11 |
| | 抗挫折能力 | 0.1604 | 0.0413 | 13 |
| 内驱力 16.58% | 开拓创新 | 0.1307 | 0.0365 | 17 |
| | 持续学习能力 | 0.2535 | 0.0420 | 12 |
| | 自我发展规划 | 0.2380 | 0.0395 | 16 |
| | 成就导向 | 0.2438 | 0.0404 | 14 |

## (二)T 企业技能人才胜任力评价结果分析

根据表 6-11 中胜任力各要素权重,运用加权平均方法,运算得出样本总体胜任力及各维度胜任力水平。

表6-11 胜任力各维度评价结果一览表

| 要 素 | | 专业知识与技能 | 通用技能 | 职业素养 | 内驱力 | 总体胜任力 |
|---|---|---|---|---|---|---|
| 总体 | | 1.06 | 0.99 | 1.01 | 0.61 | 3.66 |
| 性别 | 男 | 1.07 | 0.99 | 1.01 | 0.61 | 3.69 |
| | 女 | 1.00 | 1.01 | 1.00 | 0.59 | 3.59 |
| 年龄 | 25岁以下 | 0.97 | 1.00 | 1.02 | 0.60 | 3.59 |
| | 25~35岁 | 1.01 | 1.00 | 1.04 | 0.61 | 3.66 |
| | 35~45岁 | 1.30 | 1.13 | 1.14 | 0.68 | 4.24 |
| | 45岁以上 | 1.03 | 0.97 | 0.98 | 0.60 | 3.58 |
| 最高学历(学位) | 中专或技校 | 0.34 | 0.73 | 0.60 | 0.29 | 1.96 |
| | 大专 | 1.03 | 0.96 | 1.02 | 0.60 | 3.61 |
| | 大学学士 | 1.05 | 1.00 | 1.01 | 0.61 | 3.67 |
| | 硕士研究生 | 1.35 | 1.12 | 1.07 | 0.71 | 4.24 |
| | 博士研究生 | 1.42 | 0.99 | 1.20 | 0.55 | 4.17 |
| 本公司任职年限 | 1至5年 | 1.13 | 1.01 | 1.01 | 0.65 | 3.79 |
| | 5至10年 | 1.03 | 0.99 | 1.02 | 0.60 | 3.64 |
| | 10年以上 | 1.06 | 0.98 | 0.99 | 0.59 | 3.62 |
| 是否有技能等级 | 初级 | 0.55 | 0.72 | 0.78 | 0.43 | 2.48 |
| | 中级 | 1.18 | 1.02 | 1.07 | 0.66 | 3.94 |
| | 高级 | 1.24 | 1.04 | 1.06 | 0.64 | 3.97 |
| | 技师及以上 | 1.11 | 1.16 | 1.08 | 0.66 | 4.01 |

1.总体及各维度胜任力得分

T企业技能人才胜任力模型包括专业知识与技能、通用技能、职业素养、内驱力四个维度。由表6-11可以看出,调查样本的T企业技能人才总体胜任力为3.66分,处于中等水平,可见T企业技能人才总体胜任力不高。经过调研分析,T企业共有技能人员5938人,而"全国能手""河洛工匠""技术能手"等较高层次技能人才仅有47人,占比较小,导致企业技能人才整体水平不高。

2.不同年龄技能人才的胜任力差异

在本次调查样本中,"35~45岁"样本的总体胜任力最高,达到4.24分。由此可见,35~45岁技能人才,比年轻一代多了经验积累和技术沉淀,也多了责任心和企业认同感;同时接受过新理念、新技术的培训,接受度高,因此整体胜任力评价最好。此外,"95

后"技能员工的职业角色认同度显著低于"80 后"和"70 后",工作缺乏目标感,缺少规划,也是企业最易流失的员工群体。

3. 不同技能等级人才的胜任力差异

职业技能等级、学历水平与技能人才整体胜任水平呈正相关。T 企业技师胜任力达到 4.01 分,初级工为 2.48 分。同时也在问卷结果分析中发现,部分高学历的年轻技能人才理论丰富,但实操能力较弱,工作经验积累不足,一定程度上有工学分离的现象。

# 三、存在问题分析

## (一)T 企业技能人才队伍建设存在的问题

随着装备制造行业的转型升级,目前 T 企业技能人才无论是从数量上还是质量上,都无法满足企业发展的需要,企业当前面临着技能人才短缺和流失的问题。主要表现如下:

1. 技能人才结构不优,结构性缺员与冗员并存

T 企业 2022 年技能人才数量为 5938 人,较 2017 年的 6659 人减少了 721 人,流失的多为中青年技能人才,影响了企业持续健康发展。T 企业在技能人才队伍建设中,数量、学历、年龄、技能水平、职业分布不合理的结构性矛盾日益突出,技术含量高的岗位员工素质不够、高强度工作岗位员工老龄化、技能人才队伍中年轻人才比例下降、技能等级取证人员比例仍然偏低等。"冗"的是低端单一操作技能劳动者、易被自动化所取代的岗位及员工、年龄偏大面临旧技能淘汰的员工,"缺"的是关键岗位和急需紧缺岗位的技能人才,高学历、高技能等级、年轻化的技能人才,能推动产业升级、助力制造强企的高层次技能人才。

2. 技能人才胜任力不足,认可度不高

由于部分技能人才受教育年限偏短、知识水平偏低、自主创新能力不够,T 企业技能人才主要集聚在加工制造等中低端生产线,掌握先进技能者相对较少。就调研结果来看,T 企业技能人才规模、结构、质量与企业发展规划愿景不相符合,人才需求还有较大缺口。特别是随着社会"老龄化"现象涌现,T 企业存在高级技师年龄偏大,年青技能人才发展通道不畅的问题,人才队伍结构存在断层现象。

3. 技能人才缺乏行业认同感,工作进取心不强

与管理岗位相比,技能人才工作条件较为艰苦,待遇相对偏低,职业发展渠道单一,因此部分技能人才不愿钻研业务,未能做到积极进取,考取相关资格证书、晋升职级

荣誉等,一些技术岗位人员甚至没有按规定做到持证上岗。特别是调研中发现,年轻技能人员对此行业较为排斥,认为技工是"低级的、没面子"的体力工作,将此作为工作跳板,企业在留人用人方面存在较大风险。

## (二)T企业技能型人才管理存在的问题

### 1.重视程度不够,投入不足,引才困难

一方面,企业管理层领导对企业核心人才的定义容易片面化,更加关心干部群体、高层次人才、稀缺岗位、总部人员;另一方面,一线技能人员管理难度大、麻烦多,很多管理层领导认为管不如放。对技能人才的重视不够直接体现在对技能人才投入的不足,薪酬待遇、受训机会低于企业其他类型员工。管理者未能充分考虑到技能人才在各个生产线上,更强的劳作强度和更大的工作压力,未能给予相匹配的导向与激励,从而导致员工失去进取动力,减弱对企业的认同感,最终影响企业可持续发展。

### 2.技能人才培养缺乏长期规划、措施不得力

近些年来,技能人才受到各级各类企事业单位的高度关注,但从当前实际情况来看,技能人才的培养发展困难重重。按照一般情况,技校毕业大概28岁可获取高级技师资格,非技校毕业大概37岁可取得高级技师资格,但根据对T企业调研情况,高技能人才的平均年龄明显偏高。究其原因,对青年技能人才培养缺乏有效的方法,对年轻技能人才,仅仅满足于要求他们完成交办的工作,未能建立激励青年人才长足发展的导向;学徒制培育质量不优、"传帮带"作用发挥不够明显。

### 3.激励机制不够科学合理

经调研了解,T企业对领导层、科研人员、创新团队实行年薪制,就薪酬而言在本地处于较高水平,且科研创新团队攻关项目后有可观奖励;对销售人员实行月度基本工资加季度奖金的形式,其中季度奖金基于所负责产品的销售额和利润额提成而得。而对技能人才实行职务级别工资制,基于工种、工龄确定岗位工资,有平均主义倾向,一方面与企业其他员工存在一定落差,另一方面不同等级、不同胜任力的技能人才薪酬差异很难体现,存在干多干少一个样的现象,导致技能人才工作积极性不高,也一定程度上造成了技能人才的流失。

# 第五节　T企业技能型人才管理策略优化建议

本节针对上述调研中发现的问题,结合相关理论,按照技能型人才的"引、育、留、用"管理体系,分别提出T企业技能型人才相应环节的管理优化策略建议。

# 一、优化技能人才引进机制

## （一）科学预测企业技能人才需求

提高岗位设置的合理性加强分析调研，首先，T 企业在招聘技能人才前，要依据自身的战略、目标和发展需要，并结合内外部环境的变化，分析出现有技能人才的整体情况，并对目前职位设置情况、技能人才基本情况（知识、技能、经验等）、劳动定额情况、劳动负荷量、劳动力市场现状等，科学分析确定企业对技能人才的需求。在此基础上，企业应当通过胜任力调查等科学有效的方法，盘点出企业人员的整体状态、绩效、优劣势等重要"特征"，同时结合人才的流失、晋升、调动比例进行评估，找到企业未来一段时间的技能人才需求，从而能够对人才招聘、继任计划等人才策略做出相应的调整与规划。最后，企业需要对预测结果进行总结和检查，其内容主要包括：评估预测的依据是否足够充分，方法是否科学且符合实际情况等，这样才能得到准确、可靠的结果，进一步优化 T 企业技能人才的合理配置。

## （二）优化企业技能人才选聘方式

技能人才引进是为了满足企业生产需要、发挥人才价值，因此引才应当立足企业实际需求，不能仅仅依靠一成不变、可量化的指标作为评估标准，例如仅仅把学历、职称等作为重要依据，而忽略了引才标准与企业发展实际需求的匹配度。由于多数企业在人力资源管理中缺乏科学、全面的识才工具，而容易陷入学历、职称、"帽子"等冰山以上外在指标的怪圈，从而忽略职业性格、心理素质等冰山以下的潜在指标要素。基于胜任力模型的技能人才选聘就是充分识别他们的岗位胜任能力，评判他们在胜任力的各个维度方面能力是否能满足企业的岗位需求。人力资源管理人员需要明确所招聘人员的素质特征要求，以岗位胜任力为核心进行人员招聘框架的构建，可通过笔试、面试、技术操作等流程评估他们对于岗位的胜任能力，以更好地实现人岗匹配。

## （三）加大青年技能人才引进力度

企业因青年而兴，青年人才是企业发展最核心、最有效的因素。为改善目前技能人才队伍结构不优、青黄不接的现状，企业要科学制定中长期技能人才发展规划，加大对青年技能人才的引进、培育力度，增强企业对青年人才的吸引力。要根据青年技能人才成长阶段，强化青年人才对企业的价值认同，通过思想引领、参与技术攻关、不同车间轮岗等方式,加快青年人才成长步伐,掌握前沿技术和实用技能,培育出一批青年核心技术骨干,支撑企业长足发展。

## 二、优化技能人才培育机制

### (一)创新技能人才培养模式

把技能人才培养纳入企业发展总体规划和年度计划,充分发挥企业在育才中的主体作用,力求在培训过程中实现技能人才的不断突破。探索特色学徒制,工学结合培育,发挥企业内部优秀工匠、劳模等高技能人才的传帮带作用,达到德技并修的效果。深化产教融合、校企合作,开展订单式培养、套餐制培训。为有效改善技能人才断层情况,需重点关注新员工的培养工作,通过名师带徒、技能研修、岗位练兵、技能竞赛等形式,开放式培训技能人才,提升高质量技能人才队伍的综合水平。

### (二)加大急需紧缺技能人才培育力度

强化"需求型"培训导向,围绕制造业企业产业发展定位对高技能人才的需求,聚焦企业转型升级和产业基础再造工程项目,重点培育一批能够攻关关键技术领域的技能人才,巩固企业制造业技能根基。结合"互联网+"、人工智能、信息化制造等新兴领域,提升企业技能人才信息化、数字化素养。在对技能人才培育中,可以引入胜任力理论,通过胜任力评分,可以判断技能人才岗位与胜任力的匹配度,可以有效评判哪些技能人才需要接受培训,并科学制定培训内容,做到有的放矢,使技能人才培训不再只是流于形式,而是使培训内容设置、培训对象选择更加精准,保障取得实实在在的效果。

### (三)丰富技能人才培养资源

充分利用信息时代的有效资源,开展"互联网+职业技能培训",构建线上线下相结合的培训模式。注重技能提升,在技能培训资源优、质量高上下功夫,拓展职业技能竞赛平台,加大跨企业交流力度。职业工作技能,归根结底要在职业工作环境中体现,而且也只能在职业工作环境中改进提升,因此要鼓励技能人才在干中学,结合企业实际发展需求,为不同工种的技能人才分类打造素质提升方案,贯穿技能人才的成长发展阶段,促使技能人才不断突破自我,为企业发展贡献力量。

## 三、优化技能人才激励机制

### (一)优化薪酬管理机制

薪酬激励是企业进行人才激励的主要形式,为实现人力资源最优化配置,需采用现代化管理理念优化现行的薪酬管理机制,营造"尊重技能、尊重人才"的氛围,突出岗位价值的导向作用,综合业绩贡献、岗位胜任力、个人价值来定酬。T 企业可依据胜任力模型,探索推行胜任力与薪酬标准挂钩,通过薪酬激励促进员工提升能力,达到为企业人力资本增值的目的。在明确底薪及作业绩效的基础上,对作出突出贡献的高技能人才实行特岗特酬,应加大激励制度,确保多劳者多获、绩优者多得。

### (二)打通职务晋升通道

根据调查问卷,技能人才对于自身成长发展的需求比较强烈。晋升管理是对于人才采取的一种激励措施,企业要对技能人才的合理建议予以充分考虑,对技能人才实行评聘分开,解决论资排辈现象,加大职称评审指标倾斜力度。要鼓励技能人才参与管理,让技能人才在工作中有发言权,让其参与到与自身工作相关的组织决策当中。畅通高技能人才向专业技术岗位或管理岗位流动渠道,例如让优秀的技能人才担任项目带头人或团队带头人,能让他们体验到被企业委以重任的成就感和职业认同感,以此激励人才努力实现自我发展,增强企业核心竞争力。

### (三)丰富人才激励手段

不断完善长效激励机制,丰富人才激励方式。T 企业应当健全荣誉激励、目标激励、股权激励等多种激励手段,采取"一事一议"的方式,对企业突破关键技术、带动产业转型发展的人才进行奖励。大力表彰和宣传事迹突出的先进典型,对符合条件的技能人才按规定授予"五一劳动奖章""青年岗位能手""三八红旗手"等荣誉称号,增强技能人才对企业的荣誉感和归属感。探索在企业实行股权激励的办法,通过持股分红、让技术要素参与分配。探索对技能人才实行积分制管理,积分与个人绩效、岗位晋升等挂钩,让懂技术、有技能的人才享受到长效激励,从而实现个人利益与企业发展的双赢。

## 四、优化技能人才考核评价机制

### (一)建立以岗位分类为核心的评价体系

在开展技能人才考核评价时,要尊重技能人才成长管理规律,避免千篇一律的评价体系,要根据不同工种、不同层次的技能人才,建立更加灵活、更加开放、更加实效的体制机制。要秉持"创新不问出身"的理念,大胆使用有潜能的青年技能人才,适当放宽从事青年技能人才的学历、职称等评价指标,重点关注工作绩效、技术先进性以及市场应用前景等内容。要规范职位分类和职业标准,做到以岗定级,建立职位和职级的对应关系,倡导以业绩为导向,克服人才评价中重资历、学历,轻能力、业绩的倾向,让技能人才各展其能、实现价值。

### (二)创新技能人才考核评价机制

灵活采取综合鉴定、业绩考评、过程考核、竞赛选拔等多种方式,强化企业在技能人才评价上的主体作用,明确树立职业能力、工作业绩、道德品行的导向作用,不局限于年龄、资历、身份等的制约,推行更加有效的方式,优化现行的人才评价机制。完善技能鉴定质量管理长效机制,提高职业资格证书的权威性,进一步推进考核评价体制构建工作,推动职业技能评价与终身职业技能培训制度相适应,与技能人才使用、薪酬待遇相衔接。

### (三)树立以用为本的评价导向

体系化、标准化的技能人才胜任力模型是评价绩效优和绩效差的有效工具,科学灵活的考核评价体系是促进技能人才发挥作用的有力支撑和重要保障。基于本文对胜任力要素的分析,企业在考核评价技能人才时可以突出胜任特征,以胜任力评分区分优秀员工与其他员工。对技能人才的考核要充分考虑技能人才的自身特征和工作特征,与管理人员、经营人员等区分开来,重点从技术维度、能力维度、态度维度等多方面进行考核,采用"能者上、庸者下、劣者汰"的用人制度,通过建立"比、学、赶、帮、超"的考核绩效体系,实现企业效益、岗位业绩与人才获得的有序健康发展,为人才成长搭建成长平台。

## 第六节 T企业技能型人才管理策略优化的保障措施

为了保障 T 企业技能人才管理优化策略有效运用,需要从组织保障、制度保障、资金保障、文化保障等多个方面实施保障。

## 一、组织保障

积极响应国家号召,加强技能人才队伍建设。企业应加大对技能人才队伍建设的重视程度,将技能人才纳入人才队伍建设的"总盘子",成立由企业高层、人力资源部门和技能专家共同组成的人才工作领导小组,每年制定技能人才工作年度规划,包括技能人才年度投入预算、招聘规模、培训计划、技能竞赛活动安排等,做好技能人才供需预测和培养规划,为企业技能人才引、育、留、用提供坚强的组织保障。此外,企业内部可通过设立劳模工作室、工匠协会等方式,组织开展技术交流、调查研究、技能提升等活动,提供全面组织保障。

同时,为了有效完善胜任力模型在技能人才引进培训等人力资源开发管理中的功能和作用,确保胜任力模型可以在 T 企业中有效应用,T 企业应顺应人力资源市场发展趋势,加强企业电子化技能人才信息库建设,设置能够充分掌握胜任力模型相关理论的相关从业岗位,该岗位的主要职责是承担企业人才胜任力模型的构建、对胜任力模型进行分阶段评估、及时进行优化和改进,确保胜任力模型能够在企业人力资源管理当中发挥最大化功能和作用。

## 二、制度保障

建立健全企业技能人才管理制度,加大企业内部人才体制机制改革,深入开展调研,对现有管理制度进行调整、更新,真正实现企业人才管理制度突破性改革。做到以人为本,打造符合 T 企业发展实际的、符合技能人才成长规律的人才管理制度体系,营造技能人才成长发展良好的内外部环境。

动态性管理体系和动态性政策体系在技能人才管理中发挥着重要作用,将技能人才培养规划的制定和实施情况纳入企业年终考核评价体系,构建人才储备梯队,优化现有的人才评价考核体系,对技能人才的胜任力水平进行测评及分级,依照胜任力测评结果选拔技能人才纳入储备队伍,避免岗位出现断层,也避免企业人才培养出现失衡。定期组织对制度落实情况进行考核测评,一方面避免政策出台后未能落到实处,另一方面可以及时发现存在的问题进行动态调整,以强有力的制度保障助推企业构建技艺精湛、结构合理的技能人才队伍。

## 三、资金保障

人才投入是效益最大化投入,设立技能人才发展专项资金,加大人力资源开发的投入,结合企业实际适度扩大技能人才引进、培育投入经费比例,保障技能人才引进、培训、激励保障经费投入到位。在工资分配上要有所倾斜,一方面对比企业内部研发人员、销售人员、行政人员工资待遇进行调整,另一方面要统筹对比省内外同类企业分工种、分技能等级的工资待遇信息,进一步完善企业技能要素参与分配制度,实现多劳者多得,加大对技能人才的激励力度。同时,还要对人才发展专项资金使用情况进行绩效考核和监管,确保资金投入发挥最大价值,将资金投入转化为企业技能人才的进步与成长、转化为企业现代化转型发展的动力。

## 四、文化保障

企业文化具有强大的生命力,T 企业要注重文化建设,营造企业核心价值体系,坚持以人为本,以文化引领发展,提升企业软实力。要强化人才宣传工作,通过积极组织开展工匠评选、岗位练兵和技能竞赛等方式,进一步激发技能人才队伍活力。要树立"劳动光荣"的导向作用,充分发挥企业技能人才的劳模精神、工匠精神,及时宣传技能人才代表的典型事迹,营造员工与企业共成长的良好氛围。

要围绕企业主体开展形式丰富多样的活动,通过建设企业文化氛围、文化规范,塑造企业文化形象等活动,由表及里、由浅入深,营造企业内外部和谐氛围,营造企业与员工"命运共同体"的文化理念,彰显开拓进取、担当奉献、创新协同的企业精神,以良好的文化氛围提升企业对技能人才的向心力,凝聚企业发展力量。

# 第七节　小　结

## 一、结论

技能人才是现代化产业发展的中流砥柱,是企业可持续发展的中坚力量。目前我国经济正在向高质量发展转变,转方式和调结构是传统工业企业转型升级的关键,而转型升级必须依靠提高劳动者素质和人力资本管理创新来实现,加大技能人才培育是提升人力资本整体水平、优化人力资本结构配置的重要方式。

本章以 T 企业技能人才为研究对象,在详细梳理近年来相关领域前沿研究的基础上,依托胜任力理论构建技能人才胜任力模型,概括了符合企业发展需求的技能人才应该具备的具体素质,为企业技能人才胜任力的判定提供了真实可靠的依据,并为优化技能人才管理提出了相关对策建议。主要包括 4 个方面:第一,优化技能人才引进机制,包含科学预测企业技能人才需求、优化企业技能人才选聘方式、加大青年技能人才引进力度;第二,优化技能人才培育机制,包含创新人才培养模式、加大急需紧缺人才培育力度、丰富技能人才培养资源;第三,优化技能人才激励机制,包含优化薪酬管理机制、打通职务晋升通道、丰富人才激励手段;第四,优化技能人才考核评价机制,包含建立以岗位分类为核心的评价体系、创新技能人才考核评价机制、树立以用为本的评价导向等方面内容,并提出了从组织、制度、资金、文化等方面进行综合保障,为 T 企业技能人才管理策略优化提供了参考方案。

## 二、不足与展望

由于笔者知识储备、研究水平及实践经验有限,加之一些客观条件的制约,本研究还存在一些需要完善的地方。在信息收集、问题分析时,主要采用了查阅资料、行为事件访谈、问卷调查等方式,对 T 企业的调研不够深入,在访谈时对问题的把握、访谈技巧都有不到之处,样本采集也十分有限,因此获得的数据及各类信息有一定的局限性。

本章初步构建了 T 企业技能型人才胜任力模型,在此基础上提出了 T 企业技能人才管理策略的优化方案,但目前该方案缺少实践运用,合理性和有效性还待进一步融入管理实践中进行检验,优化方案还需在今后组织实施的过程中不断进行修正和完善。

# 第七章
# 现代学徒制背景下企业师徒知识转移有效性评价

　　党的二十大报告强调指出"加强企业主导的产学研深度融合"。21世纪以来,随着我国经济的高速发展,知识与人才已经成为提升企业核心竞争力的重要资源,要在竞争激烈的全球市场中脱颖而出,要求我国不断调整产业结构,优化人才培养方案。为满足人才需求,我国提出现代学徒制度,并在此基础上推出企业新型学徒制度,两种制度都是我国深化产学研合作、推进教育体系建设的人才培养战略。尽管两种学徒制度具体管理模式有差异,但基础表现形式均为职业院校教师与企业师傅共同培养学徒的"双导师"模式,在这一过程中,师徒间的知识传播受到了知识本身的特质、师傅与学徒的传播意愿、环境的不稳定性等多种因素影响。目前我国现代学徒制发展方向还在持续的探索中,因此应当建立一套适合我国国情的师徒知识转移有效性的评级指标体系。

　　本章通过对比国内外文献,发现我国学徒制度发展以及企业知识管理的不足之处,并在现有研究的基础上,明确企业师徒知识转移有效性内涵,分析现代学徒制环境对师徒知识转移有效性的评价因子。基于文献研究和理论分析构造企业师徒知识转移有效性评价指标体系,运用德尔菲法获得专家意见并修正指标,运用层次分析法确定指标权重。最后以洛阳装备制造业四家代表性企业为样本实证,采用问卷调查的方法,对其参与师徒培训的员工进行调查,共回收395份有效问卷,对洛阳装备制造业的整体师徒知识转移有效性应用模糊综合评价。最终结果显示,洛阳装备制造业整体师徒知识转移有效性较好,指标"知识本身"表现一般,指标"知识转移方"表现较好,指标"知识接收方"表现较好,指标"知识转移过程"表现一般,指标"现代学徒制环境"表现一般,指标"师徒合作成效"表现较好,指标"现代学徒制环境"表现最差。因此通过对企业技术人员和企业高级管理人员的访谈,对洛阳装备制造业提出以下建议:①完善地方法规、提供制度保障。地方法规是帮助企业降低风险,保证企业、培训机构、学徒等学徒制参与方利益的重要保障。②扩大培养规模、全面推广学徒制度。完善学徒制体系,增加学徒制宣传,调动中小型企业积极性,全面发展学徒制。③完善企业师傅遴选体系,增强员工竞争意识。使企业师傅的职位晋升、津贴补助与学徒数量、质量等因素结合,激励优秀老员工主动成为企业师傅。④建立行业监管、规范管理方式。行业监管的模式可以系统化现代学徒制、企业新型学徒制的实施,同时提供质量保证。

# 第一节　引　论

## 一、研究背景与意义

### (一)研究背景

1912 年 Schumpeter 在《经济发展理论》提出的"校企合作"的概念,是现代学徒制的前身。19 世纪中期,受第二次工业革命影响,技能型人才需求量增大,美国和以德国、英国、法国为代表的欧盟国家的现代学徒制蓬勃发展,许多学者对现代学徒制的研究也随之应运而生。在经济高速发展的 21 世纪,西方发达国家对现代学徒制仍非常重视,并相继出台法案激励学徒制的发展,重新掀起了世界范围内对现代学徒制研究与实践的热浪。[①] 而我国现代学徒制计划的起步相对较晚,2014 年 6 月国务院印发《关于加快发展现代职业教育的决定》(以下简称《决定》),对"开展校企联合招生、联合培养的现代学徒制试点,完善支持政策,推进校企一体化育人"做出了具体的要求[②]。同年 8 月印发《关于开展现代学徒制试点工作的意见》,先后共遴选了三批、562 所现代学徒制试点单位,并于 2018、2019、2020 年分别对三批试点单位进行了验收工作。

企业新型学徒制是企业在现代学徒制的基础上为适应新时期产业升级需求,探索出的新型职工培训模式。2015 年 7 月 24 日,人力资源和社会保障、财政部联合印发了《关于开展企业新型学徒制试点工作的通知》(以下简称《通知》),对以企业为主导开展的学徒制进行了安排,指出企业新型学徒制以政府引导、企业为主、院校参与,要全面发挥企业主体作用,以培养技能人才为目标,培训新招用或转岗等人员,进一步扩大参加学徒制的工人队伍。这种以企业为中心的校企合作方式,与以职业院校为中心的现代学徒制相辅相成,是人才培养的两个不同阶段,更接近国际技能人才培养模式。

知识管理理论的引入也为现代学徒制的研究提供了新的思路。20 世纪 60 年代,美国学者 Drucker 提出知识管理的概念,后有学者将知识管理理论与技术转移概念相结

---

① 关晶,石伟平.西方现代学徒制的特征及启示[J].职业技术教育,2011,32(31):77-83.
② 教育部.教育部关于开展现代学徒制试点工作的意见[EB/OL].(2014-08-27)[2022-12-25].http://www.moe.gov.cn/srcsite/A07/s7055/201408/t20140827_174583.html.

合,并明确了知识转移的概念。自此以后,行为管理学者 Argyris 的双环学习论、知识管理大师 Vito Albino 提出的知识转移分析框架、知识创造理论之父 Nonaka 的知识螺旋论都为后续知识管理的发展做出了重要贡献,也是当前众多学者对知识管理、知识转移研究的重要出发点。

对于企业而言,企业知识管理是知识经济时代企业管理的重要内容之一,知识资源的管理同其他资源管理一样重要。企业实施学徒制的目的,是加强技能型人才的培养,其具体表现形式便是"师傅带徒弟"的模式。从知识视角来看,现代学徒制的企业学徒培训其实是师徒间知识转移的过程,也就是企业师傅将自身的知识(主要是技术)转移给企业学徒。目前,我国知识转移的相关研究已经取得了一定的成果,但还没有引起职教界的广泛关注,对企业师徒间的知识转移路径的研究更是屈指可数[①],这在一定程度上限制了现代学徒制中企业师徒知识转移效率的提升。

## (二)研究意义

### 1. 理论意义

完善学徒制度,优化企业知识转移理论。2014 年我国现代学徒制试点工作启动,2015 年企业新型学徒制启动,尽管这些年在政策支持的背景下,学徒制工作取得了不少成果,但与其他国家相比,尤其是与制造业强国相比,我国研究相对滞后,仍紧缺技能型人才。本章通过对现代学徒制背景下,企业知识主体、知识客体、知识转移过程、现代学徒制环境、师徒合作成效等方面在师徒知识转移中起到的作用进行关注,建立企业师徒间知识转移有效性评价体系,对现代学徒制在企业师徒知识转移中体现的特点进行探索,分析现有的学徒制度管理经验以及发展困境,可以促进学徒制度理论的完善,建立符合我国发展状况的学徒制体系,对优化企业知识转移理论具有重要的意义。

### 2. 实践意义

厘清学徒制发展方向,提高师徒知识转移效率。校企合作的目标是培养出大量拥有较高专业技能的人才和高质量毕业生。而作为我国技能型人才培养的重要制度,现代学徒制的实施过程中,仍存在高校积极配合、企业消极应对的局面[②];企业新型学徒制的实施过程中,职业院校的责任意识又有不足。企业与培训机构作为学徒制的重要参与

---

① 刘春艳,马海群.产学研协同创新团队内部知识转移影响因素模型分析[J].图书情报工作,2017,61(19):41-49.

② 王欢.产教融合背景下职业教育专业建设对策研究:基于北京市 40 所职业院校产教融合现状的调查[J].职业技术教育,2020,41(33):47-54.

方,要充分承担起自己的职责,积极参与到学徒制工作中,为人才提供良好的学习和工作环境。目前,现代学徒制已有的研究成果集中在西方文化背景下获得的,在这一领域国内相关的成果较少,对企业进行实际调查的研究更少。师徒之间究竟是如何互动,影响知识转移的主要因素有哪些,企业师徒知识转移有效性如何等问题有待解决。通过量化企业中师徒知识转移的有效性并评价,可以得出师徒间知识转移的评价因素,丰富学徒制理论,还能辨析我国学徒制中存在的优势与劣势,从而对症下药、优化企业学徒制环境,提高师徒知识成功转移效率,为我国企业与职业院校更好地培训技能人才提供有价值的指导。

## 二、文献综述

关于现代学徒制的国内外研究现状本书在第一章绪论部分已经进行了梳理、介绍,本章在此仅对知识转移和现代学徒制背景下企业师徒知识转移的国内外研究现状做一简要综述。

### (一)国外研究现状

国外对知识转移的研究开始较早。1966年,Polanyi首次提出知识分为"隐性"和"显性"。1977年,学者Teece提出的技术转移是知识转移的前身,后来有学者将其引入知识管理的概念中。知识转移概念的提出为知识创造、转化利用等模型的产生奠定了基础,为知识管理提供了新的思路。Nonaka和Takeuchi就知识显隐性相关研究,提出了著名的知识转移SECI模型,将知识转移分为社会化(socialization)、外显化(externalization)、结合化(combination)、内在化(internalization)四个过程[1]。Garavelli通过对知识转移程序的研究,将知识转移分为两个阶段:第一阶段知识转移方向知识接受方发出知识,第二阶段知识接受方接受知识并整合利用[2]。

知识转移影响因素研究。Albino和Garavelli提出的主体、意境、内容和媒介四元素成为学者研究知识转移影响因素的基础理论[3]。目前学者一般认为知识转移涉及的因素主要有:知识自带属性、知识转移方(知识源)、知识接收方(知识受体)、转移过程、转移

① Nonaka I, Takeuchi H. The knowledge‐creating company: How Japanese companies create the dynamics of innovation[M]. Long Range Planning,1996:196—201.

② Garavelli A C,Gorgoglione M,Scozzi B. Managing knowledge transfer by knowledge technologies[J]. Technovation,2020,22(5):269—279.

③ Albino V,Garavelli A C,Schiuma G. Knowledge transfer and inter‐firm relationships in industrial districts:the role of the leader firm[J]. Technovation,1998,19(1):53—63.

双方的知识差距等①。Shu 等学者(2007)认为知识转移为新知识的创造提供了可能性。知识本身的特性,转移双方的意愿、转移能力、吸收能力、信任以及双方知识距离是影响组织知识转移的六个重要因素②。Haggerty 等学者(2015)认为个体作为知识转移的最小单位,与公司能否持续发展息息相关,要全面地了解个体的知识转移情况,应当深入了解知识转移研究的发展方向③。Chen(2015)认为个体间的知识共享意愿以及是否有知识转移的动作,与知识转移双方的交换关系有重要联系,学界的知识共享是一种社会资源交换的过程④。但从以往的研究来看,个体知识转移与共享的意愿研究相对较少。Gopal(2015)通过整理已有文献发现环境同样是影响知识转移的因素之一,不同的组织环境影响转移成员间的信任,从而影响到知识转移的效果,因此在研究中不能忽视环境因素的影响⑤。

知识转移机制的研究是知识转移影响因素研究的深化,目前国外对知识共享机制的研究相对较少。最早提出知识转移机制的一批学者中最知名的是 Zack 和 Hansen,他们把知识转移机制简单分为两种,即:个人化策略机制和编码化策略机制。在内涵方面,Hansen(1999)认为,知识管理战略分为"系统"与"个性"战略;基于"态度"视角,Zack(1999)认为,知识管理战略可分为"积极"与"保守"战略。Jasimuddin(2007)提出了知识管理涵盖了三个层面的变量——人际关系、身份、知识发送者与接收者的距离,这种机制一般应用于跨国企业中从事软件开发的知识转移管理中⑥。

① 郭春侠,马费成,储节旺.国内外知识转移研究述评[J].情报理论与实践,2008(3):466-470.

② Shu L,Chen R. Empirical Analysis on Influence Factors of Knowledge Transfer within R&D Unit under Technological Innovation Perspective [C]//2007 International Conference on Service Systems and Service Management. IEEE,2007:1-5.

③ Wan Z,Haggerty N,Wang Y. Individual level knowledge transfer in virtual settings:A review and synthesis[J]. International Journal of Knowledge Management (IJKM),2015,11(2):29-61.

④ Chen H L,Fan H L,Tsai C C. The role of community trust and altruism in knowledge sharing:An investigation of a virtual community of teacher professionals [J]. Journal of Educational Technology & Society,2015,17(3):168-179.

⑤ Gopal J,Sangaiah A K,Basu A. Integrating Knowledge Team Technology and organizational Factors:Medial 119 the Role of Knowledge Transfer Effectiveness with Reference to GSD Project Outcome[J]. World Applied Sciences Journal,2015,33(1):14-26.

⑥ Jasimuddin S M. Exploring knowledge transfer mechanisms:The case of a UK-based group within a high-tech global corporation[J]. International Journal of Information Management,2007,27(4):294-300.

## （二）国内研究现状

### 1. 企业知识转移研究现状

知网搜索词条"企业知识转移"共获得 307 篇核心期刊，255 篇中文社会科学引文索引。目前随着我国对知识管理的重视，国内许多学者对知识转移的影响因素，并就影响因素如何提高知识转移绩效进行研究。随着研究的深入，国内学者如叶舒航（2014）、田庆锋（2013）、张向先（2016）、廖名岩（2018）等普遍将影响企业知识转移的主要因素分为知识、知识主体、知识环境、知识转移网络四个方面来进行研究①。

知识特性对知识转移的影响研究。知识特性，即知识本身的特征，如知识距离、知识黏性、知识密度、知识内隐性和知识复杂性。企业知识主要以隐性知识的形式存在，如技能、经验等。王毅（2001）认为在企业知识转移过程中，粘滞知识不仅是企业保持竞争优势的源泉，还是需要企业持续关注的关键和难点②。姜毓锋（2011）找出知识黏性对团队间知识共享的限制原因，提出应从制度与组织两个维度下手，寻找合适的解决方案③。陈娟、芮明杰（2004）认为心理与知识的双重距离，会影响高技术企业下的知识转移，知识距离表现为知识转移双方的知识基础量差距，以及双方关于怎样与对方交流的知识和对对方拥有的知识及其可靠性的评价④。

知识主体与知识环境对知识转移的影响研究。企业知识主体、即企业知识转移的双方。企业知识环境和知识转移网络以及企业知识主体之间的信任程度，影响着企业知识主体发送和接受的意愿。苏延云（2006）认为知识转移主体的认知水平、学习能力和转移主体的凝聚力是知识转移的主要障碍⑤。徐刁华（2011）指出虚拟企业中知识共享的原因和企业成员间的信任程度，对知识转移效果影响比较高⑥。于飞、刘明霞（2013）对家族企

① 叶舒航，郭东强，葛虹.转型企业外部知识转移影响因素研究:基于元分析方法[J].科学学研究,2014,32(06):909-918,926.田庆锋,张芳.本土代工企业知识转移影响因素分析[J].软科学,2013,27(12):63-66.张向先,李昆,郭顺利.企业研发团队隐性知识转移绩效的影响因素及实证研究——基于知识生态的视角[J].情报理论与实践,2016,39(10):57-64.廖名岩,曹兴.协同创新企业知识势差与知识转移的影响因素[J].系统工程,2018,36(8):51-60.

② 王毅,吴贵生.产学研合作中粘滞知识的成因与转移机制研究[J].科研管理,2001(6):114-121.

③ 姜毓锋,毕强,孙雨虹,等.技术转移过程中的知识粘性研究[J].情报科学,2011,29(3):451-455.

④ 陈娟,芮明杰.高技术企业知识员工间的知识传播模型[J].研究与发展管理,2004(5):46-52.

⑤ 苏延云.知识转移的障碍及应对策略[J].科技情报开发与经济,2006(5):194-195.

⑥ 徐升华.虚拟企业知识转移影响因素的实证分析[J].情报杂志,2011,30(6):119-125.

业的知识转移影响因素分析中,提出家族凝聚力和家族信任关系起着重要的作用①。

2.现代学徒制背景下企业师徒知识转移研究现状

2014年之前,国内关于学徒制在企业师徒知识转移中的实践应用调查较少。以"师徒知识转移"为主题在知网可以搜索到5篇核心期刊。其中李南教授团队的"企业师徒制中隐性知识共享与转移的影响因素研究"课题成果3篇,通过借鉴 Nonaka 的 SECI 模型,构建师徒间知识转移的影响因素模型,并进一步构建评价指标体系,对师徒模式对企业知识转移的主体和客体产生的影响做出评价②;史丽萍等学者将知识黏性划分为动力黏性、运动黏性和条件黏性三类,通过研究知识粘性的发生原因,建立影响因素模型,基于个体学习模型建立师徒模式的知识学习双循环模型,通过模型探索师徒制对知识粘性的降低③。

自现代学徒制试点工作开始,引起了国内学者对企业师徒知识转移的研究。尽管属于企业知识管理的一部分,企业师徒间的知识转移表现出来新的特点,对其影响因素的研究以及评价体系的构建是目前的热点。对企业师徒知识管理的影响因素,学者通常也将其分为四个方面,即师徒双方意愿和能力、知识客体特征、师徒关系以及企业环境。李小聪等学者(2014)证实师傅知识转移的能力、学徒知识接收能力、企业文化与知识转移有效性呈正相关,而知识的特性、企业知识转移双方的知识距离与知识转移有效性负相关,师徒交换关系则在知识转移有效性关系中起调节作用④。李伟等学者(2017)在研究企业隐性知识传播过程中,对师徒的契合度问题进行了探索⑤。贾铃铃、陈选能(2019)将企业文化和外部制度等影响因素引入对企业师徒知识转移的研究中⑥。

---

① 于飞,刘明霞.我国家族企业代际传承知识转移影响因素分析:一个实证研究[J].科技进步与对策,2013,30(20):133-139.

② 李南,王晓蓉.企业师徒制隐性知识转移的影响因素研究[J].软科学,2013,27(2):113-117.王晓蓉,李南.企业师徒制中隐性知识转移路径及其微观过程研究[J].情报理论与实践,2012,35(6):26-30.孙玺,李南,付信夺.企业师徒制知识共享与转移的有效性评价[J].情报理论与实践,2013,36(7):76-80.

③ 史丽萍,唐书林,刘强,等.师徒模式对降低知识粘性的机制研究[J].情报理论与实践,2013,36(1):53-58.

④ 李小聪,李峰,赵敏,等.科技型企业师徒制隐性知识转移有效性影响因素研究:师傅-徒弟交换关系为调节变量的实证研究[J].科技管理研究,2014,34(21):122-126,131.

⑤ 李伟,郭东强.企业师徒制隐性知识转移契合度评价机制研究[J].情报理论与实践,2017,40(2):102-106.

⑥ 贾铃铃,陈选能,易安.欧洲国家现代学徒制多样性分析与启示[J].职业教育研究,2019,190(10):74-79.

（三）研究述评

以上国内外研究成果无论对现代学徒制的推广和发展,还是对企业知识管理工作的进行都是有利的。从总体来看,现代学徒制作为一种企业技能型人才培养模式,越是发达国家、制造业强国,越是重视企业学徒制度的参与,越是重视企业知识管理中企业环境对知识转移的影响;从个体来看,我国现代学徒和企业转移理论均落后于发达国家,还没有摸索出一套适用于我国的、完整的现代学徒制体系和企业知识管理体系。尽管近年来我国学者对知识管理的研究不在少数,相应学术成果也不在少数,但企业知识管理缺少对现代学徒制这一制度实行的考量,对师徒间知识转移的研究较少。本章立足以上研究基础和现代学徒制的大背景,对影响师徒知识转移的因素进行研究,通过文献梳理和德尔菲专家调查法建立企业师徒知识转移有效性评价指标体系,再运用层析分析法计算评价指标的权重,在案例分析中,采用模糊综合评价法确定评价结果,最后实践应用企业师徒知识转移有效性评价,并指出案例师徒知识转移存在的问题,提出解决对策,为完善我国现代学徒制在企业的应用服务。

# 三、研究内容与方法

## （一）研究内容

本章通过对现代学徒制背景下影响师徒知识转移的因素进行理论研究,提出合理假设,并通过问卷调查获取数据实证分析,对目前我国企业师徒知识转移存在的问题进行研究,并提出解决对策,为提高我国企业师徒间知识转移效率服务。

第一节引论部分。对学徒制的背景以及我国企业知识管理现状进行了论述,对现代学徒制对我国企业知识管理的影响以及作用进行了分析与探索,对国内外学徒制、知识管理以及企业知识转移研究现状进行分析,确定本章的研究内容和研究方法。

第二节相关概念与理论基础。首先介绍了现代学徒制的内涵、基本特征及要素和知识管理的内涵和相关理论,介绍本章采用方法的基本理论。这些理论为研究奠定了坚实的理论基础。

第三节企业师徒知识转移有效性研究。通过对企业师徒知识转移有效性的定义,对知识转移有效性的师徒主体、知识客体、知识转移过程、现代学徒制环境以及师徒合作成效等因素逐一理论分析,在借鉴已有成果与原创指标结合的情况下,初步构建评价指标。

第四节企业师徒知识转移有效性层次模型构建。在初级评级指标的基础上,通过德尔菲专家调查法确定最终评价指标,运用层次分析法确定评价体系的指标的权重,建立企业师徒知识转移有效性评价层次模型。

第五节案例分析。确定调查对象,通过问卷调查收集数据,运用模糊综合评价法对案例师徒知识转移有效性进行评价,分析评价结果,指出案例师徒知识转移中存在的问题并提出建议。

第六节小结。本章建立了企业师徒知识转移有效性评价模型,并对洛阳装备制造业实例应用,证实了现代学徒制实施过程中在的问题,但仍有不足之处待日后持续研究。

## (二)研究方法

(1)文献研究法。通过阅读和研究国内外相关文献,梳理现存的学徒制知识和企业知识转移的研究成果,把握研究主体的写作思路和基础理论。本章的文献主要来源于中国知网、万方数据库以及 Web of Science 网站的期刊和学位论文。

(2)问卷调查法。本章将通过三份问卷调查获取数据,分别用于:第一,现代学徒制背景下企业师徒知识转移评价指标的筛选。第二,基于层次分析法的评价指标权重的确定。第三,实证分析企业的师徒知识转移有效性现状。

(3)德尔菲法。本章将采用专家调查法,将初期在文献中提取的企业师徒知识转移评价指标,结合理论分析与专家意见,确定出全面的评价指标体系。

(4)AHP-模糊综合评价。本章将运用层次分析法计算指标的权重,模糊综合评价法评价样本对象,数据收集均采取问卷调查的方式。

(5)访谈法。在案例企业师徒知识转移有效性评价过程中,走访了当地的企业技术人员与企业高层,从而尽可能准确地掌握产学研联盟现状,对案例校企合作存在的问题提出更深刻、更有现实意义的对策建议。

## (三)框架结构图

本章结构框架如图 7-1 所示。

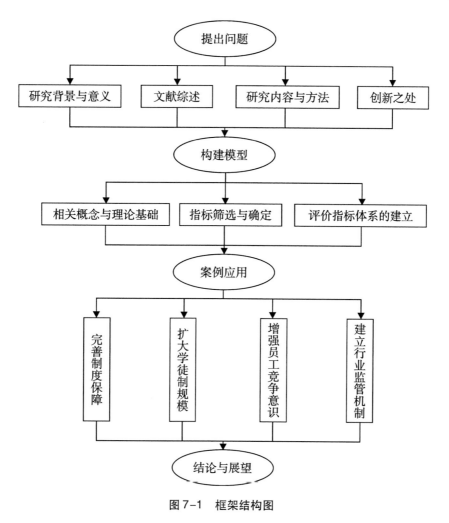

图 7-1　框架结构图

## 四、创新之处

### (一)研究视角创新

通过整理文献发现,目前我国针对企业知识管理的研究成果虽然不在少数,但缺乏对企业的师徒之间知识转移的研究,对企业在现代学徒制背景下师徒知识转移呈现出的新特点研究不够深入。因此本章以企业新型学徒制为背景,筛选出影响企业师徒知识转移的主要因素,建构企业师徒知识转移有效性评价指标体系,用 AHP-模糊综合评价法对企业师徒知识转移现状进行评价研究,实现定量和定性相结合,相对已有研究更加具体,更加直观。

## (二)研究资料创新

目前我国对与企业师徒知识转移的研究非常少。选取洛阳市作为样本,开展企业新型学徒制的师徒知识转移问卷调查及其知识转移有效性评价,积累了第一手实证资料。

# 第二节 相关概念与理论基础

## 一、现代学徒制

### (一)现代学徒制内涵

远在学徒制的概念提出之前,"师傅带徒弟"的形式就普遍存在。传统的学徒制指传统作坊或店铺中师徒合作共同劳动的同时,师傅指导学徒学习知识或技能的传艺活动,通常无特定的学习计划,师傅通过言传身教使徒弟掌握技术,因此传统学徒制往往具有以下特点:①师徒关系密切。传统学徒制过度依赖师徒主体,因此师徒关系决定了传授技能发生的可能性,且情感价值在知识技能的转移过程中发挥着积极作用。②传播形式单一。传统学徒制要求师傅在实际生产过程中完成技能传授,徒弟则通过观察捕捉师傅的知识技能,这一过程不像书面知识一样有组织有计划,师傅主要传授技巧、技能等隐性知识,并不强调理论知识的灌输,因此效率高但知识传播不全面。

尽管学界对学徒制并没有准确的定义,但世界各国学者对学徒制的探索从未停止。19世纪中,德国、美国、英国等发达工业强国率先实行学徒制,通过这种职业院校与企业合作的方式,不仅能缓解院校毕业生就业问题,同时也能快速为企业培养高水平人才,因此学徒制在全世界范围内得到了广泛的应用推广。

基于以上基础,我国正式推行的现代学徒制政策,其特点如下:

(1)师傅带徒弟的基础表现形式。现代学徒制直接表现形式为院校教师与企业师傅结合的校企双导师形式,企业师傅往往是以一对一或一对多的模式,学徒作为资浅者与作为资深者的师傅结对。

(2)坚持政府统筹规划。现代学徒制的最根本任务是立德树人、促进人才全面发展。在实现过程中,要统筹利用好产学研各方的资源,协调好教育、人社、财政、发改委等有关部门之间的关系①,齐心协力共同探索解决试点工作中遇到的困难和问题。

(3)以推进招生与招工一体化为工作基础。现代学徒制强调对中等和高等职业教育招生工作的统筹协调,与合作企业共同研制招生与招工方案。

综上所述,本章认为现代学徒制是新型的校企合作模式,其在政府政策支持的背景下,协调院校与企业的需求与利益关系,共同研制互利的招工方案,通过教师、企业师傅联合传授,提高人才培养效率,以实现全主体共赢的目标。

### (二)与其他国家学徒制的异同

德国的"双元制"、英国的"分层制"、美国的"注册学徒制"等优秀学徒制度均是现存较为完善的学徒制度,它们都建立了完善的制度保障措施,吸引了产学研各方主体的积极参与,共同构建了丰富的教育内容体系②。这里以发展最早、最成功、最具代表性的德国"双元制"为例,对比其与我国现行的现代学徒制的表现特点。

1. 与德国"双元制"的共性

(1)校企共同参与学徒培养。在德国"双元制"教育模式下,学生既是学校里的学生,又是企业的员工。这种教育方式使学生既可以潜心学习理论知识,还拥有一线实践的机会,大多数学生毕业后也愿意留在原培训企业工作。这在实现专业对口的同时,解决了学生的就业与企业的招工问题③。"双元制"影响了世界学徒制发展,其他国家相对成功的学徒制度,包括我国的现代学徒制均借鉴了德国的做法,选取学校和企业相互合作的形式,明确各自的工作内容和目标,共同制定出科学化的制度,完成对学徒的培养。

(2)兼顾理论基础与技能的培养模式。理论基础与实践结合是学徒制最突出的特点,也是"双元制"与现代学徒制的另一个共同点。在德国需要持有高中毕业证书或接受全日制职业学校或职业基础教育后方可参与"双元制"教育。在我国,现代学徒制的服务群体是大学生,学生在学校由职业院校教师教授理论知识,在企业由企业师傅带领学习专业技能。通过这样的培养模式,能够极大地帮助学生寻找自己的兴趣和特长,培养学生的动手实践能力。

(3)企业参与坚持自愿原则。无论是"双元制"还是现代学徒制,企业的参与都是自愿的。德国只有满足培训企业标准的企业才可以参与"双元制",中国同样没有实施现代

---

① 教育部.教育部办公厅关于全面推进现代学徒制工作的通知[EB/OL].(2019-05-14)[2022-12-25].http://www.moe.gov.cn/srcsite/A07/s7055/201906/t20190603_384281.html.

② 陈诗慧.欧洲职业教育现代学徒制的特色、经验与启示[J].教育与职业,2017,895(15):35-40.

③ 陆俊杰.德国"双元制"与中国现代学徒制的异同[J].中国职业技术教育,2018,665(13):51-54.

学徒制的刚性政策,政策要求还以鼓励企业参与学徒制为主。

2.我国现代学徒制与德国"双元制"的不同之处

(1)责任主体不同。德国的"双元制"以企业为本位为主,企业依据国家教育法起主导作用,现代学徒制则以学校为本位。这种以学校主导签协议和实施自制考核的模式,是导致我国校企合作出现"学校一头热"的主要原因[①],无法激发企业热情,离开职业院校的积极统筹,现代学徒制的推广将举步维艰。

(2)行业覆盖范围不同。包括德国在内的西方国家,学徒制涵盖的专业集中且不断地向新领域扩张,学校开设的"双元制"高等教育专业主要集中在工程学和经济学两大领域,并在社会学、医疗健康学和教育学等专业领域保持较快的增长速度[②]。现代学徒制在中国的应用则主要集中在制造业领域上。

(3)学习方式不同。"双元制"学徒的主要学习实践与地点在企业,每周在企业实习与在学校进行理论学习的时间比为3∶2～4∶1。但我国学生在学校学习的时间要远大于在企业实习的时间。地点方面,德国的"双元制"有专门的培训机构,能够提高学生实践的效率[③],我国企业主要采用"跟岗培训"的方式。

### (三)与企业新型学徒制的关系

尽管我国对现代学徒制已经有了较为全面认识,但我国现代学徒制的实施并非一帆风顺。与德国"双元制"不同,我国现代学徒制大多由学校组织,一旦离开了学校的推动,现代学徒制也会难以进行。由于学习方式、推进主体,以及学徒制所处的成长阶段不同,我国现代学徒制仍在完善阶段,行业协会开设的时间较短,整体水平较低,因此在实施过程中往往起不到预想的效果。为了解决现代学徒制目前的实施困境,全面深化产教融合、校企合作,2015年人力资源和社会保障部、财政部联合印发的《关于开展企业新型学徒制试点工作的通知》标志企业新型学徒制正式拉开帷幕。

1.企业新型学徒制的内涵

企业新型学徒制是人力资源和社会保障部以现代学徒制为基础,为引导企业建立技能人才工作新机制所推行的校企职教模式。企业新型学徒制的培训对象是与企业签订一年以上劳动合同的技能岗位新招用和转岗等人员,采用"企校双制、工学一体"的培养

---

① 徐平利.德国"双元制"及其中国实践再审视:文化的视角[J].职业技术教育,2021,42(28):74-79.

② 牛国兴.德国"双元制"高等教育模式:发展趋势与成功关键[J].中国职业技术教育,2022,832(36):82-91.

③ 张娜.新型学徒制在企业中的实践[J].人力资源,2021,497(20):8-9.

模式。企业新型学徒制的责任主体是企业,主要工作为培养学徒的专业知识、操作技能、安全生产规范、职业素养以及工匠精神等。企业新型学徒制是我国为满足保持持续发展所需人才,解决社会就业结构矛盾,促进企业主动培训技术人员所提出的举措,与现代学徒制一脉相承,是对传统学徒制的改进,对德国"双元制"理论结合我国国情的改良应用,与现代学徒制构成了人才培养的两个阶段。

2. 两者的联系

(1)都是传统学徒制的延伸。学徒制是指在实践工作中师傅以言传身教的方式向学徒传授知识、技能的教学方式。现代学徒制和企业新型学徒制都是在此基础上提出的,因此两者具备学徒制的一般特点。

(2)工作目标都是培养技能型人才。现代学徒制是技能型人才职前培养,企业新型学徒制是在职培养,是人才成长的两个不同阶段,但就两者的职能目标来看,两种学徒制都是培养技能人才。

(3)均为培养双主体。尽管现代学徒制与企业新型学徒制的工作重心不同,前者更注重院校培养,后者则以企业实训为主,但两种学徒制度的培养主体均为职业院校与企业。

(4)基本表现形式相同。学徒制的表现形式为职业院校与企业"双导师",且企业培训以师傅带徒弟的形式展开。

(5)都有协议约定。新型学徒制中,企业与培训机构、企业与学徒之间签订包括培训内容、目标、期限等内容的合作协议[①];同样现代学徒制中也需要签订院校与企业以及学生的合同。

3. 两者的区别

(1)主管单位不同。现代学徒制由教育部负责,地方教育主管部门、职业院校落实;企业新型学徒制由人力资源和社会保障部、财政部统筹推进。

(2)责任主体不同。现代学徒制以职业院校为主、企业为辅培养工作,工作原则为"政府引导、行业参与、社会支持";企业新型学徒制则是以企业为本位,企业负责培养工作,工作原则为"政府引导、企业为主、院校参与"。

(3)培训对象不同。现代学徒制的培养对象是在校学生,让在校学生以实习员工的身份在院校、企业"双导师"的培养模式下学习[②];企业新型学徒制的培养对象是与企业签订劳动合同的技能岗位新招用人员和新转岗人员。

---

① 程舒通,徐从富. 企业新型学徒制的研究[J]. 成人教育,2019,39(12):67-71.
② 赵丽萍. 现代学徒制与企业新型学徒制统筹发展的探索[J]. 教育评论,2020,No.254(08):42-46.

企业新型学徒制以企业为责任主体的培养模式,打破了以往校企合作中企业不积极的现象,大幅度激发了企业的热情,是我国基于现代学徒制背景对校企合作的又一次突破。企业新型学徒制与现代学徒制工作相辅相成,共同构成了具备中国特色的学徒制体系。

## 二、知识与知识转移理论

### (一)知识的内涵与特性

知识没有明确的界定,因此准确地指出知识的充要条件是不可能。在常规的观念中,知识被定义为正确的信息。1998年,国家科技领导小组将知识定义为"经过人的思维整理出的信息、数据、形象、意义、价值标准以及社会的其他符号产物"。知识的特性有以下几个方面:

(1)非实体性。知识的功能是反映思想和情感的表达,知识是人类智慧的结晶,依赖一定的载体及其外在的表达。

(2)永存性。知识在时间上具有永存的特点,无论是存储于人类的大脑还是其他载体,知识一旦被创造,将具有永不破损、永存的特性。

(3)共享性。知识作为人类精神产品,具有可以共享的优越性能,知识的最终目的是服务于社会。

(4)无穷性。从总体上来看,知识总会随着时间向着数量增多、质量变优的方向发展,且不会随着时间的延续达到知识积累的顶峰,而是永无止境地不断增长[1]。

在知识管理理论中,知识可以分为显性知识和隐性知识。显性知识指用语言、文字等形式表达出来的知识,可以通过书籍等载体传播和保存,显性知识又叫形式知识、编码知识。与之相对的,隐性知识即指包括技能、技巧、经验、诀窍等不能通过文字、图表和数学公式等书面形式传播的知识,隐性知识又叫暗默知识、非编码知识。隐性知识的特性有以下几个方面:①不能用语言进行逻辑说明。隐性知识是存在于人脑的高度个人化的知识。隐性知识最突出的特征之一就是无法用语言、数字、公式和科学法则进行规范化。②主观性。隐性知识是人对自身实践的感悟和认识,形成的经验和智慧,因此隐性知识具有强烈的个体主观性。③复杂性。基于隐性知识不能用语言进行逻辑说明且具有强烈的主观性[2],决定了学习与掌握隐性知识具有一定复杂性。

---

① 李喜先.知识:起源、定义及特性[J].科学,2014,66(3):12-15+4.
② 杨翮翮.国外知识转移研究综述[J].中国科技资源导刊,2010,42(2):14-20.

## （二）知识转移理论的内涵

知识在企业中以隐性知识与显性知识两种形态存在,只有当其在企业实现了共享、转移并被企业所运用,才能真正成为企业的资产,即知识转移。与知识相同,知识转移的概念同样难以界定,一般来说,知识的表达、获取、沟通、内化、应用、接受、吸收和消化,一切使知识从一个载体转移到另一个载体的过程都被称作知识转移。

1977 年学者 Teece 提出知识转移的概念,引起了全世界学者的研究。1995 年,日本学者 Ikujiro Nonaka 与 Hirotaka Takeuchi 提出了著名的知识转移的 SECI 模型,对后人对知识与知识转移过程的研究产生了重要影响。SECI 模型将知识转移分为四个过程,即:社会化（socialization）、外显化（externalization）、结合化（combination）、内在化（internalization）（见图 7-2）。社会化是知识由隐性向隐性转化的过程,往往是通过观察、模仿等共享经验的方式发生,在企业的表现形式是徒弟通过观察、模仿师傅的行为,获得经验知识;外显化是知识由隐性向显性转变的过程,通过外化的形式转变成为高级显性知识,例如书籍的编著过程、论文的撰写过程等都属于知识高层次的外化,所产生的显性知识表达明确、清晰且容易被吸收;结合化是显性知识与显性知识之间的转化,通过语言、文字、数字符号,将零散、无规律的普通显性知识,处理、整合成更为复杂的高级显性知识,在企业师徒中表达为报告、开会、汇整和处理资料等形式;知识的内在化是 SECI 模型的最后一步,被整理好的高级显性知识被知识接收方吸收消化,并升级成为他们的隐性知识[1]。知识 SECI 模型的四种模式螺旋式循环发生,不断完成隐性知识与显性知识之间转换,从而实现个人、团体的知识存量的增加。

---

① 赵蓉英,刘卓著,王君领.知识转化模型 SECI 的再思考及改进[J].情报杂志,2020,39(11):173-180.何会涛.知识共享有效性研究:个体与组织导向的视角[J].科学学研究,2011(3):403-412.

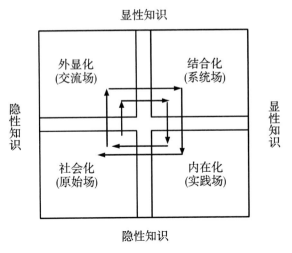

图 7-2 SECI 螺旋形知识转移模型

# 三、方法与理论

## (一)德尔菲法

德尔菲法(Delphi Method)也被称作专家调查法,20 世纪中叶在美国兰德公司创始实行,德尔菲法的原理是反馈匿名函询法。德尔菲法的大致流程是:对预测问题的专家意见经整理、归纳、统计后,反馈给各位专家再次征求意见,然后重复上述步骤,直至得到一致的意见。过程中专家只能与调查人员产生联系,采用匿名发表意见的方式,即专家之间不得互相讨论,不发生横向联系,流程如图 7-3 所示。

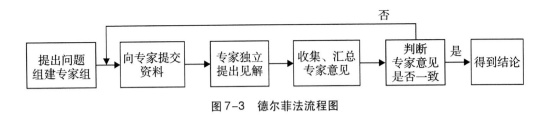

图 7-3 德尔菲法流程图

## (二)层次分析法

层次分析法是系统工程常见的决策方法,全称为 the analytical hierarchy process 简称 AHP 法,由美国运筹学家 Saaty 于 1973 年提出,是一种定性和定量相结合的方法。AHP

的理论核心是将系统分解,把庞大的整体问题简化成为评价指标相对于总目标的重要性权值的确定,或相对优劣次序的排序,最终把决策问题转化为一组方案优先顺序排列的问题。顺序获得的最基本方式是两两对比最低层指标,从而将难以直接量化的复杂系统构建为数学模型的方法表示。层次分析法的具体步骤如下:

## 1.建立层次结构模型

根据问题与目标建立合适的层次结构模型,层次结构模型如图7-4所示。

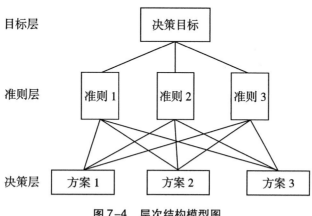

图7-4　层次结构模型图

## 2.构造判断矩阵

将各级指标要素对上级对应指标的重要性进行比较;然后依据赋值标准,请专家根据赋值标准打分,并根据专家的结果,最后求解得到相应的判断矩阵。比较判断矩阵的构造与层次分析法赋值标准如表7-1、表7-2所示。

表7-1　判断矩阵的构造

| $A$ | $X_1$ | $X_2$ | … | $X_n$ |
|---|---|---|---|---|
| $X_1$ | $x_{11}$ | $x_{12}$ | … | $x_{1n}$ |
| $X_2$ | $x_{21}$ | $x_{22}$ | … | $x_{2n}$ |
| … | … | … | … | … |
| $X_n$ | $x_{n1}$ | $x_{n2}$ | … | $x_{nn}$ |

表7-2　层次分析法赋值标准表

| 重要性标度 | 重要性程度 |
|---|---|
| 1 | 指标 $X_i$ 与 $X_j$ 同等重要 |
| 3 | 指标 $X_i$ 与 $X_j$ 稍微重要 |
| 5 | 指标 $X_i$ 与 $X_j$ 明显重要 |
| 7 | 指标 $X_i$ 与 $X_j$ 十分重要 |
| 9 | 指标 $X_i$ 与 $X_j$ 绝对重要 |
| 2,4,6,8 | 介于对应 1~9 标度的中间值 |
| $U_{ji}=1/U_{ij}$ | 若 $X_i$ 与 $X_j$ 两两比较的重要性标度为 $U_{ij}$,则 $X_j$ 对 $X_i$ 的重要性程度 |

最终得到的判断矩阵 $X$。

$$X = \begin{bmatrix} x_{11} & x_{12} & \cdots & x_{1n} \\ x_{21} & x_{22} & \cdots & x_{2n} \\ \vdots & \vdots & & \vdots \\ x_{n1} & x_{n2} & \cdots & x_{nn} \end{bmatrix}$$

3. 权重的计算与一致性检验

设 $X$ 的最大特征根为 $\lambda\max$, $n$ 为矩阵的阶数,其相应的特征向量为 $W$,则有

$$X * W = \lambda\max * W \tag{7-1}$$

一致性检验 $CI$(consistency, $CI$):

$$CI = \frac{\lambda\max - n}{n - 1} \tag{7-2}$$

最后计算一致性比率 $CR$,公式如下:

$$CR = \frac{CI}{RI} \tag{7-3}$$

随机一致性指标 $RI$ 计算值见表7-3。

表7-3　一致性指标 $RI$

| $n$ | 1 | 2 | 3 | 4 | 5 | 6 | 7 | 8 | 9 | 10 |
|---|---|---|---|---|---|---|---|---|---|---|
| $RI$ | 0.00 | 0.00 | 0.58 | 0.90 | 1.12 | 1.24 | 1.32 | 1.41 | 1.45 | 1.49 |

由公式2-3可以看出,$CI$ 与 $CR$ 成正比,因此所求 $CI$ 值越大,$CR$ 值也就越大,说明矩

阵的一致性越差。当一致性比率 $CR=0$ 时,说明矩阵一致性很好;当 $CR \leq 0.1$ 时,说明确定的判断矩阵的一致性在接受范围内;$CR>0.1$ 时,说明该判断矩阵偏离一致性的程度超出接受范围,必须重新调整其相对重要值。

（三）模糊综合评价

模糊综合评价（FCE）是美国 Zadeh 提出的概念,是一种基于模糊数学的对多因素系统的特征进行总体综合评价的方法。模糊综合评价可以将边界模糊、不易确定的定性指标定量化,从而能更准确地对事物进行评价。模糊综合评价的计算步骤如图 7-5 所示。

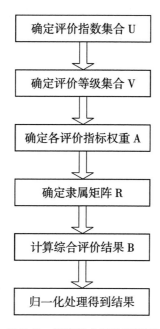

图 7-5　模糊综合评价流程图

# 第三节　企业师徒知识转移有效性研究

## 一、有效性定义与评价因子的确定

（一）有效性定义与构成

本章企业师徒知识转移,指企业在现代学徒制背景下,实施的"师傅带徒弟"的形式,完成师徒间的知识转移,进而完成对企业学徒的培养。在通俗意义下,有效性被定义为策划的活动和达成策划结果的程度,而效率则被定义为单位时间内完成的工作量,或最有效的使用资源以满足人类愿望和需要。因此对企业师徒知识转移效果的查收,用"有效性"一词更为确切。冯英浚(2007)认为,企业管理的有效性指剔除评价单元客观基础条件的差异,客观地显示评价单位由于经营管理而产生效益的生产行为特性。[①] 何会涛(2011)认为,任务目标的完成效果不应该仅仅靠输出的结果来判断,而是全面系统的用有效性衡量。[②] 喻登科(2020)认为,企业管理是综合性的过程,企业管理有效性指其对企业的综合实力提升起显著促进作用。[③]

综上所述,本章可以得到企业师徒知识转移有效性的定义,即企业在现代学徒制的大背景下,师徒间知识转移的发生情况和达成成效的程度。因此对企业师徒知识转移有效性的考察也将分为知识转移的发生情况与取得的成效两部分。

(1)转移过程。现代学徒制的参与主体分别是政府、企业、院校。其中政府与院校的收益是显而易见的,学徒制计划的完成重点在于企业。学徒制政策推行下,产学研三方的政策与规定对企业知识转移有重要影响;知识转移的发生受知识本身的特性影响,其内隐形、复杂性等特征一定程度上限制了知识转移;知识转移的发生还与知识转移双方的基础、意愿、能力等因素有关。

(2)取得的成效。企业师徒知识转移参与方分别为企业师傅(知识转移方)与企业学徒(知识接收方)。因此对企业师徒知识转移成效的考察,将考虑师徒双方包括能力提升、心理满意度的提高、职业发展的优化等多个方面。

## (二)评价因子分析

如上文所述,企业师徒知识转移有效性的评价应该考虑转移过程的发生与师徒知识转移取得的成效两个方面。转移过程中,师徒间涉及的知识以隐性知识为主,因此隐性知识特性、知识主体的意愿及能力以及师徒双方的实践是评价知识转移有效性的必要指标;在转移过程中,院校、企业与政府作为现代学徒制的参与方,因此评价指标的选取要涵盖政府政策、企业与院校的制度等,对师徒合作成效的考察包括知识转移对企业、师徒等产生的成效。

---

① 冯英浚,黄伟,葛虹.测算管理效率:一条基于管理有效性的新途径[C]//.第九届中国管理科学学术年会论文集,2007:92-97.

② 何会涛.知识共享有效性研究:个体与组织导向的视角[J].科学学研究,2011(3):403-412.

③ 喻登科,陈淑婷,朱钊颖.管理创新有效性验证及实现路径研究[J].科技进步与对策,2020,37(08):1-9.

1. 知识本身

隐性知识具有明显特性,隐性知识不能由书面表达,因此难以形式化和沟通,知识的隐性化使得知识接收方无法快速完全消化和运用这些知识,进而导致知识共享质量的下降。Kogut 和 Zander 指出,知识是否为隐性、是否错综复杂、是否可以通过简单的方式表达以及技能的专业程度都对知识转移有一定影响,越是隐晦、复杂、专业性强的知识越难以转移。Lippman 和 Rumelt 则认为成熟的知识对知识转移是有利,尚未成熟的知识可能会为知识接收方带来不必要的困扰,同样知识之间的关联也能成为知识转移的障碍。不仅仅隐性知识的本身特性影响知识的传播,显性知识之间具备的较强的嵌套关系也会影响知识转移的效果。

综上,本章选取的知识转移有效性的主要知识本身特性评价因子包括知识内隐性、成熟度、复杂性、专有性和嵌入性。

2. 知识转移方

在企业知识转移中,师傅自身知识基础决定了知识转移能否发生,知识基础包括工作方法、技术、技巧、经验等,越资深的师傅往往知识基础越丰富,知识转移效果越好;师傅的意愿为知识转移提供可能性,师傅越主动地传授知识,知识转移效果往往越好,师傅的意愿主要受师徒关系、个人意愿等主观因素和企业资金补助制度、晋升制度等激励制度的客观因素影响;师傅的知识转移能力决定了知识转移的"量",知识转移能力指知识转移方表达、传授知识的能力,突出了师傅将隐性知识转移为显性知识的能力(知识的外化)以及将显性知识整合成更高级显性知识的能力(知识的组合化),师傅知识转移能力越强,知识转移效果越好。

综上,本章认为企业师徒知识转移有效性的主要知识转移方的评价因子有:知识转移方的知识基础、传播意愿和转移能力。

3. 知识接收方

学徒的知识基础是其隐性知识的总和,包括人生经验、实践动手能力和理论知识等,这些知识基础决定了学徒的起点高度;学徒的知识接收意愿决定了学徒面对知识转移的态度是否积极,包括是否愿意用时间成本、经历成本和资金成本等学习传送过来的知识,知识接收意愿主要受个人、家庭以及公司环境影响,学徒意愿同样与知识转移效果成正相关;学徒的学习知识的能力,指其是否具备了解学习技能的价值,从而主动学习知识并加以应用的能力,学习能力还包括学习的技巧、学习的强度和机制[①],学徒的知识接受能力越强,学习方法越合适,知识接收效果将越好。

---

① 张琦,刘人境,杨晶玉.知识转移绩效影响因素分析[J].科学学研究,2019,37(2):311-319.

综上,本章认为企业师徒知识转移有效性的主要知识接收方的评价因子有:知识转移方与知识接收方的基础、意愿、能力。

**4. 知识转移过程**

企业师徒知识转移的过程本质是企业师徒行为交互的过程。房雅婷(2022)认为,知识转移系统与转移关系网络密度有关,紧密的网络关系促进网络内成员积极与他人合作,利于知识快速转移[①]。师徒之间的信任程度、亲密关系影响知识转移的频率与效率,师徒关系越好,越有利于沟通,越信任彼此,则沟通的效率越高;知识转移受组织学习氛围同样十分重要,尤其是一对多的师徒关系,学习氛围更浓郁,更能激发员工的竞争意识;师徒沟通的距离与频率也是评价知识转移过程的重要因素,卢艳秋(2020)发现线上沟通与线下沟通对知识转移中组织知识的流失是不同的[②];有学者通过实证发现知识转移双方的知识距离对知识转移有较高的影响度,师徒间知识顺差是知识转移发生的根本原因[③],但当师徒间的知识储存差距太大时,反而对知识转移产生阻碍。

综上,本章认为企业师徒知识转移有效性的主要知识转移过程评价因子有:师徒关系、信任程度、师徒知识距离、组织学习氛围、知识转移的方式及频率、知识距离等。

**5. 现代学徒制环境**

现代学徒制主体的情景要素影响师徒知识转移有效性,因此也是检测一个企业师徒知识转移有效性的重要指标。现代学徒制的概念一经提出便受到了各地院校的推崇,院校积极落实现代学徒制政策的同时,也应当重视培养企业对现代学徒制的合作热情。顾保国(2006)指出绩效决定着制度协同以及其速度和路径,而企业制度能够提高知识转移的绩效[④]。刘春艳(2018)认为作为现代学徒制的参与方,政府、企业、院校和科研机构的相关政策激励可以有效地提升知识转移的绩效[⑤]。除了现代学徒制主体的工作热情,评价地区企业师徒知识转移有效性,不能忽视产学研三方的合作深度与合作频率。

综上,本章认为企业师徒知识转移有效性的主要现代学徒制环境评价因子有:产学研三方的激励政策、沟通的频率、深度等。

---

① 房雅婷,王子龙."双循环"视角下企业知识转移影响因素分析[J].科技管理研究,2022,42(17):151-157.

② 卢艳秋,孙丹丹,赵彬.代际知识转移的关键影响因素识别研究[J].情报科学,2020,38(10):90-96.

③ 张向先,李昆,郭顺利,等.知识生态视角下企业员工隐性知识转移过程及影响因素研究[J].情报科学,2016,34(10):134-140.

④ 顾保国.企业集团制度协同绩效分析[J].理论探讨,2006(2):75-77.

⑤ 刘春艳,陈媛媛.产学研协同创新团队知识转移的特征与内涵研究[J].科技管理研究,2018,38(1):184-190.

6.师徒合作成效

通过师徒知识转移，师傅可能会得到薪资的奖励，职位的晋升，知识转移经验的增加以及自身能力的提升；企业学徒提高了能力，具备了完成工作的能力，并可能激发其更大的潜能；企业人才资源配置得到优化，企业绩效得到提高等。师徒知识转移主要取得的成效，是评价企业师徒知识转移的重要指标。

综上，本章认为企业师徒知识转移有效性的主要知识转移过程评价因子有：师徒双方的能力提升、企业的人力资源配置、技能型人才数量的增加等。

## 二、企业师徒知识转移有效性评价指标体系构建

### （一）评价指标体系构建原则

通过分析影响企业师徒知识转移的因素，本章在设计其评价指标时遵循以下原则：

（1）科学性。科学性是课题研究的基础，任何研究都应将科学性贯穿始终。因此本课题在设计评价指标体系时，应当保证指标选取的合理性，分析影响知识转移的因素，避免逻辑错误的发生。

（2）可行性。保证评价体系的可行性，应谨慎选择评价指标，努力做到少而精，避免指标之间有含义不清，互相包含的现象发生。

（3）全面性。指标的选取应当充分体现选题主旨，厘清"知识转移有效性"的内涵，在指标相互独立、符合可行性原则的基础上，尽可能地全面、无纰漏，才能更全面地评价企业知识转移现状。

（4）灵活性。初步建设评价指标后，将通过专家调查法进行筛选，因此在选取评价指标时，应做好随时根据实际情况修正的准备。

（5）定性定量结合性。定量分析结果清晰、明确，可以较直观地说明问题。研究目标需要定性的方法来实现，因此将采用定量与定性相结合的方法实现对企业师徒知识转移有效性的评价。

（6）可实践性。这是实践性评价模型的价值所在。本章在建立企业师徒知识转移有效性评价模型时，要根据我国学徒制的应用实况，选取的指标必须具有在满足以上所有原则的基础上，选出适用于考察我国学徒制实施现状的企业师徒知识转移有效性评价指标，设计的评价模型在对我国今后学徒制发展方向的探索中，真正的实践应用、发挥作用。

## (二)初始评价指标选取

通过上文对企业师徒知识转移评价因子的分析,严格遵循构建有效性评价指标体系的原则,通过梳理文献,借鉴已有成果和原创指标结合,与导师及课题组成员的讨论,决定初步选取6个一级指标,29个二级指标,具体指标及指标含义与来源见表7-4。

表7-4 初始指标的含义与来源情况

| 一级指标 | 二级指标 | 指标含义 | 指标来源 |
|---|---|---|---|
| 知识本身 | 知识内隐性 | 员工的技术、技巧、技能等隐性知识不显露、隐晦程度。知识越是晦涩难懂,传播越困难 | 易加斌①<br>庄招荣②<br>李柏洲③<br>周密④<br>王冰⑤<br>李伟 |
| | 知识成熟度 | 指企业技术的成熟程度。成熟的技术利于传播,不成熟的技术需要员工不断学习、进步 | |
| | 知识复杂性 | 知识的复杂程度 | |
| | 知识专有性 | 知识是否为行业特有。专业人才或有专业基础的学徒往往学习专有知识更简单 | |
| | 知识嵌入性 | 企业中需要获得的技能之间有联系的程度。相互嵌入的知识,需要有一定的学习顺序 | |

① 易加斌.供应链成员间知识转移影响因素与绩效评价模型研究:基于知识转移过程视角[J].物流技术,2012,31(3):153-157.
② 庄招荣,郭东强.基于神经网络的转型企业知识转移可行性评价[J].企业经济,2013,32(03):35-38.
③ 李柏洲,徐广玉.基于方法集的合作创新企业知识转移风险评价[J].科技进步与对策,2014,31(6):112-117.
④ 周密,赵文红,宋红媛.基于知识特性的知识距离对知识转移影响研究[J].科学学研究,2015,33(7):1059-1068.
⑤ 王冰,郭东强.基于BP神经网络的企业内部知识转移绩效综合评价研究[J].情报科学,2016,34(1):141-145,154.

续表 7-4

| 一级指标 | 二级指标 | 指标含义 | 指标来源 |
|---|---|---|---|
| 知识转移方 | 师傅知识基础 | 师傅的知识基础,包括师傅对工作技术的掌握、工作技巧的理解等 | 舒宗瑛①<br>楚岩枫②<br>郭朝晖③<br>程巧莲④<br>翟姗姗⑤<br>刘晓煜⑥ |
| | 知识转移意愿 | 师傅主动发生知识转移的热情,传授知识的主动性、积极性 | |
| | 知识转移能力 | 师傅教授技术的能力,经验越丰富的师傅越有办法让学徒快速理解 | |
| 知识接收方 | 徒弟知识基础 | 徒弟的知识基础,包括学徒资深的生活和工作积累的经验以及在学校学到的专业基础 | 舒宗瑛<br>楚岩枫<br>郭朝晖<br>王冰<br>刘晓煜 |
| | 知识接收意愿 | 学徒主动接受知识的意愿,学习知识、技能的积极性 | |
| | 知识接收能力 | 学徒学习知识的能力,这一指标主要与学徒的智力、悟性等因素有关 | |

① 舒宗瑛.基于物元模糊模型的图书馆知识转移评价研究[J].情报科学,2012,30(7):1044-1047.

② 楚岩枫,黄晓琼.复杂产品系统研发项目知识转移有效性评价模型及仿真分析[J].科技进步与对策,2013,30(10):127-130.

③ 郭朝晖,李永周.产学合作中的知识转移绩效评价研究[J].数学的实践与认识,2013,43(17):52-58.

④ 程巧莲,胡珑瑛,崔双双.基于知识转移的合作创新伙伴信任评价研究[J].运筹与管理,2014,23(1):143-150.

⑤ 翟姗姗.基于学术博客的个体知识转移作用效果评价研究[J].情报科学,2015,33(1):132-138.

⑥ 刘晓煜.复杂因素对技术联盟知识转移作用机理及评价研究[J].科学管理研究,2018,36(1):116-120.

续表7-4

| 一级指标 | 二级指标 | 指标含义 | 指标来源 |
|---|---|---|---|
| 知识转移过程 | 师徒信任 | 指师徒间相互信任的程度 | 段能鹏①<br>易加斌<br>庄招荣<br>孙玺<br>郭朝晖<br>洪琼②<br>程巧莲<br>周密<br>李伟 |
| | 师徒关系 | 指师徒间的健康、正常的人际关系 | |
| | 组织学习氛围 | 指企业组织学习氛围 | |
| | 转移方式 | 指师徒间一对一或一对多的师徒对形式,对知识转移效果有利的程度 | |
| | 沟通距离 | 师徒间交流阻碍少、知识转移便捷程度 | |
| | 沟通频率 | 师徒间沟通的频繁程度 | |
| | 知识距离 | 师徒间相差的知识储存量 | |
| 现代学徒制环境 | 政府制度 | 政府对现代学徒制中企业师徒形式的相关扶持程度 | 孙玺 |
| | 企业资金激励 | 企业对师徒对的资金鼓励 | |
| | 企业政策 | 企业政策对师徒形式的支持程度。如绩效考核,对表现好的师傅、学徒的职位晋升等 | |
| | 院校政策 | 职业学校方提供的有利于企业学徒接收知识的政策。如校招、鼓励学生实习等 | |
| | 产学研合作频率 | 产学研三方合作的频率 | |
| | 产学研合作深度 | 产学研三方合作的深度 | |
| 师徒合作成效 | 师傅工作 | 通过师徒合作,师傅获得的技能提升、职位晋升等优惠 | 王一飞③<br>庄招荣<br>郭朝晖 |
| | 徒弟能力 | 通过师徒合作,学徒获得的掌握工作的能力 | |
| | 企业产值 | 采用学徒制的形式,为企业带来的利润变化 | |
| | 技能型人才 | 采用学徒制的形式,企业的技能型人才数量 | |
| | 人力资源配置 | 采用学徒制的形式,企业的人才资源配置。 | |

① 段能鹏,鲁晶.基于知识资本理论的企业知识转移绩效评价研究[J].情报杂志,2011,30(S2):256-259.

② 洪琼,张浩.基于D-S证据理论的高校学术组织知识转移绩效评价研究[J].情报科学,2013,31(10):44-47.

③ 王一飞,李柏洲.基于BSC-FANP的中小企业知识转移绩效评价研究[J].情报科学,2011,29(5):662-666.

# 第四节　企业师徒知识转移有效性层次模型构建

## 一、基于德尔菲法的指标修正

目前我国对企业师徒知识转移有效性评价体系研究较少,本章在构建评价指标体系时考虑上文分析的企业师徒知识转移的知识特性、知识客体、知识转移过程、现代学徒制环境、师徒合作成效等评价因素,以及参考国内外企业师徒知识转移评价的相关文献而确定的其他指标,通过专家调查法与数理统计分析法对初始指标进行专家筛选。其中德尔菲法的数据将以调查问卷的方法获得。

### (一)问卷设计

将上文确定的企业知识转移现状的指标制作成问卷咨询表的形式。首先参考课题组成员与企业高层管理部门的意见,对问卷格局布置、内容安排、语言描述等进行修改。问卷由问卷说明、专家基本信息与问卷主体三部分组成。问卷说明介绍了本问卷的研究背景、目的、意义;专家基本信息是在已选定专家的基础上,再次确认专家身份信息与专业性,信息包括性别、职务、工龄和是否参与学徒制;问卷主体采用李克特五级量表法,提供非常合适、合适、一般、不合适、非常不合适共 5 个级别供专家选择,分别赋值 5、4、3、2、1。

### (二)指标筛选与确定

Adler,Michael 和 Erio Ziglio(1996)认为德尔菲法专家数量不宜超过 15 个。因此根据论文方向与研究性质最终确定了 13 位专家,他们均曾经或正在参与学徒培训工作,拥有至少五年的工作经验,大部分为企业中高层。专家特征信息统计如下。

表7-5　专家信息统计表

| 专家编码 | 性别 | 职务 | 工龄 | 现代学徒制经验 |
|---|---|---|---|---|
| 1 | 男 | 生产经理 | 5 年以上 | 有企业师傅经验 |
| 2 | 女 | 财务部长 | 5 年以上 | 有企业师傅经验 |
| 3 | 男 | 高级技师 | 20 年以上 | 有企业师傅经验 |
| 4 | 男 | 技能专家 | 20 年以上 | 有企业师傅经验 |

续表7-5

| 专家编码 | 性别 | 职务 | 工龄 | 现代学徒制经验 |
|---|---|---|---|---|
| 5 | 男 | 制造工程师 | 20年以上 | 有企业师傅经验 |
| 6 | 男 | 钳工 | 20年以上 | 有企业师傅经验 |
| 7 | 男 | 技术总监 | 20年以上 | 有企业师傅经验 |
| 8 | 女 | 资深电焊工 | 20年以上 | 同时有企业师傅和学徒经验 |
| 9 | 男 | 装配钳工 | 5年以上 | 有企业师傅经验 |
| 10 | 男 | 班长 | 20年以上 | 有企业师傅经验 |
| 11 | 男 | 工人 | 5年以上 | 同时有企业师傅和学徒经验 |
| 12 | 男 | 技术员 | 5年以上 | 同时有企业师傅和学徒经验 |
| 13 | 女 | 班长 | 20年以上 | 同时有企业师傅和学徒经验 |

本章第一轮德尔菲法筛选指标,采用13位专家的平均打分表达专家一致性。其中得分低于3分的指标将被淘汰,得分大于或等于3分的指标保留,图7-6是一级指标得分情况、图7-7是二级指标得分统计条形图。

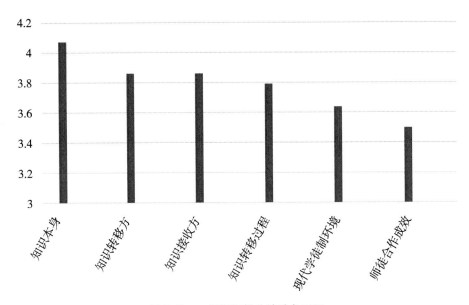

图7-6　一级指标得分统计条形图

如图7-6所示,第一轮德尔菲法问卷调查结果显示,本章所选的企业师徒知识转移有效性评价一级指标均值均在3.5分以上,因此第一轮德尔菲法将保留所有一级指标。这表示专家认为,包括客观因素如知识本身特性,主观因素如知识转移方、知识接收方,知识转移发生的过程,外界影响因素如现代学徒制环境,以及师徒合作成效,都是评价企业师徒转移效果的重要指标。其中知识本身特性为知识转移的发生提供了可能性,从根本上决定了企业师徒知识转移的困难程度,因此在评价过程中十分重要。而师徒合作成效指标是对知识转移工作的验收,是在知识转移行为结束后,对师徒合作成效的考察,因此相对不重要。

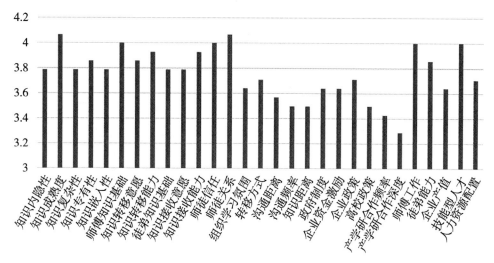

图7-7　二级指标得分统计条形图

根据图中第一轮德尔菲法调查结果,可以看出29个二级指标得分均在3.2分以上,因此保留所有指标。但在专家给出的指标意见中"知识成熟度""知识复杂性""知识专有性"三个指标被多名专家指出有歧义,增大后续问卷理解难度,因此将这些名词分别改为"技术成熟度""技术复杂性""技术专有性"。本章在第二轮德尔菲法调查中已做修改。

## 二、基于 AHP 方法的企业师徒知识转移有效性评价模型构建

### (一)建立层次结构模型

根据上述构建评价指标原则,以及两轮专家调查法对初级评价指标的修正,最终建立层次结构模型如图7-8所示,其中包括6个一级指标和29个二级指标。

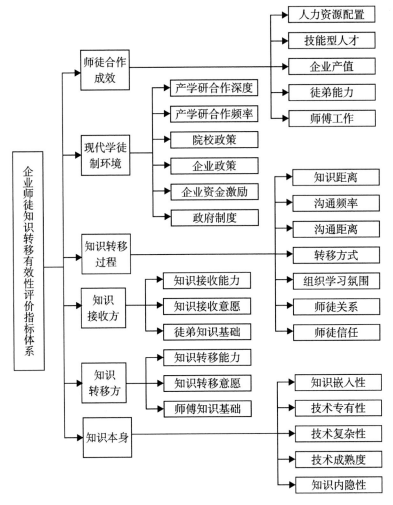

图7-8　层次结构图

## (二) 指标权重值确定

本章共邀请10位领域专家对评价指标中的各项指标两两比较重要性并评分,由于每位专家的视角都不尽相同,得到的评价指标的评分将更加的客观和全面性,依照层次分析法的原理得出各项指标分析结果。

1.一级指标权重值计算

(1) 计算一级指标的权重值,第一步由专家1打分获得企业师徒转移有效性的判断矩阵X:

$$X = \begin{bmatrix} 1 & 2 & 2 & 0.5 & 3 & 5 \\ 0.5 & 1 & 2 & 3 & 3 & 1 \\ 0.5 & 0.5 & 1 & 2 & 2 & 2 \\ 2 & 0.33 & 0.5 & 1 & 0.25 & 0.25 \\ 0.33 & 0.33 & 0.5 & 4 & 1 & 0.33 \\ 0.20 & 1 & 0.5 & 4 & 3 & 1 \end{bmatrix}$$

（2）利用和积法计算出矩阵的特征向量。设为 $W$：

$$W = (0.286, 0.195, 0.145, 0.116, 0.101, 0.157)$$

检验数据一致性计算出最大特征值 $\lambda_{max}$，首先计算出判断矩阵与特征向量的乘积：

$$X \cdot W = \begin{bmatrix} 1 & 2 & 2 & 0.5 & 3 & 5 \\ 0.5 & 1 & 2 & 3 & 3 & 1 \\ 0.5 & 0.5 & 1 & 2 & 2 & 2 \\ 2 & 0.33 & 0.5 & 1 & 0.25 & 0.25 \\ 0.33 & 0.33 & 0.5 & 4 & 1 & 0.33 \\ 0.20 & 1 & 0.5 & 4 & 3 & 1 \end{bmatrix} \begin{bmatrix} 0.286 \\ 0.195 \\ 0.145 \\ 0.116 \\ 0.101 \\ 0.157 \end{bmatrix}$$

从而得到 $\lambda_{max} = \sum_{i=1}^{6} \frac{(X \cdot W)_i}{6 W_i} = 7.766$

（3）运用最大特征值，进行一致性检验。一致性检验 $CI = 0.353$，查询表可得到 $RI = 1.24$，可以得到 $CR = 0.284 > 0.1$，因此一致性检验不通过，需要修正。根据层次分析法中的修正算法，做最大改进方向修正，得到新的一致性矩阵 $R$：

$$R = \begin{bmatrix} 1 & 2 & 2 & 4 & 3 & 5 \\ 0.5 & 1 & 2 & 3 & 3 & 1 \\ 0.5 & 0.5 & 1 & 2 & 2 & 2 \\ 0.25 & 0.33 & 0.5 & 1 & 0.25 & 0.25 \\ 0.33 & 0.33 & 0.5 & 4 & 1 & 0.33 \\ 0.20 & 1 & 0.5 & 4 & 3 & 1 \end{bmatrix}$$

重复上述步骤得到 $\lambda_{max} = 6.5455$，$CI = 0.1091$，$CR = 0.086 < 0.1$，一致性检验通过。此时由专家1得到的一级指标权重为 $W = (0.195, 0.157, 0.351, 0.053, 0.094, 0.151)$。重复上述步骤分别求出10位专家的一级指标权重，算术平均得到最终以及指标权重为 $W = (0.184, 0.142, 0.264, 0.130, 0.127, 0.153)$。

2.二级指标权重值计算

（1）由专家打分得到指标"知识本身"的判断矩阵，由专家1打分获得知识本身的判

断矩阵 $X$:

$$X = \begin{bmatrix} 1 & 3 & 1 & 1 & 1 \\ 0.33 & 1 & 0.33 & 0.5 & 0.5 \\ 1 & 3 & 1 & 1 & 1 \\ 1 & 2 & 1 & 1 & 1 \\ 1 & 2 & 1 & 1 & 1 \end{bmatrix}$$

(2)利用和积法求出矩阵的特征向量,设为 $W$:

$$W = (0.236, 0.093, 0.236, 0.218, 0.218)$$

检验数据一致性求出最大特征值 $\lambda$max,首先求出判断矩阵与特征向量的乘积:

$$X = \begin{bmatrix} 1 & 3 & 1 & 1 & 1 \\ 0.33 & 1 & 0.33 & 0.5 & 0.5 \\ 1 & 3 & 1 & 1 & 1 \\ 1 & 2 & 1 & 1 & 1 \\ 1 & 2 & 1 & 1 & 1 \end{bmatrix} \begin{bmatrix} 0.236 \\ 0.093 \\ 0.236 \\ 0.218 \\ 0.218 \end{bmatrix}$$

从而得到 $\lambda max = \sum_{i=1}^{6} \dfrac{(X \cdot W)i}{5Wi} = 5.023$

(3)运用最大特征值,进行一致性检验。一致性检验 $CI = 0.006$,查询表可得到 $RI = 1.12$,可以得到 $CR = 0.005 < 0.1$,一致性检验通过。重复上述步骤分别求出 10 位专家对指标"知识本身"的权重,求出平均值得到 $W = (0.056, 0.036, 0.034, 0.028, 0.030)$。再重复上述计算过程得到其他二级指标的权重,最终权重结果如表 7-6。

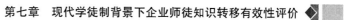

表7-6 评价指标权重计算结果

| 目标层 | 准则层 | 指标层 | 权重 |
|---|---|---|---|
| 企业师徒知识转移有效性评价指标体系 | 知识本身 0.184 | 知识内隐性 | 0.056 |
| | | 技术成熟度 | 0.036 |
| | | 技术复杂性 | 0.034 |
| | | 技术专有性 | 0.028 |
| | | 知识嵌入性 | 0.030 |
| | 知识转移方 0.142 | 师傅知识基础 | 0.063 |
| | | 知识转移意愿 | 0.040 |
| | | 知识转移能力 | 0.039 |
| | 知识接收方 0.264 | 徒弟知识基础 | 0.117 |
| | | 知识接收意愿 | 0.083 |
| | | 知识接收能力 | 0.064 |
| | 知识转移过程 0.130 | 师徒信任 | 0.026 |
| | | 师徒关系 | 0.022 |
| | | 组织学习氛围 | 0.016 |
| | | 转移方式 | 0.016 |
| | | 沟通距离 | 0.017 |
| | | 沟通频率 | 0.015 |
| | | 知识距离 | 0.018 |
| | 现代学徒制环境 0.127 | 政府制度 | 0.030 |
| | | 企业资金激励 | 0.021 |
| | | 企业政策 | 0.017 |
| | | 院校政策 | 0.017 |
| | | 产学研合作频率 | 0.018 |
| | | 产学研合作深度 | 0.024 |
| | 师徒合作成效 0.153 | 师傅工作 | 0.039 |
| | | 徒弟能力 | 0.027 |
| | | 企业产值 | 0.027 |
| | | 技能型人才 | 0.026 |
| | | 人力资源配置 | 0.034 |

# 第五节　案例分析

## 一、案例概况

洛阳是全国闻名的老工业基地,装备制造业是其代表性产业之一,是国家重要的高端制造业中心,且在 2019 年开展了企业新型学徒制的试点工作,因此选取洛阳为样本城市是合适的。基于上文构建的指标体系,本章以洛阳装备制造业为例,选取了当地四家代表性装备制造业企业,对其企业师徒知识转移有效性现状进行评价,以验证本模型的有效性。

### (一)洛阳制造业发展概况

装备制造业是洛阳市传统优势产业和支柱产业之一,具有良好的产业基础和发展潜力。2016 年 10 月,河南省第十次党代会报告明确提出洛阳市发展新的战略定位,其中包括"建设全国重要的现代装备制造业基地"。同年洛阳市出台《构建现代产业体系促进先进装备制造业发展实施方案》对"十三五"规划中先进装备制造业任务进行了部署,针对目前存在的发展速度缓慢、产业结构不优、创新能力不强等问题,提出要努力突破关键核心技术,提高产品质量,优化产业结构,增强产业核心竞争力,建设全国重要的现代装备制造业基地。2019 年 11 月 23 日洛阳市首届"企业新型学徒制"签约暨开班典礼召开,标志着洛阳装备制造业进入新型学徒制时代。2020 年 5 月河南省工业和信息化厅公布了 2019 年度河南省装备制造业十大标志性高端装备,洛阳市两家企业的两大产品入围。"十四五"时期,洛阳市智能装备产业智能装备生产企业及科研院所超 200 家,2021 年产业营业收入约 600 亿元,连续多年保持两位数增长。此外,洛阳市特种机器人、智能农机装备、智能矿山装备等领域处于国内先进水平。

### (二)样本选取

为做好对洛阳装备制造业企业师徒知识转移有效性的评价工作,本章挑选了四家洛阳最具代表性的老牌制造企业做样本,分别是中国一拖集团有限公司(以下简称中国一拖)、中信重工股份有限公司(以下简称中信重工)、洛阳北方企业集团有限公司(以下简称北企集团)、洛阳 LYC 轴承有限公司(以下简称洛轴)。问卷调查对象是以上四家龙头装备制造业企业师傅与学徒以及少数其他员工,共回收问卷 409 份,其中有效问卷 395

份,有效回收率96.58%。调查对象基本信息描述性统计分析见表7-7、表7-8。

表7-7　调查对象信息统计表（一）

| 性别 | 人数 | 比例 | 年龄 | 人数 | 比例 | 职位 | 人数 | 比例 |
|------|------|------|------|------|------|------|------|------|
| 男 | 331 | 83.80% | 25以下 | 29 | 7.34% | 普通员工 | 313 | 79.24% |
| 女 | 64 | 16.20% | 26-35 | 81 | 20.51% | 基层管理者 | 72 | 18.23% |
| | | | 36-45 | 116 | 29.37% | 中层管理者 | 10 | 2.53% |
| | | | 46-55 | 163 | 41.27% | 高层管理者 | 0 | 0% |
| | | | 56以上 | 6 | 1.52% | | | |

表7-8　调查对象信息统计表（二）

| 学历 | 人数 | 比例 | 身份 | 人数 | 比例 | 工龄 | 人数 | 比例 |
|------|------|------|------|------|------|------|------|------|
| 高中及以下 | 162 | 41.01% | 师傅和徒弟 | 223 | 56.46% | 5年以下 | 54 | 13.67% |
| 专科 | 128 | 32.41% | 仅师傅 | 64 | 16.20% | 5年-10年 | 21 | 5.32% |
| 本科 | 80 | 20.25% | 仅徒弟 | 47 | 11.90% | 10年-20年 | 130 | 32.91% |
| 硕士以上 | 25 | 6.33% | 普通员工 | 61 | 15.44% | 20年以上 | 190 | 48.10% |

## 二、基于模糊综合评价法的洛阳装备制造业师徒知识转移有效性评价

### （一）洛阳市装备制造业师徒知识转移有效性评价

本次研究中评价等级集合为 $C=\{V_1,V_2,V_3,V_4,V_5\}=\{$非常好,较好,一般,不好,非常不好$\}=\{5,4,3,2,1\}$。表7-9是企业师徒知识转移有效性评价指标权重及各结果评价人数。

表7-9　企业师徒知识转移有效性评价指标权重及各结果评价人数

| 目标层 | 准则层 | 权重 | 指标层 | 权重 | 5 | 4 | 3 | 2 | 1 |
|---|---|---|---|---|---|---|---|---|---|
| A | B$_1$ | 0.184 | C$_{11}$ | 0.056 | 160 | 136 | 74 | 10 | 15 |
| | | | C$_{12}$ | 0.036 | 137 | 158 | 72 | 17 | 11 |
| | | | C$_{13}$ | 0.034 | 110 | 116 | 96 | 54 | 19 |
| | | | C$_{14}$ | 0.028 | 126 | 149 | 85 | 22 | 13 |
| | | | C$_{15}$ | 0.030 | 148 | 154 | 75 | 13 | 5 |
| | B$_2$ | 0.142 | C$_{21}$ | 0.063 | 189 | 148 | 51 | 6 | 1 |
| | | | C$_{22}$ | 0.040 | 181 | 138 | 62 | 11 | 3 |
| | | | C$_{23}$ | 0.039 | 167 | 147 | 69 | 10 | 2 |
| | B$_3$ | 0.264 | C$_{31}$ | 0.117 | 136 | 152 | 91 | 12 | 4 |
| | | | C$_{32}$ | 0.083 | 149 | 145 | 88 | 9 | 4 |
| | | | C$_{33}$ | 0.064 | 135 | 161 | 90 | 5 | 4 |
| | B$_4$ | 0.130 | C$_{41}$ | 0.026 | 183 | 166 | 43 | 2 | 1 |
| | | | C$_{42}$ | 0.022 | 200 | 155 | 36 | 2 | 1 |
| | | | C$_{43}$ | 0.016 | 160 | 140 | 84 | 7 | 4 |
| | | | C$_{44}$ | 0.016 | 167 | 165 | 52 | 7 | 4 |
| | | | C$_{45}$ | 0.017 | 141 | 155 | 83 | 8 | 8 |
| | | | C$_{46}$ | 0.015 | 144 | 146 | 94 | 7 | 4 |
| | | | C$_{47}$ | 0.018 | 112 | 127 | 116 | 30 | 10 |
| | B$_5$ | 0.127 | C$_{51}$ | 0.030 | 127 | 115 | 114 | 28 | 11 |
| | | | C$_{52}$ | 0.021 | 122 | 117 | 105 | 33 | 18 |
| | | | C$_{53}$ | 0.017 | 129 | 119 | 105 | 28 | 14 |
| | | | C$_{54}$ | 0.017 | 124 | 110 | 125 | 26 | 10 |
| | | | C$_{55}$ | 0.018 | 125 | 116 | 119 | 27 | 8 |
| | | | C$_{56}$ | 0.024 | 121 | 115 | 128 | 24 | 7 |
| | B$_6$ | 0.153 | C$_{61}$ | 0.039 | 135 | 149 | 96 | 12 | 3 |
| | | | C$_{62}$ | 0.027 | 162 | 167 | 59 | 4 | 3 |
| | | | C$_{63}$ | 0.027 | 145 | 155 | 84 | 8 | 3 |
| | | | C$_{64}$ | 0.026 | 155 | 162 | 96 | 6 | 3 |
| | | | C$_{65}$ | 0.034 | 151 | 162 | 71 | 9 | 2 |

根据表7-9计算模糊判断矩阵

$$R_1 = \begin{bmatrix} 0.405 & 0.344 & 0.187 & 0.025 & 0.038 \\ 0.347 & 0.400 & 0.182 & 0.043 & 0.028 \\ 0.278 & 0.294 & 0.243 & 0.137 & 0.048 \\ 0.319 & 0.377 & 0.215 & 0.056 & 0.033 \\ 0.375 & 0.390 & 0.190 & 0.033 & 0.013 \end{bmatrix}$$

$$R_2 = \begin{bmatrix} 0.478 & 0.375 & 0.129 & 0.015 & 0.003 \\ 0.458 & 0.349 & 0.157 & 0.028 & 0.008 \\ 0.423 & 0.372 & 0.175 & 0.025 & 0.005 \end{bmatrix}$$

$$R_3 = \begin{bmatrix} 0.344 & 0.385 & 0.230 & 0.030 & 0.010 \\ 0.377 & 0.367 & 0.223 & 0.023 & 0.010 \\ 0.342 & 0.408 & 0.228 & 0.013 & 0.010 \end{bmatrix}$$

$$R_4 = \begin{bmatrix} 0.463 & 0.420 & 0.109 & 0.005 & 0.003 \\ 0.506 & 0.392 & 0.091 & 0.005 & 0.003 \\ 0.405 & 0.354 & 0.213 & 0.018 & 0.010 \\ 0.423 & 0.418 & 0.132 & 0.018 & 0.101 \\ 0.357 & 0.392 & 0.210 & 0.020 & 0.020 \\ 0.365 & 0.370 & 0.238 & 0.018 & 0.010 \\ 0.284 & 0.322 & 0.294 & 0.076 & 0.025 \end{bmatrix}$$

$$R_5 = \begin{bmatrix} 0.322 & 0.291 & 0.289 & 0.071 & 0.028 \\ 0.309 & 0.296 & 0.266 & 0.084 & 0.046 \\ 0.327 & 0.301 & 0.266 & 0.071 & 0.035 \\ 0.314 & 0.278 & 0.316 & 0.066 & 0.025 \\ 0.316 & 0.294 & 0.301 & 0.068 & 0.020 \\ 0.306 & 0.291 & 0.324 & 0.061 & 0.018 \end{bmatrix}$$

$$R_6 = \begin{bmatrix} 0.342 & 0.377 & 0.243 & 0.030 & 0.008 \\ 0.410 & 0.423 & 0.149 & 0.010 & 0.008 \\ 0.367 & 0.392 & 0.213 & 0.020 & 0.008 \\ 0.392 & 0.410 & 0.243 & 0.015 & 0.008 \\ 0.382 & 0.410 & 0.180 & 0.023 & 0.005 \end{bmatrix}$$

根据公式 B＝WR 可以进一步求得评判向量 $B_1$。

$$B_1 = W_1 R_1 = \begin{bmatrix} 0.056 & 0.036 & 0.034 & 0.028 & 0.030 \end{bmatrix} *$$

$$\begin{bmatrix} 0.405 & 0.344 & 0.187 & 0.025 & 0.038 \\ 0.347 & 0.400 & 0.182 & 0.043 & 0.028 \\ 0.278 & 0.294 & 0.243 & 0.137 & 0.048 \\ 0.319 & 0.377 & 0.215 & 0.056 & 0.033 \\ 0.375 & 0.390 & 0.190 & 0.033 & 0.013 \end{bmatrix}$$

$$= (0.065, 0.066, 0.037, 0.010, 0.006)$$

归一化处理后 $B_1 = (0.352, 0.358, 0.201, 0.055, 0.033)$

同理可以求出:

$$B_2 = W_2 R_2 = (0.457, 0.367, 0.149, 0.022, 0.005)$$

$$B_3 = W_3 R_3 = (0.354, 0.385, 0.227, 0.024, 0.010)$$

$$B_4 = W_4 R_4 = (0.411, 0.384, 0.175, 0.021, 0.011)$$

$$B_5 = W_5 R_5 = (0.315, 0.292, 0.294, 0.070, 0.028)$$

$$B_6 = W_6 R_6 = (0.372, 0.396, 0.205, 0.021, 0.007)$$

总评价矩阵 $R$ 为以 $B_1, B_2, B_3, B_4, B_5, B_6$, 为行的模糊矩阵, 根据一级指标的权重向量 $W$ 可以得到:

$$B = WR = \begin{bmatrix} 0.184 & 0.142 & 0.264 & 0.130 & 0.127 & 0.153 \end{bmatrix} *$$

$$\begin{bmatrix} 0.352 & 0.358 & 0.201 & 0.055 & 0.033 \\ 0.457 & 0.367 & 0.149 & 0.022 & 0.005 \\ 0.411 & 0.385 & 0.227 & 0.024 & 0.010 \\ 0.315 & 0.384 & 0.175 & 0.021 & 0.010 \\ 0.315 & 0.292 & 0.294 & 0.070 & 0.28 \\ 0.372 & 0.396 & 0.205 & 0.021 & 0.007 \end{bmatrix}$$

$$= (0.374, 0.367, 0.210, 0.034, 0.015)$$

由 $B = (0.374, 0.367, 0.210, 0.034, 0.015)$ 和评价集 $C = \{5, 4, 3, 2, 1\}$, 以及公式 $V = B * CT$ 可以计算出洛阳企业师徒知识转移有效性值为 $V = B * CT = 4.051$, 结果介于 4 与 5 之间, 再分别求出 $V_1 = 3.880$, $V_2 = 4.249$, $V_3 = 4.025$, $V_4 = 3.944$, $V_5 = 3.793$, $V_6 = 4.108$, 各指标评分均在 3 分以上, 说明洛阳装备制造业整体师徒知识转移有效性较好, 指标"知识本身"表现一般, 指标"知识转移方"表现较好, 指标"知识接收方"表现较好, 指标"知识转移过程"表现一般, 指标"现代学徒制环境"表现一般, 指标"师徒合作成效"表现较好。

重复以上模糊综合评价过程, 分别对中国一拖、中信重工、北企集团、洛轴的师徒知识转移有效性评价。由于篇幅原因, 不再一一展示, 评价结果见表7-10。

表7-10 各企业模糊综合评价结果

| | 总评分 | 知识本身 | 知识转移方 | 知识接收方 | 转移过程 | 现代学徒制背景 | 师徒合作成效 |
|---|---|---|---|---|---|---|---|
| 中国一拖 | 3.951 | 3.842 | 4.149 | 3.903 | 4.073 | 3.757 | 4.039 |
| 中信重工 | 4.202 | 4.111 | 4.390 | 4.218 | 4.276 | 3.967 | 4.242 |
| 北企集团 | 3.998 | 3.846 | 4.246 | 4.074 | 4.144 | 3.556 | 4.065 |
| 洛轴 | 4.036 | 4.033 | 4.024 | 3.992 | 4.087 | 3.955 | 4.150 |
| 综合 | 4.051 | 3.880 | 4.249 | 4.025 | 3.944 | 3.793 | 4.108 |

## （二）结论与对策建议

通过运用模糊综合评价对洛阳4家装备制造业的企业师徒知识转移有效性的评价,其中指标"知识转移方"的有效性得分最高,可以发现洛阳企业师徒知识转移有效性整体较好,这说明在洛阳装备制造业企业知识转移中,企业师傅的知识基础较好,有一定的知识转移意愿,且具备教授知识的能力。洛阳作为中国老牌工业基地,其装备制造业订单呈现单件小批量的特点,这要求企业师傅专业水平高,技能掌控全面,企业师傅更有杨金安这样的大国工匠起着模范带头作用,因此师傅的综合水平较高,与本评价结论相符;指标"现代学徒制环境"的得分最低,四家企业评分以及综合评分均低于4分,通过走访当地企业,咨询当地企业特聘高校技术人员A老师和企业高层管理人员B总,了解到洛阳装备制造业存在以下问题,并提出结局对策。

### 1.完善地方法规、提供制度保障

洛阳装备制造业存在地方法规不完善的问题。制定学徒制度的相关法规和政策,明确学徒制度的组织形式、内容、标准和评价标准等方面的要求,可以为企业和学员提供更加清晰的指导和保障。现代学徒制是以教育视角出发的人才培养政策,企业没有承担现代学徒制的义务和自觉;与之相对的,企业新型学徒制是以社会视角出发的人才培养政策,培训机构缺乏责任意识。导致这种责任互推现象的根本原因在于学徒制度实施过程中存在一定的风险。我国于2022年5月修订实施《中华人民共和国职业教育法》,为解决国企办职业学校的定位和经费来源等问题提供了法律依据,但地方的立法还不到位。目前,洛阳地区的学徒制度法规尚未得到完善,缺乏明确的制度规定和政策支持,导致学徒制度的实施得不到保障。

因此,完善产学研有关地方法规,为校企双方提供有力的制度保障,能有效优化洛阳学徒制环境。洛阳装备制造业的相关立法,首先,应当做到以《中华人民共和国职业教育法》为指导,强化现代学徒制、企业新型学徒制的法律地位,分别制定完整的法律以规范现代学徒制、企业新型学徒程序;其次,为降低学徒制度参与主体的风险,应当对学徒制实施过程中的违约、违法等行为做出明确的规定,一旦有违约、违法的行为发生,合同的另一方应当有权利终止合同,并提出赔偿。

2. 扩大培养规模、全面推广学徒制度

自2018年第一批企业新型学徒制工作在洛阳开展,至今洛阳装备制造业学徒制度应当得到全面发展。然而通过访谈了解到,传统的就业观念仍然占据主导地位,目前洛阳装备制造业的企业新型学徒制试点工作集中在国企或大型企业,还没有惠及中小型企业,一些中小型企业未意识到学徒制度的重要性和优势,导致学徒制度的推广和落地难度较大。

要扩大现代学徒制、企业新型学徒制的规模,让更多企业参与进来。中小型企业参与学徒制度,往往会关注资金成本、设备成本、投资风险、收益情况等。因此,鼓励中小型企业参与学徒制度,应当完善加快发展环境建设,加强政策、资金等支持,营造良好社会氛围,为中小型企业创造适宜生存的竞争环境。应加强对学徒制度的宣传和推广力度,让更多的企业了解学徒制度的优势,了解政府的相关支持制度,减少企业参与学徒制度的成本,降低参与门槛,才能激励他们积极参与学徒制度的建设和实施。

3. 完善企业师傅遴选体系,增强员工竞争意识

洛阳市是全国装备制造业闻名城市,企业老师傅水平高、能力强,但由于学徒制的推广和实施受到阻碍,就洛阳地区装备制造业整体的学徒制度实施情况来看,目前还存在培训机构和师资力量相对不足的问题,学徒制度的培训和教育质量难以得到保障,对学员的职业能力提升也存在一定难度。要全方位培养企业优秀导师,首先提高资深员工成为企业师傅的积极性,应当健全企业师傅遴选体系,让员工看清成为企业师傅后的职业规划和获得的津贴补助;其次,将津贴补助与培养出的学徒数量和质量挂钩,鼓励企业师傅主动成为好师傅;最后,加强师德方面的培养,制定企业师傅从事教育活动必须遵守的道德规范和行为准则,具有崇高的师德,乐于奉献、勤于育人,能够最大限度地将知识与技能传授给学徒。

4. 建立行业监管体制,规范管理方式

洛阳地区学徒制度起步较晚,学徒制度建设工作任重道远。部分企业的学徒制度管理方式尚未规范化,存在管理漏洞和制度缺失,导致学员的职业发展和企业的发展受到一定的影响。在对德国的"双元制"的研究中发现,德国"双元制"与中国学徒制的主要区别在于德国中介组织效率很高,负责"双元制"各级劳动合同的执行,并组织职业毕业

证书的考试管理。他们组织、监督和确保职业教育和培训的质量。虽然国内有类似的行业,但还不成熟,所以建议洛阳规范化这一组织,并给它们分配服务任务,比如:提供各种岗位信息、提供专业资格评估和评估服务等,帮助落实洛阳学徒制度和中国独特的学徒制培训。

# 第六节　小　结

## 一、结论

本章围绕着现代学徒制背景下企业师徒知识转移的问题进行了一些分析和探讨,具体内容归结如下:

(1)首先结合国内外文件综述,对国内外现代学徒制与知识管理的研究热点与发展方向进行了阐述。

(2)结合现代学徒制的实施背景,归纳和整理了现代学徒制的内涵、特点、相关政策以及与德国"双元制"、企业新型学徒制的异同与联系等;对知识的内涵与特性、知识转移的内涵总结;对本章主要用到的三个方法——德尔菲法、层次分析法、模糊综合评价法做了基本介绍。

(3)结合现代学徒制以及知识转移的理论研究,结合一般有效性的内涵,归纳出现代学徒制背景下企业师徒知识转移有效性的特点,提出现代学徒制知识转移有效性的概念及其构成:企业在现代学徒制的大背景下,师徒间知识转移的发生情况和达成成效的程度。因此,对企业师徒知识转移有效性的评价也将分为知识转移的发生情况与取得的成效两部分。通过分析知识本身的特性、知识转移主体、知识转移过程、现代学徒制环境、师徒合作成效等因素对师徒知识转移有效性的影响,初步建立评价指标。

(4)通过两轮德尔菲专家调查,对初步建立的企业师徒知识转移有效性评价指标进行修订,总结专家集体意见,修改完善评价体系;建立层次结构模型,邀请专家打分,构造两两判断矩阵,运用层次分析法计算指标权重。最终确定的层次结构模型共有包括"知识本身""知识转移方""知识接收方""知识转移过程""现代学徒制背景""师徒合作成效"6个一级指标,以及29个二级指标组成。

(5)以洛阳装备制造业为例,选取了中国一拖、中信重工、北企集团、洛轴共4家,洛阳龙头企业为样本进行实证分析。通过问卷调查的方式,获取到4家公司共400多名员工的师徒知识转移有效性评价反馈问卷,参与调查的员工中一部分是师傅身份,一部分是企业学徒身份,一部分同时拥有师傅和学徒身份,仅有极少数未参与现代学徒制,参与人员涵盖较全面。最终洛阳装备制造业模糊综合评价结果显示:评价指标"知识转移方"得分最高,通过采访专家得知,洛阳是老牌工业城市,注重培养工匠精神、企业氛围好、师傅基础好;评价指标"现代学徒制环境"得分最低,说明洛阳整体现代学徒制环境氛围还有待优化,进而提出了四点建议:①完善地方法规、提供制度保障;②扩大培养规模、全面推广学徒制度;③完善企业师傅遴选体系,增强员工竞争意识;④建立行业监管体制、规范管理方式。

## 二、不足与展望

以现代学徒制视角的企业师徒知识转移有效性的研究,是非常有现实意义的。本章在以往研究基础上分析影响现代学徒制的主要因素,建立了企业师徒知识转移有效性评价指标体系,并以洛阳制造业为实证,为学徒制实施效果提供了评价标准,帮助产学研三方看清现代学徒制、企业新型学徒制实施过程中的优势与劣势,以更好地发挥长处、弥补不足。

此外,本章还存在一些不足:本章以德尔菲法筛选指标,以层次分析法确定指标权重,然而无论是德尔菲法还是层次分析法,数据来源均为调查问卷,因此难免因个人主观意识而产生误差;尽管在实例应用中选取了全国装备制造业较有代表性的洛阳市,但全国的装备制造业学徒制的实施现状不尽相同,对洛阳装备制造业的实证发现的问题,部分是全国装备制造业的通病,但无法检测其他城市具有不同地区特点的问题,因此,在接下来的调查中,应该选取更多的代表性城市,因地制宜地推出适合的政策建议或寻找全国的装备制造业学徒制实施的共同特点,以对症下药。

# 附录7-1 企业师徒知识转移有效性评价指标体系专家筛选调查问卷

尊敬的专家:

您好! 我是一名来自河南科技大学的研究生。为了进一步了解现代学徒制背景下企业师徒知识转移现状,我们初步构建出现代学徒制背景下企业师徒知识转移有效性评价指标体系。请您根据自己的专业知识和相关的实践经验,判断给定指标评价"现代学徒制背景下企业师徒知识转移有效性"的适当度,并作出选择,在"非常适当""适当""一般""不适当"或"非常不适合"栏中打"√",如果有其他的想法请填写在横线空白处。您的宝贵意见将有助于我们更好地构建整个企业师徒知识转移有效性评价指标体系。

本问卷是一份学术问卷,仅用于研究生毕业论文的撰写,不涉及商用或其他用途。敬请畅所欲言。非常感谢您的大力支持!

注:

现代学徒制:现代学徒制是中华人民共和国教育部提出的一项人才培养模式,通过学校、企业深度合作,教师、师傅联合传授,对学生以技能培养为主的现代人才培养模式。

知识转移:知识转移的概念前身是技术转移,即知识(包括显性知识与隐性知识)从知识主体向学习主体的转移,是学习主体的知识内化与知识转化过程。

## 一、基本信息

性别:□男 □女

年龄:_____岁

学历:□专科 □本科 □硕士 □博士 □其他_____

您的工龄:_____年

您现在的职务:_____

您所从事的岗位名称:_____

您是否参与过现代学徒制? □1.师傅 □2.徒弟 □3.徒弟+师傅 □4.否

## 二、一级指标的选择

| 序号 | 一级指标 | 指标解释 | 非常适合 | 适合 | 一般 | 不适合 | 非常不适合 |
|---|---|---|---|---|---|---|---|
| 1 | 知识本身 | 知识的内隐性、复杂性、成熟度、专有性、嵌入性等知识本身特点在企业师徒知识转移中的现状 | | | | | |
| 2 | 知识转移方 | 知识转移方（师傅）的知识转移基础、意愿及能力等指标现状 | | | | | |
| 3 | 知识接收方 | 知识接收方（徒弟）的知识接收基础、意愿及能力等指标现状 | | | | | |
| 4 | 知识转移过程 | 企业师徒知识转移过程现状 | | | | | |
| 5 | 现代学徒制环境 | 现代学徒制背景下政府、企业、高校的政策以及实施现状 | | | | | |
| 6 | 师徒合作成效 | 现代学徒制背景下师徒知识转移成效现状 | | | | | |

您对一级指标体系是否有补充或其他意见？请写在下方横线处。

_____

## 三、二级指标的选择

| 一级指标 | 二级指标 | 非常适合 | 适合 | 一般 | 不适合 | 非常不适合 |
|---|---|---|---|---|---|---|
| 知识本身 | 知识内隐性 | | | | | |
| | 技术成熟度 | | | | | |
| | 技术复杂性 | | | | | |
| | 技术专有性 | | | | | |
| | 知识嵌入性 | | | | | |
| 知识转移方 | 师傅知识基础 | | | | | |
| | 知识转移意愿 | | | | | |
| | 知识转移能力 | | | | | |

**续表**

| 一级指标 | 二级指标 | 非常适合 | 适合 | 一般 | 不适合 | 非常不适合 |
|---|---|---|---|---|---|---|
| 知识接收方 | 徒弟知识基础 | | | | | |
| | 知识接收意愿 | | | | | |
| | 知识接收能力 | | | | | |
| 知识转移过程 | 师徒信任 | | | | | |
| | 师徒关系 | | | | | |
| | 组织学习氛围 | | | | | |
| | 转移方式 | | | | | |
| | 沟通距离 | | | | | |
| | 沟通频率 | | | | | |
| | 知识距离 | | | | | |
| 现代学徒制环境 | 政府制度 | | | | | |
| | 企业资金激励 | | | | | |
| | 企业政策 | | | | | |
| | 院校政策 | | | | | |
| | 产学研合作频率 | | | | | |
| | 产学研合作深度 | | | | | |
| 师徒合作成效 | 师傅工作 | | | | | |
| | 徒弟能力 | | | | | |
| | 企业产值 | | | | | |
| | 技能型人才 | | | | | |
| | 人力资源配置 | | | | | |

您对二级指标体系是否有补充或其他意见？请写在下方横线处。

_____

# 附录7-2　企业师徒知识转移有效性评价指标相对重要性调查问卷

尊敬的各位专家：

您好！非常感谢您能够在百忙之中抽出时间参与本次问卷调查。本问卷是一份学术性问卷,仅用于研究本人毕业论文的撰写,不涉及其他商业或者非法用途,敬请放心填写。您的观点对本人十分重要,期待您的观点！希望您能够本着严谨、客观、公正的态度进行本次问卷填写。

## 一、评分标准

**企业师徒知识转移有效性评价专家评分表**

| 重要性标度 | 重要性程度 |
|---|---|
| 1 | 指标 $X_i$ 与 $X_j$ 同等重要 |
| 3 | 指标 $X_i$ 与 $X_j$ 稍微重要 |
| 5 | 指标 $X_i$ 与 $X_j$ 明显重要 |
| 7 | 指标 $X_i$ 与 $X_j$ 十分重要 |
| 9 | 指标 $X_i$ 与 $X_j$ 绝对重要 |
| 2、4、6、8 | 介于对应1~9标度的中间值 |
| $U_{ji}=1/U_{ij}$ | 若 $X_i$ 与 $X_j$ 两两比较的重要性标度为 $U_{ij}$,则 $X_j$ 对 $X_i$ 的重要性程度 |

为企业师徒知识转移有效性评价专家评分表,请参照上表的打分标准,根据您的经验与专业知识判断指标之间的重要性程度,并在相应的表格中填写1~9或其倒数。

如：

您认为"知识本身"与"知识转移方"相比明显重要,在表格中填入"5"。您认为"知识本身"与"知识转移方"相比稍微不重要,在表格中填入"—"。

## 二、问卷内容

1.下列指标两两比较,您认为对于"现代学徒制背景下企业师徒知识转移有效性评价"的重要性如何？

| 项目 | 知识本身 | 知识转移方 | 知识接收方 | 知识转移过程 | 现代学徒制环境 | 师徒合作成效 |
|------|---------|-----------|-----------|-------------|--------------|-------------|
| 知识本身 | 1 | | | | | |
| 知识转移方 | — | 1 | | | | |
| 知识接收方 | — | — | 1 | | | |
| 知识转移过程 | — | — | — | 1 | | |
| 现代学徒制环境 | — | — | — | — | 1 | |
| 师徒合作成效 | — | — | — | — | — | 1 |

2. 下列指标两两比较,您认为对于"知识本身"的重要性如何?

| 项目 | 知识内隐性 | 技术成熟度 | 技术复杂性 | 技术专有性 | 知识嵌入性 |
|------|-----------|-----------|-----------|-----------|-----------|
| 知识内隐性 | 1 | | | | |
| 技术成熟度 | — | 1 | | | |
| 技术复杂性 | — | — | 1 | | |
| 技术专有性 | — | — | — | 1 | |
| 知识嵌入性 | — | — | — | — | 1 |

3. 下列指标两两比较,您认为对于"知识转移方"的重要性如何?

| 项目 | 师傅知识基础 | 知识转移意愿 | 知识转移能力 |
|------|-------------|-------------|-------------|
| 师傅知识基础 | 1 | | |
| 知识转移意愿 | — | 1 | |
| 知识转移能力 | — | — | 1 |

4. 下列指标两两比较,您认为对于"知识接收方"的重要性如何?

| 项目 | 徒弟知识基础 | 知识接收意愿 | 知识接收能力 |
|------|-------------|-------------|-------------|
| 徒弟知识基础 | 1 | | |
| 知识接收意愿 | — | 1 | |
| 知识接收能力 | — | — | 1 |

5. 下列指标两两比较,您认为对于"知识转移过程"的重要性如何?

| 项目 | 师徒信任 | 师徒关系 | 组织学习氛围 | 转移方式 | 沟通距离 | 沟通频率 | 知识距离 |
|---|---|---|---|---|---|---|---|
| 师徒信任 | 1 | | | | | | |
| 师徒关系 | — | 1 | | | | | |
| 组织学习氛围 | — | — | 1 | | | | |
| 转移方式 | — | — | — | 1 | | | |
| 沟通距离 | — | — | — | — | 1 | | |
| 沟通频率 | — | — | — | — | — | 1 | |
| 知识距离 | — | — | — | — | — | — | 1 |

6. 下列指标两两比较,您认为对于"现代学徒制环境"的重要性如何?

| 项目 | 政府制度 | 企业资金激励 | 企业政策 | 院校政策 | 产学研合作频率 | 产学研深度 |
|---|---|---|---|---|---|---|
| 政府制度 | 1 | | | | | |
| 企业资金激励 | — | 1 | | | | |
| 企业政策 | — | — | 1 | | | |
| 院校政策 | — | — | — | 1 | | |
| 产学研合作频率 | — | — | — | — | 1 | |
| 产学研深度 | — | — | — | — | — | 1 |

7. 下列指标两两比较,您认为对于"师徒合作成效"的重要性如何?

| 项目 | 师傅工作 | 徒弟能力 | 企业产值 | 技能型 | 人力资源配置 |
|---|---|---|---|---|---|
| 师傅工作 | 1 | | | | |
| 徒弟能力 | — | 1 | | | |
| 企业产值 | — | — | 1 | | |
| 技能型 | — | — | — | 1 | |
| 人力资源配置 | — | — | — | — | 1 |

# 附录7-3　企业师徒知识转移有效性评价问卷

尊敬的先生/女士：

您好！

非常感谢您能在百忙之中阅读并填写此份调查问卷！我是来自河南科技大学的课题研究人员,本调查为2019年河南省级重点研究项目"高水平特色骨干大学产教融合育人机制的研究与实践"工作的组成部分。该调查问卷是一份针对"现代学徒制背景下企业师徒知识转移有效性评价"而设计的学术性问卷,此问卷的目的在于探讨现代学徒制背景下发生于我国企业师徒之间的知识转移现状,研究结果将对企业开展知识管理工作、促进企业师徒间知识转移有很大的帮助。本次调查采取匿名形式,调查对象为制造业企业学徒制的参与者(师傅、学徒、基层与中层管理人员),本问卷仅用于学术研究,请放心作答。您的宝贵意见将成为本研究实证分析的重要参考资料和成功的关键。请您详细阅读后,做出选择。再次衷心地感谢您的支持与合作！

## 一、基本信息

1.您的性别是〔单选题〕

A.男　B.女

2.您的年龄是〔单选题〕

A.25岁及以下　B.26~35岁　C.36~45岁　D.46~55岁　E.56岁及以上

3.您的工龄是〔单选题〕

A.5年及以下　B.5~10年　C.10~20年　D.20年及以上

4.您所在的企业是?〔填空题〕

_____

5.您的职务层级是?〔单选题〕

A.普通员工　B.基层管理者　C.中层管理者　D.高层管理者

6.您的学历是?〔单选题〕

A.高中及以下　B.专科　C.本科　D.硕士及以上

7.您的身份是?〔单选题〕

A.师傅　B.学徒　C.师傅+学徒　D.未参加学徒制

## 二、问卷内容

8. 在师徒知识转移过程中您认为知识是通俗易懂的。[单选题]

很不同意　○1　　○2　　○3　　○4　　○5　　很同意

9. 在师徒知识转移过程中您认为企业技术已经较为成熟。[单选题]

很不同意　○1　　○2　　○3　　○4　　○5　　很同意

10. 在师徒知识转移过程中您认为相应技术较为简单,并不复杂。[单选题]

很不同意　○1　　○2　　○3　　○4　　○5　　很同意

11. 在师徒知识转移过程中专有知识使知识转移的难度减小。[单选题]

很不同意　○1　　○2　　○3　　○4　　○5　　很同意

12. 在师徒知识转移过程中知识之间的联系使知识转移的难度减小。[单选题]

很不同意　○1　　○2　　○3　　○4　　○5　　很同意

13. 在师徒知识转移过程中您认为师傅有扎实的知识基础。[单选题]

很不同意　○1　　○2　　○3　　○4　　○5　　很同意

14. 在师徒知识转移过程中您认为师傅有较强烈的传授知识的意愿。[单选题]

很不同意　○1　　○2　　○3　　○4　　○5　　很同意

15. 在师徒知识转移过程中您认为师傅有较强的传授知识的能力。[单选题]

很不同意　○1　　○2　　○3　　○4　　○5　　很同意

16. 在师徒知识转移过程中您认为徒弟具备较强接收知识的基础。[单选题]

很不同意　○1　　○2　　○3　　○4　　○5　　很同意

17. 在师徒知识转移过程中您认为徒弟有较强的学习知识的意愿。[单选题]

很不同意　○1　　○2　　○3　　○4　　○5　　很同意

18. 在师徒知识转移过程中您认为徒弟具备较强的接收知识的能力。[单选题]

很不同意　○1　　○2　　○3　　○4　　○5　　很同意

19. 在师徒知识转移过程中您与师傅/徒弟保持着良好的信任关系。[单选题]

很不同意　○1　　○2　　○3　　○4　　○5　　很同意

20. 在师徒知识转移过程中您与师傅/徒弟保持着健康友善的人际关系。[单选题]

很不同意　○1　　○2　　○3　　○4　　○5　　很同意

21. 您认为目前企业师徒知识转移过程中组织学习氛围较好。[单选题]

很不同意　○1　　○2　　○3　　○4　　○5　　很同意

22. 您认为师徒一对一或一对多是较适合企业的知识转移方式。[单选题]

很不同意　　○1　　　○2　　　○3　　　○4　　　○5　　　很同意

23.您认为目前师徒知识转移过程中师徒沟通障碍较少。[单选题]

很不同意　　○1　　　○2　　　○3　　　○4　　　○5　　　很同意

24.您认为目前师徒知识转移过程中师徒沟通频率较高。[单选题]

很不同意　　○1　　　○2　　　○3　　　○4　　　○5　　　很同意

25.您认为目前师徒知识转移过程中师徒知识距离(差距)较小。[单选题]

很不同意　　○1　　　○2　　　○3　　　○4　　　○5　　　很同意

26.您认为目前关于师徒知识转移的政府相关政策十分合适。[单选题]

很不同意　　○1　　　○2　　　○3　　　○4　　　○5　　　很同意

27.您认为目前关于师徒知识转移的企业资金激励十分合适。[单选题]

很不同意　　○1　　　○2　　　○3　　　○4　　　○5　　　很同意

28.您认为目前关于师徒知识转移的企业政策激励十分合适。[单选题]

很不同意　　○1　　　○2　　　○3　　　○4　　　○5　　　很同意

29.您认为目前关于师徒知识转移的院校政策十分合适。[单选题]

很不同意　　○1　　　○2　　　○3　　　○4　　　○5　　　很同意

30.您认为目前政府、企业、院校的合作频率十分合适。[单选题]

很不同意　　○1　　　○2　　　○3　　　○4　　　○5　　　很同意

31.您认为目前政府、企业、院校的合作深度十分合适。[单选题]

很不同意　　○1　　　○2　　　○3　　　○4　　　○5　　　很同意

32.您认为师徒知识转移过程使师傅工作有了较大改进。[单选题]

很不同意　　○1　　　○2　　　○3　　　○4　　　○5　　　很同意

33.您认为师徒知识转移过程使学徒的工作能力增长更快。[单选题]

很不同意　　○1　　　○2　　　○3　　　○4　　　○5　　　很同意

34.您认为师徒知识转移使企业产值增长更快。[单选题]

很不同意　　○1　　　○2　　　○3　　　○4　　　○5　　　很同意

35.您认为师徒知识转移使企业技能型人才数量大大增加。[单选题]

很不同意　　○1　　　○2　　　○3　　　○4　　　○5　　　很同意

36.您认为师徒知识转移使企业人力资源配置更加合理。[单选题]

很不同意　　○1　　　○2　　　○3　　　○4　　　○5　　　很同意

# 附录7-4 访谈提纲

运用模糊综合评价对洛阳4家装备制造业的企业师徒知识转移有效性评价,结果发现洛阳企业师徒知识转移有效性值为 $V=4.051$,各一级指标的评分均在3.5分以上,分别为 $V_1=3.88$,$V_2=4.249$,$V_3=4.025$,$V_4=3.944$,$V_5=3.793$,$V_6=4.108$。

故得出结论,洛阳企业师徒转移有效性整体表现较好,其中"知识转移方"的得分最高,指标"现代学徒制环境"的得分最低。这说明在现代学徒制应用下的洛阳装备制造业企业知识转移中,企业师傅的知识基础较好,有一定的知识转移意愿,且具备教授知识的能力;但现代学徒制环境相对于其他指标,还有进步的空间,政府的政策支持、企业的资金鼓励以及院校的积极配合将一定程度上提高知识转移主体的意愿、改善知识转移环境、激发知识转移潜能。

对于为什么会产生这样的结果以及如何应对结果反映出的问题,提出以下疑问:

本章评价指标权重分配是否合理?

模糊综合评价的结果是否与实际有出入? 如果有,产生出入的原因是什么? 如果没有:①洛阳装备制造业的知识转移方为何表现较好? 装备制造业的企业师傅为何普遍知识基础好,知识转移能力强,知识转移意愿浓烈? ②现代学徒制环境相对较差的原因是什么? 存在政府政策有纰漏,企业不作为,院校不配合的情况吗?

如何从学徒制参与主体角度改善现代学徒制环境?

政府应当制定怎样的政策以调动企业和院校的合作热情?

企业应当制定怎样的制度以激励师傅与学徒的知识转移? 企业与院校应当保持怎样的合作频率,以及进行怎样形式的合作创新,可以更好地吸纳人才?

院校应当如何协调学生理论知识与技能实践,才能加速将学生培养成为技能型人才?

目前我国学徒制的实施还存在哪些问题? 企业与院校是否有更好的合作方式?

您对本研究是否还有别的建议?

# 参考文献

[1]宫雪璐.产教融合背景下深化高职院校校企合作的对策研究[J].农村经济与科技, 2020(12):431.

[2]霍丽娟.资源依赖理论视角下企业承担职业教育社会责任行为的影响因素分析[J]. 职业技术教育,2020(1):42.

[3]洪凯,周自波,张恕.基于产教融合背景的高职现代学徒制研究:以"农夫山泉"校企联合现代学徒培养为例[J].高等继续教育学报,2019,(5):48-49.

[4]肖凤翔,王珩安.权利保障:突破校企合作"壁炉现象"的企业逻辑[J].江苏高教, 2020(9):105-110.

[5]甘宜涛,雷庆.企业社会责任理论视角下的校企合作"壁炉现象"[J].中国高教研究,2017(10):50.

[6]汪玲.德国双元制职教模式演变历程及欧洲化进程研究[J].职教论坛,2018(12): 151-156.

[7]樊大跃.再谈英国三明治教育模式的特点及启示[J].深圳职业技术学院学报,2016 (5):69-73.

[8]郭峰.TAFE:澳大利亚的职业教育特色[J].工会博览,2017(10):28-29.

[9]孔宝根.企业科技指导员制度:深化职业教育产教融合的新路径[J].教育发展研究,2015,35(3):59-64.

[10]薛金梅,周英智.我国产学研合作模式及相关问题研究[J].山东医科大学学报(社会科学版),2000(2):83-87.

[11]邹庆云,李林.产学研结合技术创新的市场机制与联合模式[J].湖南大学报,2012 (6):36-38.

[12]陈昌智.深化产教融合　校企合作亟待解决的问题:在2018中华职业教育社专家委员会会议上的讲话摘编[J].中国职业技术教育,2018(13):5-6.

[13]程佳.高职院校产教融合新模式的实践与探索:以太原旅游职业学院婚庆专业为例[J].职业技术,2021,20(1):39-43.

[14]刘美荣."订单式"人才培养方法的应用[J].长春教育学院学报,2010,26(4): 134-135.

[15]张贯虹,施红雅.工学交替三阶段人才培养模式的实践研究[J].科技经济导刊,
2020,28(31):114+113.

[16]朱新华,宿金勇.高等职业教育产学研联合问题及对策[J].河南商业高等专科学校
学报,2013(3),120-122.

[17]田虎伟,孙中婷.中等职业教育产教融合现状调查:以河南省洛阳市为样本[J].职业
技术教育,2020,41(12):57-63.

[18]王小梅,周详,李璐,等.2019年全国高校高职教育科研论文统计分析:基于18家教
育类中文核心期刊的发文统计[J].中国高教研究,2020(12):96-102.

[19]彭柯凡.瑞典学徒制的核心要素及其教育启示[J].职教论坛,2016(33):92-96.

[20]王启龙,石伟平.德、奥、澳三国现代学徒制补贴政策:经验与启示[J].职业技术教
育,2017,38(1):66-73.

[21]余祖光.发达国家技能形成制度的理论与案例分析:基于政治经济学的视角[J].教
育与职业,2020(20):14-23.

[22]李薪茹,李薪宇,茹宁.加拿大现代学徒制改革研究:红印章计划的引入[J].高教探
索,2020(5):58-65.

[23]朱鸿翔,张亚萍.学生还是雇员:欧洲国家的学徒身份界定及启示[J].职业技术教
育,2021,42(18):69-73.

[24]李玲玲,许洋,宁斌.美国加强先进制造业人才培养动因及策略[J].比较教育研
究,2021,43(1):44-51.

[25]吴建设.高职教育推行现代学徒制亟待解决的五大难题[J].高等教育研究,2014,35
(7):41-45.

[26]贾文胜,潘建峰,梁宁森.高职院校现代学徒制构建的制度瓶颈及实践探索[J].华东
师范大学学报(教育科学版),2017,35(1):47-53,119.

[27]廖礼平.现代学徒制人才培养模式现状、问题及对策[J].职教论坛,2019(6):
134-139.

[28]毛少华.职业院校全面推广中国特色现代学徒制面临的问题与对策[J].成人教
育,2021,41(1):65-70.

[29]吴学峰,徐国庆.职业教育现代学徒制发展的路径选择:一个制度分析的视角[J].江
苏高教,2017(4):94-98.

[30]赵志群.建设现代学徒制的必要性与实现路径[J].人民论坛,2020(9):59-61.

[31]刘友林,吴南中.校企异地背景下"远程协同"的现代学徒制理论框架与实践路径
[J].教育与职业,2021(19):34-41.

[32]杨嵩.观察学习理论下学徒制默会知识传递路径的质性研究[J].高教探索,2021
    (8):103-108.

[33]崔发周,张晶晶.影响我国现代学徒制试点效果的因素分析及改进建议[J].教育与
    职业,2017(23):5-9.

[34]孙君辉,徐坚,齐守泉.现代学徒制中企业参与动力影响因素的实证研究[J].中国职
    业技术教育,2018(30):41-48.

[35]吕玉曼,徐国庆.现代学徒制中影响师傅带徒积极性的制约因素探析[J].职教论
    坛,2017(4):35-38.

[36]郝延春.现代学徒制中师徒关系制度化:变迁历程、影响因素及实现路径[J].中国职
    业技术教育,2018(31):38-43.

[37]柴草,王志明.企业参与现代学徒制的影响因素、缺失成因与对策[J].中国高校科
    技,2020(5):83-87.

[38]马金平,张敏.我国企业新型学徒制试点方案的不足与改进[J].职业技术教育,
    2016,37(34):30-34.

[39]宋启平.企业新型学徒制试点中存在的问题与对策[J].教育与职业,2018(14):
    25-31.

[40]龚添妙,杨虹.企业新型学徒制的内涵特征、发展瓶颈及推进策略[J].教育与职
    业,2020(22):34-39.

[41]王淑娟.企业新型学徒制主要执行主体的行动困境及对策建议[J].教育与职业,
    2022,No.1023(23):29-36.

[42]高雪利.企业主导下的新型学徒制改革实践探索:河北省5市首批改革试点实证研
    究[J].职业技术教育,2018,39(5):22-25.

[43]杨丽.企业新型学徒制推进实践研究:基于对河南省推进工作的实例分析[J].职业
    技术教育,2021,42(17):16-19.

[44]田虎伟.混合方法研究:美国教育研究中的新范式[J].高等教育研究,2006(11):
    74-78.

[45]田虎伟.行业型本科院校转型发展的实践探索:以河南科技大学为例[J].郑州师范
    教育,2021,10(3):92-96.

[46]王奕俊,陈越捷.经济发展方式转型背景下产学合作的重新定位[J].中国职业技术
    教育,2012(6):59-62.

[47]赵晏鹤.产教融合背景下校企合作长效机制构建研究[J].辽宁高职学报,2020,22
    (8):21-25.

[48]李娅莉.高职院校在校企合作中的障碍及对策[J].农村经济与科技,2018,29(24):266-268.

[49]杨卫国,王京.高职院校校企合作实践探索[J].教育与职业,2016(18):37-39.

[50]张福周.高职教育校企合作中企业参与的现状、困境及对策研究[J].创新科技,2017(9):54-56.

[51]叶继强.高等职业教育校企合作保障机制研究[J].教育与职业,2015(10):30-32.

[52]李衔.高职院校企合作新机制的构建与实现[J].高等农业教育,2015(12):92-95.

[53]朱镇生.政府推进深化高职院校校企合作的策略探讨[J].教育评论,2016(1):82-85.

[54]蔡新宇,高书丽.中国与俄语区国家教育合作意愿研究[J].国家教育行政学院学报,2020(2):79-87.

[55]吴强.政府介入、伙伴关系与企业参与校企合作意愿关系研究[J].职业技术教育,2015(25):44.

[56]邵颖红,朱堃源,韦方.PPP模式中民营企业合作意愿的影响研究:基于机会主义感知和合作风险感知的链式中介模型[J].管理工程学报,2021,35(6):140-149.

[57]荆伟.校企合作的内涵和模式分析[J].管理观察,2012(26):53.

[58]红杰.浅议校企合作的内涵与模式[J].中国信息化,2013(10):278.

[59]陈樱.产教融合的内涵与实现途径[J].环球市场,2020(5):213.

[60]高鲁光.初析影响产教融合的企业自身因素[J].三门峡职业技术学院学报,2020(1):125.

[61]王丹中.基点·形态·本质:产教融合的内涵分析[J].职教论坛,2014(35):79-82.

[62]王志勇,王芊千.浅析产教融合与校企合作的依存关系[J].科学与财富,2021,13(20):280-281.

[63]穆达.公司盈余管理方法选择研究:基于成本收益理论的视角[J].财会通讯,2016(30):3-7,68.

[64]朱鸿翔.企业参与校企合作的成本收益探析[J].北京工业职业技术学院学报,2019(2):105.

[65]李鹏,石伟平,朱德全.人性、理性与行动:职业教育学习评价效用的制度分析[J].中国职业技术教育,2019(1):35-39.

[66]尹一平.中小企业人力资源招聘成本控制要点解析[J].知识经济,2021,575(13):86-87.

[67]邓志虹.校企合作与技术创新研究:基于珠三角地区实证分析[J].职业技术教育,

2016,37(25):34-39.

[68]明娟,卢小玲.技术创新加剧了企业技能短缺吗？[J].北京交通大学学报(社会科学版),2021,20(1):76-86.

[69]董登珍,杨倩,龚明.中国省级区域工业创新能力的评价与分析[J].武汉理工大学学报(社会科学版),2017(3):52.

[70]罗冰雁.校企合作技术创新存在的问题与发展[J].科学咨询,2011(9):2-3.

[71]王胜兰,魏凤,牟乾辉.企业技术创新能力评价新方法的研究[J].运筹与管理,2021,30(6):198-204.

[72]魏萍.论人力资源规划对企业发展的影响[J].中国民商,2021(2):276-277.

[73]卢伟,朱良杰.企业的社会责任与企业制造形象的未来[J].商场现代化,2009(7):47-48.

[74]林荣.谈汽运企业形象与社会责任[J].交通企业管理,2007,22(12):70-71.

[75]龙永平.论企业文化建设[J].现代企业文化,2021(14):8-9.

[76]隋幸华.教育政策执行偏差的主体因素及对策分析:计划行为理论视角[J].广西社会科学,2018(12):222-226.

[77]闫岩.计划行为理论的产生、发展和评述[J].国际新闻界,2014,36(7):113-129.

[78]陈丽君,曾雯珍.计划行为理论下企业参与职业教育办学动力提升研究[J].职业技术教育,2021,42(7):43-48.

[79]郭锦墉,肖剑,汪兴东.主观规范、网络外部性与农户农产品电商采纳行为意向[J].农林经济管理学报,2019,18(4):453-461.

[80]曹永辉.社会资本理论及其发展脉络[J].中国流通经济,2013,27(6):62-67.

[81]徐忠麟.社会资本理论视域下我国环境监管的困境与出路[J].安徽大学学报(哲学社会科学版),2017,41(6):120-129.

[82]兰克红.社区企业人才流失分析与对策研究[J].消费导刊,2018(47):184.

[83]吴金铃.企业参与职业教育校企合作的成本构成及补偿机制构建[J].教育与职业,2020(2):48-54.

[84]吴涵超,易文捷.员工素质教育与企业文化的关系[J].探索科学,2019(9):124-125.

[85]王琼艳,胡小桃.组织社会学视域下产教融合的困境及其破解[J].职教通讯,2019(21):7-12.

[86]何莉,谷鹏,刘雨佳.河南省应用型高校产教融合动力研究[J].河北农机,2019(4):49.

[87]郝传波.深化校企合作提高应用型人才培养质量[J].价值工程,2016(22):174.

[88]刘香兰.高职院校基于培训的校企合作人力资源开发研究[J].产业与科技论坛, 2019(17):242.

[89]朱鸿翔.企业参与校企合作的成本收益探析[J].北京工业职业技术学院学报, 2019,18(2):105-108.

[90]周绍梅.产业转型升级视角下职业教育产教融合的症结与破解[J].教育与职业, 2018(2):8-14.

[91]董树功,艾颀.产教融合型企业建设的影响因素:表征解析与应对策略[J].职业技术 教育,2020(13):42-46.

[92]李君.炼化企业员工职前职后培养一体化的实施[J].当代化工研究,2016(10): 7-8.

[93]孙丽璐,马鑫,董森.创新驱动战略视角下创新型技术人才胜任力模型研究[J].重庆 理工大学学报(社会科学),2021,35(09):89-97.

[94]曹晓丽,彭晨,张王琼.基于胜任力模型的创新型科技人才评价指标体系研究[J].产 业创新研究,2020(3):91-95.

[95]张书凤,朱永跃,杨卫星,等.制造业服务化背景下技能人才胜任力模型构建与评价 [J].科技进步与对策,2018,35(08):119-127.

[96]马海燕,姜乐军,朱震震.新时代高技能人才培养的基本经验、主要困境与突破路径 [J].教育与职业,2022(8):44-49.

[97]李仲生.中日企业在职教育培训模式比较[J].中国人力资源开发,2003(1):66-67.

[98]陈文丽.新"八级工"制度畅通技能人才成长通道[N].北京:中国商报,2022-05-25 (003).

[99]白滨,和震,吴秋晨.高技能人才职业核心素养:一项企业雇主与优秀员工视角下的 质性研究[J].中国职业技术教育,2021(18):15-24,34.

[100]许芳芳.以劳动技能竞赛探索人才培养长效机制[J].天津市工会管理干部学院学 报,2021,38(2):57-60.

[101]王慧.技术技能型人才培养与聊城市产业需求对接研究[J].产业创新研究,2021 (13):124-126.

[102]汤晓华,吕景泉,洪霞.基于职业能力的技能人才知识、技能、素质系统化模型建模 与研究[J].职业技术教育,2012(2):32-35.

[103]孙兴伟.让技艺薪火相传:中国职协副会长毕结礼谈国家技能大师工作室建设[J]. 中国培训,2014(6):32-33.

[104]樊丽娜,刘海燕,胡京博,等.产教融合背景下区域性印刷技术技能人才培养模式探析[J].数字印刷,2021(4):28-34.

[105]张弛."中国制造 2025"视域下技能人才职业流向及职业能力框架[J].职教论坛,2016(10):17-21.

[106]王玲.高技能人才与技术技能型人才的区别及培养定位[J].职业技术教育,2013(28):11-15.

[107]张健.国有企业人力资源测评方式和技术探索[J].经济师,2022(07):270,277.

[108]吴海凤,杨春发.构建基于胜任力模型的培养体系[J].企业管理,2017(S2):24-25.

[109]关晶,石伟平.西方现代学徒制的特征及启示[J].职业技术教育,2011,32(31):77-83.

[110]刘春艳,马海群.产学研协同创新团队内部知识转移影响因素模型分析[J].图书情报工作,2017,61(19):41-49.

[111]王欢.产教融合背景下职业教育专业建设对策研究:基于北京市 40 所职业院校产教融合现状的调查[J].职业技术教育,2020,41(33):47-5.

[112]郭春侠,马费成,储节旺.国内外知识转移研究述评[J].情报理论与实践,2008(3):466-470.

[113]叶舒航,郭东强,葛虹.转型企业外部知识转移影响因素研究:基于元分析方法[J].科学学研究,2014,32(6):909-918,926.

[114]田庆锋,张芳.本土代工企业知识转移影响因素分析[J].软科学,2013,27(12):63-66.

[115]张向先,李昆,郭顺利.企业研发团队隐性知识转移绩效的影响因素及实证研究:基于知识生态的视角[J].情报理论与实践,2016,39(10):57-64.

[116]廖名岩,曹兴.协同创新企业知识势差与知识转移的影响因素[J].系统工程,2018,36(8):51-60.

[117]王毅,吴贵生.产学研合作中粘滞知识的成因与转移机制研究[J].科研管理,2001(6):114-121.

[118]姜毓锋,毕强,孙雨虹,等.技术转移过程中的知识粘性研究[J].情报科学,2011,29(3):451-455.

[119]陈娟,芮明杰.高技术企业知识员工间的知识传播模型[J].研究与发展管理,2004(5):46-52.

[120]苏延云.知识转移的障碍及应对策略[J].科技情报开发与经济,2006(5):

194-195.

[121]徐升华.虚拟企业知识转移影响因素的实证分析[J].情报杂志,2011,30(6):
119-125.

[122]于飞,刘明霞.我国家族企业代际传承知识转移影响因素分析:一个实证研究[J].
科技进步与对策,2013,30(20):133-139.

[123]李南,王晓蓉.企业师徒制隐性知识转移的影响因素研究[J].软科学,2013,27(2):
113-117.

[124]王晓蓉,李南.企业师徒制中隐性知识转移路径及其微观过程研究[J].情报理论与
实践,2012,35(6):26-30.

[125]孙玺,李南,付信夺.企业师徒制知识共享与转移的有效性评价[J].情报理论与实
践,2013,36(7):76-80.

[126]史丽萍,唐书林,刘强,等.师徒模式对降低知识粘性的机制研究[J].情报理论与实
践,2013,36(1):53-58.

[127]李小聪,李峰,赵敏,等.科技型企业师徒制隐性知识转移有效性影响因素研究:师
傅-徒弟交换关系为调节变量的实证研究[J].科技管理研究,2014,34(21):122-
126,131.

[128]李伟,郭东强.企业师徒制隐性知识转移契合度评价机制研究[J].情报理论与实
践,2017,40(2):102-106.

[129]贾铃铃,陈选能,易安.欧洲国家现代学徒制多样性分析与启示[J].职业教育研
究,2019,190(10):74-79.

[130]陈诗慧.欧洲职业教育现代学徒制的特色、经验与启示[J].教育与职业,2017,895
(15):35-40.

[131]陆俊杰.德国"双元制"与中国现代学徒制的异同[J].中国职业技术教育,2018,665
(13):51-54.

[132]徐平利.德国"双元制"及其中国实践再审视:文化的视角[J].职业技术教育,
2021,42(28):74-79.

[133]牛国兴.德国双元制高等教育模式:发展趋势与成功关键[J].中国职业技术教
育,2022,832(36):82-91.

[134]张娜.新型学徒制在企业中的实践[J].人力资源,2021,497(20):8-9.

[135]程舒通,徐从富.企业新型学徒制的研究[J].成人教育,2019,39(12):67-71.

[136]赵丽萍.现代学徒制与企业新型学徒制统筹发展的探索[J].教育评论,2020,254
(8):42-46.

[137] 李喜先. 知识:起源、定义及特性[J]. 科学,2014,66(03):12-15,4.

[138] 杨翾翾. 国外知识转移研究综述[J]. 中国科技资源导刊,2010,42(2):14-20.

[139] 赵蓉英,刘卓著,王君领. 知识转化模型 SECI 的再思考及改进[J]. 情报杂志,2020,39(11):173-180.

[140] 何会涛. 知识共享有效性研究:个体与组织导向的视角[J]. 科学学研究,2011(3):403-412.

[141] 冯英浚,黄祎,葛虹. 测算管理效率:一条基于管理有效性的新途径[C]//. 第九届中国管理科学学术年会论文集,2007:92-97.

[142] 喻登科,陈淑婷,朱钊颖. 管理创新有效性验证及实现路径研究[J]. 科技进步与对策,2020,37(8):1-9.

[143] 张琦,刘人境,杨晶玉. 知识转移绩效影响因素分析[J]. 科学学研究,2019,37(2):311-319.

[144] 房雅婷,王子龙. "双循环"视角下企业知识转移影响因素分析[J]. 科技管理研究,2022,42(17):151-157.

[145] 卢艳秋,孙丹丹,赵彬. 代际知识转移的关键影响因素识别研究[J]. 情报科学,2020,38(10):90-96.

[146] 张向先,李昆,郭顺利,等. 知识生态视角下企业员工隐性知识转移过程及影响因素研究[J]. 情报科学,2016,34(10):134-140.

[147] 顾保国. 企业集团制度协同绩效分析[J]. 理论探讨,2006(2):75-77.

[148] 刘春艳,陈媛媛. 产学研协同创新团队知识转移的特征与内涵研究[J]. 科技管理研究,2018,38(1):184-190.

[149] 易加斌. 供应链成员间知识转移影响因素与绩效评价模型研究:基于知识转移过程视角[J]. 物流技术,2012,31(03):153-157.

[150] 庄招荣,郭东强. 基于神经网络的转型企业知识转移可行性评价[J]. 企业经济,2013,32(3):35-38.

[151] 李柏洲,徐广玉. 基于方法集的合作创新企业知识转移风险评价[J]. 科技进步与对策,2014,31(6):112-117.

[152] 周密,赵文红,宋红媛. 基于知识特性的知识距离对知识转移影响研究[J]. 科学学研究,2015,33(7):1059-1068.

[153] 王冰,郭东强. 基于BP神经网络的企业内部知识转移绩效综合评价研究[J]. 情报科学,2016,34(1):141-145,154.

[154] 舒宗瑛. 基于物元模糊模型的图书馆知识转移评价研究[J]. 情报科学,2012,30

（7）：1044-1047.

[155]楚岩枫,黄晓琼.复杂产品系统研发项目知识转移有效性评价模型及仿真分析[J].
科技进步与对策,2013,30(10):127-130.

[156]郭朝晖,李永周.产学合作中的知识转移绩效评价研究[J].数学的实践与认识,
2013,43(17):52-58.

[157]程巧莲,胡珑瑛,崔双双.基于知识转移的合作创新伙伴信任评价研究[J].运筹与
管理,2014,23(1):143-150.

[158]翟姗姗.基于学术博客的个体知识转移作用效果评价研究[J].情报科学,2015,33
(1):132-138.

[159]刘晓煜.复杂因素对技术联盟知识转移作用机理及评价研究[J].科学管理研究,
2018,36(1):116-120.

[160]段能鹏,鲁晶.基于知识资本理论的企业知识转移绩效评价研究[J].情报杂志,
2011,30(S2):256-259.

[161]洪琼,张浩.基于D-S证据理论的高校学术组织知识转移绩效评价研究[J].情报
科学,2013,31(10):44-47.

[162]王一飞,李柏洲.基于BSC-FANP的中小企业知识转移绩效评价研究[J].情报科
学,2011,29(05):662-666.

[163]陈万思.纵向式职业生涯发展与发展性胜任力:基于企业人力资源管理人员的实证
研究[J].南开管理评论,2005(06):17-23,47.

[164]王成荣,王洪见,赵晓燕.高端技术技能人才培养规律探析[J].北京财贸职业学院
学报,2021,37(2):5-10.

[165]王晓虹.借鉴国外成功职业教育体系.探索中国高技能人才培养模式[J].教育现代
化,2020,7(4):70-72.

[166]唐红雨,王琦,欧阳菲菲,等.《悉尼协议》范式下德技并修型人才培养路径研究
[J].高等职业教育(天津职业大学学报),2021,30(3):35-40.

[167]赵成杰,郑旭东,滕希,等.智能时代欧洲技能型人才的培养与启示[J].中国职业技
术教育,2021(9):47-52.

[168]祝晓.面向数字化经济产业的韩国职业教育发展及启示[J].职业教育研究,2021
(8):90-96.

[169]刘丽冰.发达国家产业工人职业教育模式及其启示[J].现代企业,2014(6):
50-51.

[170]韦妙,张启迪.智能时代的技术技能型人才培养:应然定位、实然困境与必然选择:

基于人力资本理论的视角[J].职业技术教育,2021,42(13):12-18.

[171]许锋华,余侨.新中国成立初期劳模精神的生成逻辑、核心内容与新时代价值[J].劳动教育评论,2021(2):139-153.

[172]张双志.技能形成体系创新绩效的比较:新制度主义视角[J].职教论坛,2021,37(9):6-11.

[173]韩提文,梁林,董中奇.钢铁企业技能人才团队胜任力构成维度的质性研究[J].科技管理研究,2012(6):120-124.

[174]杨德民,樊召锋.高端装备制造业高技能人才企业培养模式初探:论企业技能人才培养的八个规律[J].中国培训,2015(9):60-61.

[175]邓今朝,万佳洁,高江豪.湖北省技能型人才与产业匹配度评价研究[J].当代经济,2021(5):4-7.

[176]李晓辉,张春庆.3D打印高新技术技能型人才培养的突破:基于知识结构与技能要求[J].中国报业,2021(8):86-87.

[177]河南科技大学史编纂委员会.河南科技大学史(1952-2012):上卷[M].郑州:河南科学技术出版社,2015:215-216.

[178]国家职业分类大典修订工作委员会.中华人民共和国职业分类大典:2015年版[M].北京:中国劳动社会保障出版社,2015.

[179]沈亮.基于BinaryLogistic回归的中国科技人力资源区域流动特性研究与预测[D].西安:西安建筑科技大学,2008:42-43.

[180]施维.广西高职院校产教融合问题与对策研究:以广西X学院为例[D].桂林:广西师范大学,2019:2.

[181]于志军.基于产教融合理念的JY公司校企合作问题与对策研究[D].青岛:青岛大学,2020:3.

[182]王元颖.制度创新与中国产业结构优化[D].桂林:广西师范大学,2002:5.

[183]李玉静.21世纪英国技能人才培养培训政策研究[D].长春:东北师范大学,2019:11-14.

[184]梁真.A软件公司项目经理胜任力模型研究[D].北京:华北电力大学(北京),2020:17-21.

[185]孙中婷.企业参与校企合作产教融合的意愿研究[D].洛阳:河南科技大学,2023:1-58.

[186]王宁.基于胜任力模型的T企业技能型人才管理策略优化研究[D].洛阳:河南科技大学,2022:1-50.